D0597515

EL ARTE DE CONVIVIR Y LA CORTESÍA SOCIAL

Gaby Vargas

El arte de convivir
y la cortesía social

P L A N E T A

Diseño de portada: Jorge Evia Loya
Ilustraciones: Ruth Araceli Rodríguez León
Fotografía de la autora: Raúl González

© 2000, Gabriela Vargas
Derechos Reservados
© 2000, Editorial Planeta Mexicana, S.A. de C.V.
Avenida Insurgentes Sur núm. 1162
Colonia del Valle, 03100 México, D.F.

Primera edición: octubre del 2000
Primera reimpresión: marzo del 2001
ISBN: 970-690-215-5

Impreso en los talleres de Gráficas Monte Albán, S.A. de C.V. Fraccionamiento Agroindustrial La Cruz, 76240. El Marqués, Qro. Impreso y hecho en México – *Printed and made in Mexico*

A Pablo, mi Sol.

Un libro llega a su realización gracias al esfuerzo y colaboración de muchas personas.

En esta página quiero expresar mi más profundo agradecimiento a todas aquellas que lo hicieron posible:

A Concha de Haro y Francesca Spataro por su valiosa investigación.

A Rosario Miranda por la cantidad de horas dedicadas.

A mis críticos, Guadalupe Gavaldón, Carla Cué, Paola y Diego Quintana.

Por su paciencia y consejo a Ernesto y Macarena Vargas.

Al licenciado José Luis Caballero, mi representante.

A mis editores, René Solís, Jesús Anaya y Margarita Sologuren.

A Eduardo Antonio Parra y Gerardo de la Torre, por la revisión del texto.

A todos nuevamente, muchas gracias.

Introducción

—¿A que no eres capaz de quitarle la capa?

El Sol dijo estas palabras al Viento cuando juntos observaban el deambular de un mendigo por la solitaria carretera. El poderoso Viento pensó que sería tarea fácil y comenzó a soplar.

El hombre se asía a la capa tomándola con las dos manos cruzadas al frente. El Viento entonces decidió soplar con mayor fuerza. En respuesta, el mendigo se aferró a su vieja prenda de abrigo, arrollándosela al cuerpo para evitar que el Viento la arrastrara.

A su vez, el Viento se enfurecía y soplaba con más vigor sin lograr su propósito. De manera que, a pesar de su orgullo, tuvo que rendirse, darse por vencido.

—¿Lo ves? —le reprochó el Sol—. Esa no es la manera. ¡Fíjate como lo consigo yo!

Poco a poco, suavemente el Sol fue lanzando cada vez un mayor número de rayos. El mendigo, contento, empezó a sentir su calidez, así que desenrolló la capa y echó todo su vuelo a la espalda. Al final terminó por quitársela y ponerla en el suelo. Gratificado, hizo un alto en el camino y sonrió de cara al Sol.

La moraleja de esta vieja fábula es tan sencilla como ella misma: la calidez del Sol consiguió lo que el Viento, con toda su violencia, no logró. Asimismo sucede en nuestras relaciones con los demás.

En la vida podemos rechazar o no compartir las ideas de los otros. Sin embargo, la convivencia se dará mejor y más fácilmente si la concebimos desde la aceptación, la comprensión y el respeto.

La cortesía debe surgir de una entrega auténtica y de ceder voluntariamente al otro parte de nuestro poder, de nuestro placer y quizá de nuestra comodidad, no como mera forma de etiqueta o apariencia. De poco nos servirá ser las personas más cultas y correctas, si estas cualidades no nos proporcionan la sensación de bienestar y paz que obtenemos al entregar un poco de nosotros mismos.

Lo que expongo en este segundo libro de *El arte de convivir* no intenta ser la verdad absoluta, simplemente se trata de puntos de referencia que considero facilitan la convivencia social y nos dan la seguridad de saber que estamos actuando correctamente.

Como la casa es la cuna donde la naturaleza de un niño se esculpe, el libro empieza con el hogar, para seguir con los vecinos, la calle, los restaurantes, teatros, deportes, viajes, etcétera. Todo aquello que llevamos a cabo como parte de una comunidad.

Es cierto que con cortesía difícilmente solucionaremos los problemas que vivimos actualmente; sin embargo, también es cierto que cada cual puede fabricar un pequeño cielo en su entorno.

Para lograrlo no hay que hacer cosas extraordinarias, sino sencillamente, siendo sinceros y acogedores como el Sol, bastará con dar calidez a la vida de los demás.

Octubre del 2000

La cortesía en la vida familiar

¿SE NACE O SE HACE?

Hay quienes nacen teniéndolo todo: unos papás inteligentes con un matrimonio sólido y una posición económica estable, educación privilegiada, atractivo físico y facilidad para los estudios y los deportes.

Quienes poseen esta suerte, desde pequeños estuvieron rodeados por su familia y sus amigos, los cuales siempre les hicieron sentir que eran valiosos. Esto es lo más preciado que alguien puede recibir en la vida. Con todo lo anterior, es muy probable que estas personas se conviertan en líderes naturales.

Lo que llama la atención es que en la historia existen muchos casos de individuos que, aunque partan de estas bases, manifiestan un patrón totalmente contradictorio. En ocasiones sucede que hijos de padres muy talentosos y prominentes en lo económico, en lo político, en lo cultural o en lo social tienden a fracasar en la vida.

Esto quizá se deba a que, de niños, siempre tuvieron alguien que les solucionara todos sus problemas, lo que, acaso sin querer, provocó un debilitamiento de su estructura interna.

Y, al contrario, existen también niños cuyas bases no pudieron haber sido peores, y sin embargo como adultos son personas muy exitosas, lo cual demuestra que de la adversidad puede surgir grandeza.

Cuando los expertos analizan cuál es la diferencia entre los que alcanzan las metas que se propusieron y los perdedores, encuentran que una actitud adecuada y una sana autoestima son las claves del éxito.

¿Qué sucede?

Los que consiguen sus metas son los que advirtieron a tiempo que, para ser mejor, se requiere un esfuerzo constante. Cuando tienen un pequeño logro, estas personas lo reconocen y se felicitan. Sobre todo, se aceptan tal como son.

Se concentran en sus logros y, cuando alguna vez fracasan, procuran aprender de la experiencia, para después olvidar el asunto.

Los perdedores también saben qué es lo que hay que cambiar; sin embargo, se resisten a hacerlo. Admiran a las personas que han superado grandes obstáculos; sin embargo, no se visualizan a sí mismos logrando cosas similares. Se pasan la vida en el puro deseo de ser mejores.

Estas personas que logran poco en la vida constantemente sostienen un diálogo interno en el cual se están recordando sus fracasos y todo lo malo que les ha sucedido. Ese diálogo se lleva a cabo desde que amanecen hasta que se acuestan, lo cual refuerza el círculo vicioso de su existencia.

Es por eso que viven como personas en *potencia* permanente. Casi llegan, casi lo logran, casi la hacen.

No es fácil romper este círculo. Sin embargo, todos vamos construyendo la seguridad en nosotros mismos con base en los pequeños logros que alcanzamos. ¿Cómo aprendimos a andar en bicicleta? ¿A cocinar? ¿O a manejar un grupo de personas? El éxito atrae más éxito.

Los expertos coinciden en que la clave más importante para elevar nuestra autoestima está en hablarnos positivamente. Pareciera que esto es algo lógico. No es así.

Sor Juana Inés de la Cruz lo expresó de esta manera en un soneto: "Si es mío mi entendimiento, por qué he de encontrarlo tan torpe para el halago y tan duro para el daño."

Podemos ser muy destructivos en la autocrítica. Se han hecho estudios recientes de cómo las palabras dichas al azar afectan nuestro cuerpo y nuestra mente.

Por lo tanto, necesitamos controlar lo que nos decimos. Pensar bien de nosotros nos hace sentirnos bien, y al pensar así creamos un estado de ánimo que apoya todo lo que hacemos durante el día.

Observemos a quien ha logrado el éxito. Es raro oír que se minimice, tanto con palabras como en actitud. Los perdedores caen en la trampa de decirse: "no puedo", "soy muy torpe", "sí, pero...", "está muy difícil" o "a mi edad, ya no...". Actúan de acuerdo con lo que piensan que son.

Los que alcanzan sus metas se retroalimentan diariamente en forma positiva. Sobre todo, no se comparan con nadie. Es frecuente escucharlos decir: "sí puedo", "la próxima vez saldrá mejor", "me siento mejor que nunca", "espero que...", "qué bien lo hice", y otras expresiones positivas por el estilo.

La fórmula casi mágica para corregir una imagen negativa de nosotros es hacer lo mismo que hicimos para establecerla. Hay que repetir, insistir y persistir honestamente en todo lo positivo que tenemos, que hacemos y que somos, hasta grabarnos una renovada y fortalecida imagen propia.

Por lo tanto, realicemos nuestro autocomercial, tal y como si fuéramos un producto por vender. Repasémoslo mentalmente todos los días. Vale la pena hacer una pausa y reflexionar sobre cada una de las cualidades que poseemos.

Piense en todos los regalos que la vida le ha dado. Su salud, su familia, su físico, su inteligencia, su sensibilidad, su capacidad para crear empatía con los demás, su habilidad para el deporte, su tenacidad, su dedicación y otras cualidades que se reconozca.

En la vida no nos toca preguntar sino responder, como diría Víctor Frankl. Si en realidad nos concentráramos en todo lo positivo que nos rodea, nos daríamos cuenta de que, sin que importe cuál haya sido nuestro pasado, nuestra opción y obligación es la de ser felices y exitosos en todo lo que emprendamos.

Así que, sin duda, en cualquier área podemos decir que las personas exitosas no nacen: se hacen.

LA VIDA EN PAREJA

*El amor no sólo descansa allí, como una
piedra; debe ser hecho, como el pan, rehecho
todo el tiempo.*

URSULA K. LE GUIN

Una pareja nos hace crecer, nos complementa. Ya no es más un
yo o un tú, sino un nosotros que nos hace vivir en plenitud.

Considero que elegirla es la decisión más importante de la
vida, ya que al hacerlo decidimos nuestro futuro y gran parte
de nuestra felicidad. Al elegir al compañero o compañera de
toda la vida, nuestro corazón se llena tanto de ilusiones como
de temores.

Durante y después del proceso de elección, en nuestro interior se forma una mezcla en la que se confunden la alegría que
nos produce el amor y las dudas que nos provoca la expectativa
de compartir nuestro espacio, nuestro tiempo y nuestra vida, y,
al mismo tiempo, todas las esperanzas de que el enamoramiento, el deseo y la amistad que nos unen al otro no sólo perma-
nezcan, sino se incrementen con el tiempo.

Lo cierto es que en lo cotidiano nos enfrentamos a muchos
retos que ponen a prueba el matrimonio en forma constante. El
amor es un acto de voluntad: necesitamos reinventarlo todos
los días y no dar por hecho que, por sí solo, será para siempre.

Hojeando un libro de etiqueta escrito en los años cincuenta,
Enciclopedia de educación y mundología, de Antonio de Armenteros, me encontré con un capítulo en el que describe diez reglas muy simples y necesarias para conservar un matrimonio feliz:
1. No regañe.
2. No trate de cambiarlo o cambiarla.
3. No critique.
4. Demuestre que aprecia honradamente sus buenas cualidades.
5. Tenga siempre pequeñas atenciones.
6. Sea cortés.
7. Cuando su pareja enfrente un problema, deje todo para apo-
   yarla.
8. Sea siempre amable con sus amigos (aunque no le caigan
   bien).

9. Si está de viaje, manténgase en contacto.
10. Lea un buen libro sobre sexo.

Al leerlas me pregunto: ¿cambiaría alguna? Yo creo que no. Lo cual nos demuestra que, en la relación de pareja, las bases han sido y serán las mismas siempre.

LOS PILARES DE LA VIDA EN PAREJA

> *Uno está enamorado cuando se da cuenta que la otra persona es única.*
>
> JORGE LUIS BORGES

Aunque existen muchos factores que sostienen una relación de pareja, considero prudente que juntos recordemos los principales, por si hemos olvidado alguno:

- Si la comunicación es la base de todas las relaciones, con mayor razón tendría que serlo en el matrimonio. Hay estadísticas que muestran que la comunicación entre la pareja, durante las 24 horas de un día, se reduce a 15 minutos efectivos. "Buenos días", "que te vaya bien", "¿cómo te fue?", "¿qué se te antoja comer?", y otras frases automáticas por el estilo. Busquemos todos los días la manera de conversar no sólo acerca de los problemas de la casa, los hijos y la oficina. Es importante crear el momento para compartir nuestros sentimientos y continuar conectados.

- Estar los dos solos es indispensable para recordar por qué nos enamoramos. De vez en cuando hay que escaparnos un fin de semana; así como también procurar ir juntos a comer, a cenar o a bailar, ya que todas estas actividades nos acercan como pareja y refuerzan nuestro amor.

  Cuando nos rehusamos a buscar esos momentos, es fácil que nos enfrasquemos en la rutina, cualquier actividad o el trabajo, y de pronto nos encontremos con que ya hay pocas cosas en común con nuestro compañero o compañera.

- Como pareja hay que mantener viva la magia para seguir siendo novios. Uno de los principales puntos para lograrlo

13

es mantenernos atractivos y estar en forma en los aspectos físico, intelectual y emocional.

- El sexo es la comunicación en plenitud. El sentido de entrega y gozo es esencial para la unión y el amor de pareja. Con imaginación y creatividad busquemos siempre la forma de tener relaciones más placenteras. Hay libros que nos educan en ese aspecto.

- Es básico que nuestra pareja se ría y se divierta con nosotros. El sentido del humor es la vitamina que permite al matrimonio vivir relajado y afrontar con alegría los vaivenes de la vida. Nunca lo perdamos.

- Tengamos la capacidad de observar y agradecer esos pequeños detalles de todos los días, como el que uno de los cónyuges se encargue de los niños un sábado para que el otro pueda descansar, que se levante sin hacer ruido para cuidarnos el sueño, que nos prepare nuestra comida favorita, y otros detalles así. Del mismo modo hagámoslo nosotros. En caso de que él o ella no tenga esos detalles, podemos platicarlo con tranquilidad. Si de plano no se le dan, aceptemos que así es. Seguro tiene otras mil cualidades.

- La plena confianza entre ambos es vital. Con nuestra actitud, ganémosla y mantengámosla. La confianza absoluta en el otro es el tapete que le da solidez a la pareja.

- En la intimidad, en la vida diaria de pareja, la cortesía juega un papel preponderante. No sólo estimula la relación conyugal, sino que evita situaciones de deterioro. Hay dos valores clave: adaptación y respeto.

- En un momento de enojo, aunque nos den ganas de matar al otro o a la otra, controlemos lo que decimos. Al pasar tanto tiempo con una persona, la conocemos muy bien y sabemos exactamente dónde dar en el blanco a la hora de una discusión. Tratemos de poner en práctica aquello de que "los que de corazón se quieren, sólo con el corazón se hablan".

- Es vital respetar tanto sus espacios, amigos, costumbres y familia, como sus pasatiempos e ideas. Al mismo tiempo, busquemos ser independientes como personas, más que convertirnos en una mera extensión del otro.

- En lo personal es importante crecer y enriquecer nuestra vida para compartirla con nuestra pareja en una renovación constante.
- Expresemos nuestro amor de todas las maneras posibles: con elogios, sorpresas, e imaginación: un "¡qué guapo (a)!", "¡qué inteligente!", "¡qué bueno (a) eres para...!"; una cena íntima, una fiesta inesperada, una llamada, unas flores.
- La pareja necesita aire. La epístola de Melchor Ocampo debería incluir una cláusula de vacaciones entre los cónyuges al menos una vez al año. En la distancia se extraña y valora más a la persona amada.
- En caso de tener algún problema, es prudente no ventilarlo a los cuatro vientos.
- Con el tiempo, nuestros defectos y cualidades se hacen más evidentes. Por ello, una buena relación de pareja implica estar consciente de los defectos propios y comprender, ceder y aceptar por completo al otro.

Hacer el amor

Se diría que la felicidad y la fidelidad ya no son acontecimientos. Al parecer no está de moda hablar de matrimonios y familias felices. En los noticieros nada más se reseñan infidelidades; las telenovelas sólo exponen amores fracasados y parejas abandonadas. Las historias de amor pertenecen a la etapa anterior al matrimonio o se llevan a cabo fuera de él, y el matrimonio es tratado como la sepultura del amor.

Todos hemos vivido esos sentimientos y, sin embargo, pocos llegamos a advertir el profundo y gran amor que existe en un buen matrimonio.

¿Cómo se forma? ¿Qué lo sostiene? ¿Qué lo hace sobrevivir a las tempestades que lo acosan? El verdadero amor no sólo lo busca el cuerpo, es en el alma donde reside.

"Imaginemos el alma como una casa", dice Enrique Cueto. En la entrada hay un gran portal que da hacia la calle. Ésta sería la parte más externa del alma, donde tenemos contacto epidérmico con mucha gente.

Entremos a la segunda habitación, que es la sala de estar. Ahí entran todos aquellos con los que compartimos actividades, el trabajo, el estudio, cosas en común.

Después, una tercera habitación, más reservada: el comedor, donde invitamos a la mesa sólo a los más íntimos. Hasta ahí las posibilidades de entrar, aun para nuestros seres más queridos.

Por último, hay un cuarto recinto: el dormitorio, reservado para lo más profundo, lo más preciado, lo más íntimo. Mientras nadie lo habita, se encuentra lleno de nostalgia.

Yo no puedo abrir esa puerta y permitirle el paso ni a mi madre ni a mi mejor amiga o amigo. No por otra cosa, sino porque en este cuarto ellos no tienen respuesta para mí, ni yo para ellos.

Cuando alguien llega, como en los cuentos, con la otra mitad de la naranja; cuando uno siente que esa es la persona, se produce una adivinación recíproca. Surgen nuevas formas de sentir, de soñar, de esperar, que estaban reservadas para que juntos las descubriéramos. Cuando ese alguien llega, nos parece que despertamos aquello que permanecía dormido, latente.

Nuestra identidad, nuestra feminidad o masculinidad, emerge como nunca, como algo muy fuerte y al mismo tiempo frágil.

Por eso, cuando llega ese momento, ninguna otra experiencia humana en común nos hace sentir tan plenos, tan llenos de gozo. Gozo, en el sentido más íntegro de la palabra. Cuando alma y cuerpo trascienden más allá del placer físico, significa que ha llegado el verdadero amor.

Y en ese momento aparece el reto de conservar, como pareja, esa historia de amor. ¿Qué la amenaza?

Entre otras cosas, considero tres muy importantes:

1. Ocurre con frecuencia que la rutina, el cansancio, los problemas económicos, el qué hacer con los hijos, nos obligan a enfocar nuestra atención hacia las cosas que están fuera del matrimonio. Tantas ocupaciones provocan que muchas veces se nos olvide el interior de la pareja. En lo cotidiano comentamos qué hacemos con el hijo, el viaje, tu mamá, el fin de semana, los exámenes y otras cuestiones, y sin embargo se nos olvida el *nosotros*. Nos convertimos en socios y dejamos a un lado el amor.

Sin duda hay que vivir día a día, pero sin olvidarnos de revivir la ilusión del noviazgo. Los pequeños detalles cotidianos son los que mantienen unida a la pareja: un abrazo inesperado, la preparación del platillo favorito, escucharlo a él con atención, invitarla a ella a comer fuera, un "te quiero", un "gracias", las miradas cariñosas y otras atenciones.

2. A veces pensamos que el encanto personal es lo único que se requiere para conservar nuestro amor. Por eso mucha gente vive en un sobresalto permanente al temer que el ser querido pueda serle arrebatado por otra persona con más atractivos. En este caso, el amor se quedó atrapado en la trampa de la seducción, en el frágil encanto del físico.

3. Pensar que la relación se mantiene por sí sola, por pura magia. Cuando esto sucede solemos descuidar nuestro físico y nuestra relación con el otro. Damos por un hecho que el amor va a permanecer ahí por siempre.

Una vez que como pareja decidimos hacer la vida juntos, la historia de amor está en nuestras manos. No se conservará por arte de magia, hay que alimentarla, ayudarla a crecer. Y, al casarnos, es cuando literalmente comenzamos a hacer el amor, a cultivarlo. Y como cualquier planta sensible a los descuidos, al matrimonio hay que regarlo y abonarlo todos los días.

Demos testimonio del verdadero amor. Transmitamos a nuestros hijos que el mejor romance está dentro del matrimonio; que las mejores historias de amor vienen después de la boda. Que compartir nuestras vidas por 20, 30, 50 años, es lo mejor que nos pudo pasar. Es el ejemplo el que lo logra. Busquemos que sea la felicidad y no la amargura la que resulte contagiosa.

Eres responsable de lo que has cultivado.
Eres responsable de tu rosa.

ANTOINE DE SAINT-EXUPÉRY

Lo que todo esposo odia

Casadas o solteras, a la mayoría de las mujeres nos da con frecuencia un síndrome que los hombres detestan y que acaso tiene sus orígenes en la naturaleza misma de la mujer, que la empuja a cuidar de los suyos. Me refiero al "complejo de mamá".

Éste resulta ideal cuando se trata de los hijos. Sin embargo, las cosas cambian cuando lo hacemos extensivo a nuestra pareja.

¿Le ha dado?

A pesar de que podemos estar conscientes de que ellos lo rechazan, con frecuencia caemos en él. Sería bueno revisar si lo padecemos.

Pregúntese lo siguiente:

¿Alguna vez le ha dicho a su pareja cosas semejantes a éstas?: "te vas a enfermar, ponte un suéter", "no se te olvide hablarme cuando llegues", "te he pedido que no dejes las toallas tiradas", "te tomaste tres cervezas y te comiste diez tacos, ¿cómo no te va a doler el estómago?" (suficientes para dar un ejemplo).

¿Ha hecho usted cosas así?: ¿le saca todos los días la ropa que se va a poner al día siguiente?, ¿le arregla la corbata?, ¿lo peina?, ¿busca sus llaves?; cuando viajan, ¿le empaca y le desempaca su ropa?, ¿le guarda su dinero para que no lo pierda?

¿Lo corrige en lo que dice? En medio de la plática, de pronto lo interrumpe diciéndole: "no, no eran diez personas, eran quince", "no, mi amor, los conocimos el martes, no el jueves" (de pronto, no sé por qué, sentimos su mirada fulminante y percibimos en él un irresistible deseo de ahorcarnos).

¿Comenta sus errores con los demás? Por ejemplo: "la última vez que Jorge organizó el viaje, resultó un desastre", "cuando le pedí a Jaime que apartara los boletos con tiempo se le olvidó, así que mejor lo hago yo."

¿Por qué hacemos esto? Sabemos que nuestra pareja es un hombre exitoso, inteligente, mayor de edad, con títulos o maestrías, y a diario toma grandes decisiones. Sin embargo, algunas de nosotras no resistimos la tentación de tratarlo como si fuera niño. Con este trato estamos dando a entender que son incompetentes, no van a poder cuidarse solos y sin nosotras no vivirían.

¿Razones?, hay varias:

−Si nuestra mamá jugó este papel en la casa, para nosotros es de lo más normal hacer lo mismo (uno aprende lo que ve).

–Inconscientemente queremos sentirnos indispensables en la vida de ellos y pensamos: "Si soy necesaria para él, nunca me dejará".

–A veces buscamos, en el fondo, un poco más de atención y de cariño.

–Erróneamente *creemos* que les gusta.

Los inconvenientes:

Al principio, comportarnos como su mamá parece tener sus compensaciones; sin embargo, a la larga deteriora enormemente la relación.

–En el comportamiento masculino está el dominar y proteger. Por eso muchas veces sucede que los hombres se buscan otra mujer que sí los admire.

–Es fácil que llegue a relacionar la palabra "esposa" con alguien que lo cuida, lo mima, se encarga de él, en lugar de pensar en ella como una amiga, compañera y amante.

–Corremos el riesgo de que se cumpla la profecía. Es decir que, al cabo de tratarlos como niños y asumir que son poco capaces, terminan por portarse de esa manera.

–Entre más inepto sea el hombre, su mujer encuentra menos razones para admirarlo (lo cual es grave).

–En la vida diaria, esperamos con frustración que nuestra pareja coopere con tareas sencillas, lo cual nunca hace. Y no nos damos cuenta de que mucha de la culpa la tenemos nosotras por solucionárselo todo. Es la mejor manera de alejar el romance y la pasión entre la pareja. Él termina por hartarse y desarrolla un sistema de bloqueo mental hacia las órdenes y las quejas de su mujer.

Las posibles soluciones:

Algunas de ellas cuestan mucho trabajo; sin embargo, debemos hacer el esfuerzo.

–El primer paso es reconocer nuestra conducta. Aceptar que somos unas mamás sobreprotectoras e insoportables.

–Después, platicar esto con nuestro esposo o novio y acordar mutuamente cambiar el trato.

–Hay que mordernos la lengua cada vez que sintamos la tentación de corregirlo o recordarle lo que tiene que hacer.

–Cambiar ese tono y esas palabras que usamos para hablarle como si tuviera cinco años. Si de vez en cuando usted le dice cosas como: "¿quién es mi bebé?", o "venga pa'cá mi chiquito", es normal. No obstante, si este es el tono con el que le habla la mayor parte del tiempo, sobre todo en los momentos de romance, puede haber un problema. Quizá sea tiempo de establecer una relación más madura.

–Hay que tratarlos como lo que son: hombres maduros e independientes.

–Resistir la tentación de solucionarles todo o ser sus agendas ambulantes.

No es fácil cambiar. Mas, si lo logramos, nuestra relación de pareja se enriquecerá enormemente, ya que se basará en el respeto. Y, principalmente, él pensará en su mujer no como la mamá tierna, sobreprotectora y latosa sino como lo que es, su compañera de vida, amiga y amante.

En la intimidad

Aunque llevemos muchos años de casados, el pudor y la delicadeza son importantes en todos los sentidos. Así que veamos algunos detalles a cuidar:

–Por las noches las mujeres, aunque en mayoría somos friolentas, debemos dormir con un camisón bonito y atractivo, no forradas como si usáramos un traje espacial. Los hombres, con una piyama o con *boxers* y camiseta, limpios, sin agujeros ni descoloridos.

–Si por alguna razón alguno de los dos despierta a media noche, hay que tener cuidado de hacer el menor ruido posible al abrir una puerta o cajón. Jamás encender la luz de todo el cuarto como si ya fuera hora de levantarse para todos.

–Todas las composturas que nos hacemos las mujeres, como mascarillas, tintes, depilaciones, y hasta el secado del pelo o el maquillaje, de preferencia hagámoslas en privado.

–Los tubos, por supuesto, ni se mencionan. Si durante el arreglo nos ponemos algunos, hay que huir de manera que nuestro marido no nos vea, y después aparecer ante él cual princesas.

–El hombre debe oler siempre rico, a loción o a jabón, lo cual nos encanta a las mujeres. También debe afeitarse todos los días, tener las uñas de manos y pies cortadas y cuidar que no le asomen pelitos en las orejas o en la nariz: ¡es horrible!

–Por más confianza que haya, debemos mostrar delicadeza en las cuestiones fisiológicas, como sonarse, rascarse; hay que cerrar la puerta del baño y ocultar otros reflejos digestivos.

–Mantengámonos atractivos en nuestro arreglo y en nuestro físico. Sobre todo en aquellos días en que sólo estamos visibles para nuestra pareja e hijos. Debemos procurar que a ellos les dé orgullo vernos.

–Para convivir en armonía, respetemos las cosas del otro: cepillos, cremas, artículos personales. Si un día, como mujeres, usamos el rastrillo del esposo, hay que avisarle antes de su siguiente afeitada, si no queremos morir ahorcadas.

–También es importante respetar los espacios de ambos: cajones, clóset, agendas, papeles, cartera, bolsa. Jamás leer una correspondencia que no esté dirigida a nosotros, escuchar una conversación por la otra extensión del teléfono, o hurgar entre sus papeles personales. Hay un dicho sabio que dice: "El que busca, encuentra".

–Cuando los celos se muestran de manera moderada y oportuna, pueden ser divertidos y halagadores. No obstante, cuando disparan emociones agresivas sin control, reflejan inseguridad y son de mal gusto. Evitémoslos.

–Jamás de los jamases acosemos a nuestra pareja con interrogatorios: ¿dónde estabas?, ¿por qué no me llamaste?, ¿con quién fuiste?, y demás. Esto sólo provoca tensiones, deteriora la relación y nos aleja.

–Cuidemos hablarnos uno al otro siempre con delicadeza.

–En el caso de que la mujer tenga un mejor puesto o gane más que su marido, debe ser especialmente inteligente y jamás hacerlo sentir menos, tanto en lo íntimo como en lo social.

–Cuando recibimos una llamada oportuna de nuestra pareja, nos da alegría. Sin embargo, cuando estas llamadas son a todas horas y en todo lugar, abruman.

–Seamos cuidadosos en cumplir con las citas que acordamos con nuestra pareja. Por ejemplo, cuando vamos de compras y nos quedamos de ver en un punto a una hora, estemos ahí. Asimismo, cuando el esposo juega dominó con sus amigos puede pasársele el tiempo y olvidarse de que quizá su esposa lo espera.

–Delante de nuestra pareja tengamos la sensibilidad de no elogiar excesivamente a otra persona de su sexo. ¡No les cae nada en gracia!

–Cuando uno de los dos sea invitado a un compromiso social, es mejor consultar con el otro antes de aceptar. Habrá ocasiones en que a uno le dará flojera mientras el otro sí tendrá ganas de ir. Démosle gusto, ya que la situación seguro pronto será al revés.

–Cuando nos levantamos por las mañanas procuremos decirle a nuestra pareja algunas palabras amables. Oírlas, en verdad que nos hace empezar bien el día.

Tú, yo: nosotros

Cuando nos unimos con nuestra pareja, existe la ilusión de la entrega total; de que el *tú* y el *yo* se conviertan en un *nosotros*. Esto puede sonar muy romántico, sin embargo oculta una gran trampa: la mimetización. Muchas veces, al intentar integrarnos más al otro para evitarnos roces de personalidad, o por falta de autovaloración, uno de los miembros de la pareja –más la mujer que el hombre– se torna como la plastilina, es decir, se amolda totalmente al otro perdiendo su singularidad.

Convertirse en satélite del otro quizás evite conflictos, pero no genera vida. La relación de pareja es más consistente, más verdadera, más creativa cuando cada uno consolida el *tú* y el *yo*. Cuando cada uno es quien es y se reconoce como persona independiente.

Esto me hace recordar la película *Alice*, de Woody Allen. En ella, la protagonista, caracterizada por Mia Farrow, es una mujer que pasa dieciséis años siendo recatada, complaciente e ignorada por su marido: un agente de bolsa de Wall Street cuya existencia está centrada en las finanzas, no como medio sino como fin. Alice se pasa la vida buscando decoradores, haciéndose *pedicure*, platicando con las amigas en el restaurante de moda. Todo aparenta armonía. Alice, rodeada de comodidades, parece ser todo lo que un hombre puede desear en una mujer.

Lo que hace diferente a Alice de sus amigas es que ella está convencida de que puede ser una gran escritora. En dos ocasiones se lo expresa a su marido, a lo cual él, extrañado, responde: "¿Tú?, ¿escribir? ¡Cómo crees! ¿De dónde vas a sacar ideas? ¿Cómo le vas a hacer? Además, ¡para qué! ¡No te hace falta nada!" Alice se hace chiquita ante la respuesta y sobrevive reprimiendo sus pensamientos como si fueran cosas tontas e imprudentes.

Un día, por azares del destino, Alice conoce al tímido papá de un compañerito de la escuela de su hijo. El polo opuesto de su marido. Platican de cosas cotidianas y triviales. Él aprecia todo lo que Alice comenta y ella lo nota. Siente lo que es ser respetada por lo que opina, por lo que piensa. Esta relación funciona como catalizador.

Alice decide dejar a su marido y su tranquilidad económica. Se va sola con sus hijos a un departamento estilo interés social. Con un arreglo más natural, menos pretencioso y un brillo especial en los ojos, nos la presentan completamente diferente: se ve feliz.

Esta historia es un ejemplo claro del daño que puede hacerle a una mujer mimetizarse por completo con su marido, renunciar a ella misma, a muchos aspectos de su dignidad, al grado de dejar a un lado sus talentos e intereses personales. Todo esto en aras de una bonita relación, aunque sea sólo en apariencia. Digo en apariencia porque en el fondo no evita conflictos, sólo los retarda.

Paradójicamente, el esposo tampoco es feliz. No se entrega, no tiene una compañera: Alice es, a sus ojos, sólo un mueble más de su elegante departamento. En lugar de que él aprecie su conducta recatada y complaciente, la ignora por completo. Por desgracia, el caso de Alice es el de muchas mujeres.

¿Por qué se da esto? ¿De quién es la culpa? ¿De Alice, que no defiende sus intereses, o del marido que la ignora? Por un lado, cuando una mujer renuncia a ser ella misma, lo hace por varias razones: la primera es que, con la mejor de las intenciones, lo quiere complacer, piensa que de esa manera él la va a querer más. Quizá no quiere generar conflictos por miedo a quedarse sola. O busca una seguridad en la pareja, como si fuera ésta una cobija que la protege de la intemperie. Lo cierto es que en cualquiera de los casos, la relación sana y madura nunca se da.

El hombre percibe este eco de su persona como algo muy aburrido. Él necesita una compañera con quién consultar sus inquietudes, que esté al día de lo que sucede alrededor, que lo interpele, lo cuestione, lo anime y lo empuje.

Por otro lado, el marido nunca le hace caso a Alice, está metido todo el día en el trabajo. Minimiza a su mujer, la desvaloriza, no la deja ser.

Es cierto que lo primero que necesita una mujer para que su personalidad aflore es el reconocimiento propio; sin embargo, para que éste se dé, necesita sentir la mirada del otro, que como un espejo la haga sentirse valorada y apreciada.

Es importante que una mujer nunca diga "te quiero porque te necesito", como si fuera un bebé que sin la mamá se muere, ya que la relación tendría una zona muy frágil, un agujero por el que se escapa la admiración del otro hacia ella.

Por el contrario, una mujer tiene que construirse una estructura interna para decirle a su compañero "te necesito porque te quiero, porque contigo vivo de una manera más bella, más rica, más completa".

Valdría la pena cuestionarnos qué tanto hemos cultivado un *yo* maduro e independiente que complemente un *tú* para, juntos, formar un verdadero y fortalecido *nosotros*.

Perdón...

Perdonar sinceramente y sin reservas: he aquí la prueba más dura a que puede ser sometido el amor.

LOUIS BOURDALONE

Nadie es perfecto.

Todos nos equivocamos muchas veces en la vida. A veces tú, a veces yo. Si lo comprendemos y lo recordamos cuando somos los ofendidos, la vida será más fácil.

El perdón libera, aligera la vida. Reconstruye.

Es un gran acto de nobleza. Habla bien de quien lo solicita, así como de quien lo otorga. Hacer a un lado el orgullo, es el único camino por el que una relación puede caminar por largo tiempo.

Perdonar... ¡cómo cuesta trabajo!

¡Qué paradójico! Cuando tenemos un rencor, un enojo o un resentimiento hacia nuestra pareja, o hacia alguna otra persona, pensamos que la forma de desquitarnos del mal que nos causó consiste en no perdonarlo. Le dejamos de hablar, lo ignoramos, quizá lo lastimamos. Lo peor es que la mayoría de las veces la persona que nos ofendió ni se entera de nuestro enojo. A los únicos que hacen daño esas actitudes es a nosotros mismos. Es como si tomáramos diariamente una cucharadita de veneno que nos va amargando y destruyendo por dentro, o como si fuéramos poniendo uno a uno los barrotes de nuestra propia cárcel.

La palabra resentimiento viene de re-sentir, es decir, volver a sentir intensamente una y otra vez aquello que nos dolió. Esto sin duda no sólo provoca un daño emocional enorme y nos desgasta muchísimo, sino que también repercute en nuestra salud. Empezamos a tener alteraciones gástricas y dermatológicas, y hasta nuestra presión arterial aumenta. Nadie puede ser feliz cuando vive con un rencor.

Lo que no es perdonar

Perdonar no es justificar un comportamiento negativo. Tampoco es aprobar o defender la conducta que nos hizo daño. No excluye que tomemos medidas para cambiar una situación o proteger nuestros derechos.

Perdonar no es hacer como que todo va bien cuando sentimos que no es así. A veces la distinción entre perdonar de verdad y negar o reprimir el enojo y el dolor, puede ser confusa y engañosa. De hecho, no podemos perdonar verdaderamente si negamos o ignoramos ese resentimiento.

Perdonar no es adoptar una actitud de superioridad. Si perdonamos a alguien porque le tenemos lástima, podemos estar confundiendo el perdón y la soberbia. No necesariamente debemos cambiar nuestro comportamiento hacia alguien. Por ejemplo, si yo perdono a un amigo con el cual he estado enojada, no por eso tengo que llamarlo de nuevo. A no ser que en realidad quiera hacerlo.

Perdonar no exige que nos comuniquemos verbal o directamente con la persona que hemos perdonado. No es preciso ir a decirle "te perdono", aunque esto puede ser una parte muy importante del proceso de perdonar.

A veces sólo se requiere de una percepción distinta, de que veamos las cosas bajo un lente diverso, quizás el del otro. De que consideremos de otra manera a las personas o las circunstancias que creemos nos han causado dolor.

Con frecuencia, con nuestra sola actitud la otra persona advertirá el cambio que se ha producido en nuestro corazón. Una sonrisa franca y abierta al saludarlo, o una pregunta cariñosa, podrían ser una buena forma de acercamiento. ¡Qué bien nos sentimos con nosotros mismos cuando logramos vencer la soberbia y el orgullo y perdonamos!

En ocasiones puede ser necesario que el perdón quede como una actitud secreta. Puede ser que las personas hacia las que sintamos más furia sean aquellas con quienes nos resulte imposible comunicarnos. Quizás hayan muerto o no estén dispuestas a hablar con nosotros.

No cabe duda que el perdón más difícil es el que debemos ejercer hacia nosotros mismos. ¿Cuántas veces llevamos nuestras culpas, nuestros errores, como una pesada carga que nos limita y aprisiona?

Los beneficios de perdonar

Cuando perdonamos, nos quitamos un gran peso de encima. Nos sentimos más ligeros, más libres y, sobre todo, en paz con nosotros mismos. Perdonar es como reparar algo que estaba roto. Nos ofrece un nuevo comienzo, una nueva forma de vivir. Nos vuelve a despertar a la verdad de nuestra bondad y nos hace sentir dignos del amor. Al perdonar experimentamos un sentimiento de paz y bienestar, y una sensación de estar haciendo lo correcto.

Siguiendo la filosofía de Víctor Frankl, el perdón es una decisión, una actitud y una forma de vida que nos convierte gradualmente, de víctimas de nuestras circunstancias, en poderosos y amorosos creadores de nuestra realidad. Sobre todo, nos sentimos mejor con nosotros mismos y con la vida. No dejemos que esa araña negra que es el rencor crezca en nuestro interior y nos atrape en su telaraña. Es verdad, ¡cómo cuesta trabajo! Controlemos la mente para no fomentar su crecimiento. Está en nosotros tomar la decisión.

¿Por qué no reflexionamos un poco y pensamos en alguien a quien no hayamos perdonado? Quizás a nuestra pareja, a un amigo, a nuestros padres, a un hijo, a nosotros mismos. La vida es muy corta, así que vale la pena el esfuerzo.

Mujeres... ¿complicadas?

> *La gran cuestión... que no he sido capaz de responder, pese a mis treinta años dedicados a investigar el alma femenina, es: ¿qué quieren las mujeres?*
>
> SIGMUND FREUD

Algunos hombres (si no es que muchos) piensan que las mujeres somos complicadas. Si usted tiene esta idea permítame compartirle lo siguiente.

Los hombres, por lo general, entienden a la perfección el ingreso *per capita*, la globalización, la cuenca del Pacífico y la tecnología de punta. No obstante, estoy segura de que muchas veces no entienden a su mujer.

Las mujeres a veces parecemos muy complicadas, y la realidad es que somos muy sencillas. Son los pequeños detalles los que nos hacen inmensamente felices. Una mujer puede estar rodeada de todas las comodidades que su compañero le procura y sin embargo no ser feliz. Es sólo al sentirse especial, atesorada, valorada, cuando emerge su potencial femenino y da de sí todo lo que tiene.

Cuando una mujer le dice a su pareja: "Siento que ya no me quieres", el hombre no lo entiende, ni tiene la menor idea de por qué lo dice. Él se pregunta: "¿Cómo es posible que sienta que no la quiero, con todo lo que hago por ella? Gano un sueldo en forma regular, trabajo de sol a sol, llevo a la familia de vacaciones y, de vez en cuando, ¡la invito al cine!"

En general el hombre supone que una vez que él demostró su amor y la mujer está satisfecha, ella debe permanecer así, sin necesidad de que se lo digan y recuerden. Desde el punto de vista masculino, esta actitud tiene sentido; sin embargo, las mujeres no lo entendemos así. Como aquel matrimonio en el que la señora dice: "Viejo, ¿ya no me quieres?" Él contesta: "¿Hace cuánto tiempo nos casamos?" "Hace veinte años". "Vieja, hace veinte años te dije que te quería y hasta la fecha no he cambiado de opinión".

La respuesta instintiva del hombre está en lo que ve; la de la mujer en lo que oye. La mujer necesita escuchar una voz que brote desde el fondo del corazón y diga que ella es especial, digna y merecedora de todo amor.

El hombre también desea escuchar que lo quieren, aunque lo necesita menos porque es más práctico y de alguna manera ese aliento lo obtiene a través de su trabajo. A la mujer, aunque trabaje, lo emotivo le afecta mucho. Un enojo en la mañana, por ejemplo, la perturba durante todo el día.

Cuando el hombre fracasa en su trabajo, empieza a dudar de su propio valor. Asimismo, cuando la mujer siente que su pareja no le hace caso, también duda de su propio valor. Constantemente necesita signos, símbolos y seguridad verbal que le indiquen que es amada. Una forma como el hombre pueda verlo es comparando la simple frase "te amo" con otra que él nunca se cansa de oír: "gracias".

El hombre nace con la idea de que es en la oficina donde se trabaja y cuando regresa a su casa es el momento de descansar.

A las mujeres nos cuesta entender que sentarse frente a la televisión, control remoto en mano, sin querer pensar en nada, es la forma masculina de relajarse. La mujer lo toma como algo personal y, equivocadamente, supone que no le interesa la relación. Y la forma de pedir que nos hagan caso es... reprochando: "No te interesas por nada de lo que hago", "ya no me quieres", "nunca me haces caso". Tengamos en cuenta que el hombre pide directamente las cosas; la mujer parte de la ofensa y el reproche.

El hombre percibe ese intento de acercamiento como una presión más y le huye porque ya tiene bastantes. Entonces se aleja, se evade, y ¿qué pasa? Se agranda el distanciamiento.

Hay que saber leer que el reproche no es más que necesidad de cariño.

A veces el papel de ama de casa está devaluado; la mujer misma no se lo reconoce, como tampoco la sociedad.

Si el hombre valora lo propio de lo femenino, como son la maternidad y la feminidad en sí, la condición femenina se vuelve espléndida, surge toda la capacidad de entrega y amor que tiene una mujer.

La varita mágica la tienen los hombres. ¿Qué es lo propio de ellos? Engendrar, producir. El hombre necesita sentirse admirado; la mujer, atesorada.

Quiero compartir con ustedes lo que una mujer escribió sobre lo que agradecía de su esposo y que refleja, en general, lo que todas las mujeres agradecemos:

Me siento agradecida por sentirme amada y cuidada.
Porque me haces sentir que soy una parte
especial en tu vida.

Me siento agradecida cuando me tratas con respeto.
Cuando notas que necesito hablar y me
dedicas tiempo para escucharme.

Me siento agradecida cuando me abrazas al expresarte mi tristeza.

Eso me hace sentir reconfortada.
Cuando notas un nuevo vestido o corte de pelo
y lo aprecias.

Me siento agradecida cuando
me sorprendes con pequeños regalos o notas.
Cuando me llamas estando de viaje y me das tu número.

Me siento agradecida cada vez que me lees el pensamiento.

Entonces tengo la seguridad de que de verdad me quieres.

Como ven, la feminidad no es tan compleja; no somos tan complicadas, ni exigimos tanto. Pequeños detalles realizados con el corazón son suficientes para sentirnos seguras y amadas.

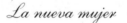

La nueva mujer

No cabe duda que actualmente se está perfilando una nueva mujer. Ésta sale de la universidad y lo primero que se pregunta no es ¿con quién me voy a casar?, sino ¿qué voy a hacer? Cuando ella se casa, da por un hecho dos cosas: que su esposo respetará su individualidad, sus sueños y ambiciones profesionales, y que las tareas de la casa serán compartidas por igual con la exactitud de un cirujano.

Las estadísticas muestran que uno de cada dos matrimonios perdura. Así que, aunque la nueva mujer logre ambas cosas, tiene frente a ella un gran reto: mantener el equilibrio entre su familia y su trabajo. Para el hombre, la casa y el trabajo son polos opuestos; para la mujer, ambos se unen en una misma línea.

Esto le presenta varias amenazas que debe vencer. Se dice fácil, pero no es fácil lograrlo. Podríamos comparar la vida de la nueva mujer con un paseo en bicicleta: la llanta delantera es la familia, la de atrás es el trabajo. La única manera de recorrer un largo camino lleno de obstáculos y dificultades es manteniendo las dos ruedas en equilibrio y sosteniéndose muy bien del manubrio. El manubrio es su objetivo, su por qué y su para qué en la vida. Con él indica hacia dónde se dirige y por dónde quiere llegar.

Para ser una gran ciclista, la nueva mujer tendrá que aprender por medio del ensayo y el error. Quizás algunas veces pierda el equilibrio. Lo importante es que con serenidad, voluntad y amor continúe hacia adelante.

¿Cuántas veces, al tratar de balancear familia y trabajo, hemos sentido que perdemos el equilibrio? Si nos inclinamos mucho hacia el trabajo, lo cual nos satisface de gran manera, de pronto sentimos el reproche, a veces callado, a veces expresado, de algún miembro de nuestra familia. Podemos advertirlo en la mirada de un hijo, en el silencio de nuestro marido o en la rebeldía de una hija. Esto nos genera, a corto y a largo plazo, un gran sentimiento de culpa.

Si, por el contrario, nos inclinamos hacia el lado familiar y dedicamos las horas exclusivamente al cuidado y atención de la casa, hijos y marido, al final del día la sensación de no desarrollar nuestro potencial nos frustra e incomoda.

No existe una sola respuesta, la correcta. Ésta dependerá del momento y la etapa por la cual cada mujer esté pasando. Me aventuro a decir que hay una sola certeza: el camino que recorremos es producto de las decisiones que tomamos, decisiones que van a la par con nuestra escala de valores. Surgen del reconocimiento de nuestros pensamientos y sentimientos, de aprender a distinguir entre lo que verdaderamente vale y lo que nos dicen que es valioso, de saber diferenciar entre lo urgente y lo importante.

Lo urgente puede ser una cita de trabajo, un reporte que entregar o un cliente a quien visitar. Asuntos en los que siempre encontraremos algún compañero que nos ayude y alguna manera de reparar la falta.

En cuanto a lo importante, puede tratarse de un hijo que desea platicar con nosotros, de un marido necesitado de compañía o de un evento escolar en el cual se requiere nuestra presencia.

En estos asuntos no tendremos quién nos sustituya, o manera de aliviar el daño.

Así que, más allá de cuestionarnos qué queremos las mujeres, mejor habría que preguntarse: ¿qué quiero yo?

Algunas de las amenazas que rondan la vida de la nueva mujer y provocan la pérdida del equilibrio, son:

1. Convertirse en trabajo-adicta. En ese afán de ser reconocida, de ganarse un lugar en el ámbito laboral, de crecer, la nueva mujer puede convertir el trabajo en la prioridad de su vida. Cuando esto llega a suceder, los resultados en su carrera profesional, y no las personas cercanas, se convierten en lo importante, por encima de cualquier valor.

2. El mal humor. Se calcula que el horario de una mujer que trabaja y es ama de casa, es de catorce a dieciséis horas diarias. Esta superposición de papeles y las noventa y tantas horas semanales provocan un agotamiento físico y mental enorme. Si es mal controlada, la tensión se convierte en una insatisfacción que, a su vez, se traduce en mal humor. ¿Contra quiénes? Contra la familia, por supuesto.

3. La casa es hotel. La nueva mujer puede engolosinarse con el espacio exterior y disminuir considerablemente su presencia en el hogar. La mujer es el corazón de una casa y debe cuidar, mediante detalles, que aun al estar ausente se sienta su presencia en ella.

4. Sentido de independencia. Cuando la mujer gana su propio sueldo, puede germinar en ella un sentido de independencia que, bien canalizado, es muy positivo. Sin embargo, si cae en la soberbia, o su matrimonio pasa por una mala temporada, esta independencia económica y de espíritu no ayuda nada. Le puede dar fuerza, una cierta valentía, para actuar de manera inadecuada.

La armonía que necesita la nueva mujer vendrá de hacerle sentir a su esposo que lo valora, lo necesita y es importante para ella tanto en lo íntimo como en lo social; de conocer el trabajo del otro e interesarse en él, en sus inquietudes, en sus logros, no como vigilante sino como una compañera solidaria; de sostenerse muy bien del manubrio, de su objetivo en la vida. Cuando cumpla con estas condiciones, la nueva mujer podrá decir que ha logrado una armonía entre su familia y su trabajo.

El recién nacido

No es la carne ni la sangre, sino el corazón,
lo que nos hace padres e hijos.

Anónimo

Compartir la alegría del nacimiento es una de las experiencias más profundas que podemos tener como pareja. Cuando el bebé llega a casa, la emoción va más allá de las palabras. Y esta excitación crece con la visita de nuestros amigos y familiares que vienen a colmar de buenos deseos al bebé.

Pero los siguientes meses son épocas difíciles, pues junto a las alegrías naturales que un bebé aporta al hogar, también nos enfrentamos a un mundo desconocido donde la vida, materialmente, nos cambia por completo.

Algunas recomendaciones que pueden ayudar en esta etapa:

- Poco a poco, y con paciencia, es necesario establecer una rutina, ya que la estructura nos da seguridad a ambas partes.
- En estas épocas tan intensas, los quehaceres del hogar son mucho menos importantes. Nuestra casa va a cambiar, pues seguramente habrá cosas de bebé por todos lados. Ya habrá tiempo después de normalizarnos.
- La mamá tratará de descansar y dormir al mismo tiempo que lo hace el bebé, con el fin de recuperarse un poco.
- Por lo general, con el arribo del nuevo miembro de la familia también sobrevienen cambios en nuestra cotidianidad: contamos con menos tiempo libre, se reduce nuestra intimidad, surge el temor de ser desplazado o de que ya nada sea igual. Y lo cierto es que ¡será mejor!
- Todos estos sentimientos de desajuste, así como el conocido *baby blue*, son pasajeros.
- Leer libros al respecto, y en torno al desarrollo del bebé, nos tranquiliza y ayuda.

Cuando ya hay hermanitos...

En cierta ocasión leí un cuento que me conmovió, y ahora lo comparto con usted: el protagonista es Rafa, un niño de cuatro años que, después de tener un hermanito, a causa de la actitud de todos a su alrededor pensó que se había vuelto invisible. Rafa se sentía solo y triste. Desde el día en que llegó el bebé a su casa, por más que hacía lo que en otros tiempos le festejaban, no lograba llamar la atención de sus papás. Las visitas tampoco le hacían caso. Sólo querían ver, saludar y abrazar al hermanito recién llegado.

Un amigo pediatra dice que, para imaginarnos lo que los niños sienten, debemos hacer de cuenta que nuestro marido aparece con una nueva esposa preciosa y nos trata de convencer de que ¡es una gran idea! ¿Se imagina?

- De ser posible, conviene que un familiar o un amigo cuide de los otros hermanos hasta que el bebé ya esté en casa y la mamá haya tenido tiempo de instalarse. Así podrá dedicarles tiempo y atención cuando lleguen a convivir con su nuevo hermanito.
- Una buena idea es que los hermanos encuentren en su cuarto un regalo de parte del bebé.
- Ya sea que los hermanos conozcan al bebé en el hospital o en la casa, al momento de la presentación procuremos tener los brazos desocupados para abrazarlos.
- Es probable que el hermanito o la hermanita mayor haga escenas de berrinche, o sufra regresiones, justo cuando haya visitas o el bebé tenga que comer. Es necesario entender que lo que siente son celos y no sabe cómo llamar nuestra atención. Que le hayan quitado su puesto de rey o de reina no es un asunto fácil de manejar, a ninguna edad.
- Dicen que el primer hijo está hecho a prueba de padres primerizos y los siguientes a prueba de hermanos. Y es cierto. ¿Qué tal cuando el mayor le quiere hacer cariños al nuevo bebé? ¡Son unos trancazos! Pero el pequeño aprenderá muy pronto a defenderse.

Las visitas

Cuando llega un nuevo bebé, todos quieren ir a visitarlo. Se trata de conocerlo y de felicitar a los papás. No de hacer una romería en el cuarto de la agotada mamá y llenarnos de galletas y chocolates. Hay que ser discretos y prudentes. Con media hora de visita es suficiente.

- Si la visita se lleva a cabo en la casa, una llamada previa se agradece infinitamente. Una vez que acordamos el momento en el que seremos bienvenidos, hay que ofrecer algo que haga falta. Recuerdo que cuando tuve a mi primera hija, me fue a ver una tía de ésas que nunca vemos en la vida. Se presentó al rato de haber llegado nosotros del hospital y se plantó toda la tarde de visita. Yo estaba muerta de cansancio. La bebé no quería comer y mi casa, entre las flores y los regalos, era un desorden. La tía opinaba y opinaba: que si la bebé tenía frío, que la pelusa de la cobija quizá les daba alergia, que si estaba amarilla, que la pusiera al sol... y no paraba de darme consejos. Yo, mareada y agobiada, la verdad tenía ganas de matarla.

- Como visitas, debemos ser prudentes con los besos al bebé y lavarnos las manos antes de acariciarlos o tomarlos de las manitas, pues luego se las chuparán.

- Cuando vengan otras personas a visitarnos, procuremos ser cuidadosos con el aparato del interfono que ponemos junto al bebé para oírlo. Es muy útil y práctico, así como peligroso e indiscreto si olvidamos que está encendido. Todo lo que platiquemos dentro del cuarto del bebé será escuchado en la sala. Por esta razón, cuidemos lo que decimos de la suegra, de los parecidos y en general todos nuestros comentarios.

Cuando salimos con el bebé...

- Durante sus primeros meses es preferible sólo sacar al bebé al pediatra y a casa de familiares y amigos cercanos, donde tengamos la confianza de dormirlo, alimentarlo y mantener sus horarios.
- Si lo llevamos a un lugar público y empieza a llorar, debemos salir de ahí inmediatamente.
- Cuando empieza a caminar, gatear y mostrar interés por los objetos a su alrededor, es el momento de enseñarle qué se toca y qué no. Entienden perfecto y con frecuencia con carita de pícaros nos ponen a prueba.

- Seamos prudentes y tengamos en cuenta no imponérselo a los demás, aunque sea la criatura más adorable del universo. Hay quienes no saben tratarlos, manejarlos o simplemente no gustan de los niños.
- Desde muy temprana edad, enseñemos a los bebés a no hacer sus necesidades físicas delante de otras personas, y menos en lugares públicos.
- Cuando vayamos de visita con un bebé, tiremos los pañales en el basurero exterior. Cuestión de prudencia.
- A todos nos fascina presumir las fotos de nuestros hijos o nietos. Sin embargo, seamos prudentes en la cantidad, el momento y a quién se las enseñamos.

El arte de convivir con los niños

Educad a los niños y no será necesario castigar a los hombres.

Pitágoras

Coincidirá conmigo en que un niño educado se sentirá más seguro que otro que desconoce cómo comportarse. Si en nuestros hogares los niños se acostumbran a las buenas maneras, éstas se les grabarán en la memoria y las emplearán cotidianamente.

Al hablar con los niños sobre cómo comportarse, es esencial tomarnos el tiempo de explicarles el porqué y la razón que existe detrás de cada punto. Esto nos resultará mejor que si sólo contestamos un "porque sí, porque yo lo digo". Tengamos algunas respuestas a la mano, ya que los niños nos van a retar y a cuestionar sobre estas cosas, que desde su punto de vista son absurdas o pasadas de moda.

La tarea se facilita si empezamos desde que son pequeños, ya que todos sabemos que romper malos hábitos es una tarea monumental.

La educación es un tema tan importante como infinito, casi imposible de resumir en este libro. Sin embargo, comparto con usted algunos puntos que considero importante inculcar en nuestros hijos en el renglón que nos atañe:

- Enseñemos a los niños a ser amables y a respetar a los demás. "Los demás" significa "todo el mundo", sin excepciones.
- Cuando saludan o hablan con alguien, deben ver a las personas a los ojos. Ellos no lo harán por sí solos.
- También, cuando llega un adulto, es preciso que se levanten a saludar; asimismo, deben hacerlo cuando sean ellos los que lleguen a un lugar. Muchos niños, especialmente los que tienen entre dos y cinco años, son tímidos para ir a darle el beso en la mejilla a la tía abuela. Si insistimos en que lo hagan enfrente de todos, sólo conseguiremos que se escondan tras nosotros y que el invitado piense que nuestro hijo está muy mal educado. Si lo presionamos para que salga de su escondite y salude, puede ser contraproducente: terminará odiando a la tía y haciéndonos pasar una vergüenza.

  Lo más probable es que esta timidez se les pase con la edad. Evitemos decir delante de ellos que son tímidos, ya que sólo agudizaremos el problema.

  Si se trata de que un niño nos salude, no seamos nosotros quienes insistamos en que nos den el besito, seguro los odiados seremos nosotros.
- Es muy importante que utilicen siempre las palabras mágicas: por favor y gracias.
- Los niños, por naturaleza, son egoístas con sus cosas. Así que hay que reforzarlos positivamente cuando las compartan con otros niños, para que aprendan esta conducta.
- Los detalles aparentemente cotidianos, como decir "buenos días" en las mañanas y por la noche despedirse con un beso y un "buenas noches", son importantes. Acostumbrémoslos a ellas.
- Sentarse a la mesa peinado no responde a una necedad de las mamás. Es una forma de respeto hacia el otro.
- Crearles hábitos como el de recoger sus cosas, practicar algún deporte o comer sanamente, es una tarea infinita para los papás. Aunque a corto plazo no veamos resultados, confiemos en que la semillita se está sembrando en su interior.
- Es prudente limitarles el tiempo que pasan frente a la televisión. Siempre querrán ver más. Si los dejamos verla durante

veinticuatro horas, la querrán ver veintisiete. Por lo tanto, cuanto menos la vean, mejor. (En el capítulo del hogar tocamos esto más a fondo.)

- Enseñémosles a comer de todo. Introduzcámoslos poco a poco a nuevos sabores para que no se vuelvan melindrosos, como decía mi abuelita.
- Desde pequeños, debemos explicarles que no se tocan los ceniceros de la mesita de la sala. Hay papás que prefieren limpiar la casa de adornos que se puedan romper. Yo pienso que la educación hay que vivirla, palparla y no conocerla sólo en teoría.
- Sería muy conveniente hacerles comprender que los fines de semana no deben despertar a sus papás. Aunque, si el niño tiene menos de tres años, esta es una batalla perdida. Nadie podrá evitar que el sueño del domingo termine a las siete de la mañana gracias a un dedito que se mete en nuestro ojo.
- Enseñémosles a ser detallistas. Por ejemplo, en los santos o cumpleaños de sus hermanos o abuelos, que les tengan siempre un regalito o una tarjeta hecha por ellos. Lo que importa no es el regalo, sino el hecho.
- Si hay una persona que los cuida o trabaja en la casa, es nuestra responsabilidad hacerles entender que no está bajo sus órdenes y deben tratarla con cariño y respeto.
- Si ya tienen edad, cuando tenemos invitados en la casa pueden ayudar a atenderlos, ofreciendo botana o algo de tomar.
- Hay que acostumbrar a los niños a tocar la puerta antes de entrar al cuarto de sus papás.
- Cuando van a otra casa, deben recoger los juguetes y ofrecerse a ayudar a levantar la mesa y lavar los platos.
- No gritar. Los niños que gritan por todo son muy molestos. Cuando lo hacen, es señal de que los papás lo han permitido.
- Jugar en equipo. Cuando sean mayores, les servirá haber aprendido que en los juegos, como en la vida real, las decisiones se sugieren, no se imponen.
- Para inculcarles obediencia es importante que los papás seamos firmes y coherentes en las órdenes. Si mamá ha dicho que hay que acostarse, que no venga papá diciendo que un

ratito más, ni viceversa. Los niños son muy hábiles y saben perfectamente cómo jugar con nosotros y aprovechar nuestras debilidades.

- Los papás debemos mantenernos muy unidos y firmes para educarlos.

Si no hay más remedio que imponer un castigo, el hijo debe sentir que los papás están de acuerdo y entender que se lo merece. Aunque luego las mamás somos más blandas, no debemos manifestar debilidad delante de él.

- En el afán de educar a los hijos, quienes somos papás en ocasiones confundimos nuestra tarea. A continuación comparto con usted un viejo escrito que me hizo reflexionar sobre este punto.

Escucha, hijo: voy a decirte esto mientras duermes.

Hace unos minutos, cuando leía el diario en la biblioteca, sentí una ola de remordimientos que me ahogaba. Culpable, vine junto a tu cama.

Esto es lo que pensaba: me enojé contigo, te regañé cuando te vestías para ir a la escuela porque apenas te mojaste la cara con una toalla. Te reprendí porque no te limpiaste los zapatos. Te grité porque dejaste caer algo al suelo.

Durante el desayuno te regañé también. Volcaste las cosas. Tragaste la comida sin cuidado. Pusiste los codos sobre la mesa. Untaste demasiada mantequilla en el pan. Y cuando te ibas a jugar y yo salía a tomar el tren, te volviste para saludarme con la mano y decirme: ¡Adiós, papaíto¡, y yo fruncí el ceño y te respondí: ¡Lleva erguidos esos hombros!

Al caer la tarde, todo empezó de nuevo. Tenías los calcetines agujerados. Te humillé ante tus amiguitos, obligándote a marchar a casa. Los calcetines son caros, y si tuvieras que comprarlos tú, serías más cuidadoso.

¿Recuerdas luego, más tarde, cuando yo leía en la biblioteca y entraste temerosamente, con mirada de perseguido? Cuando levanté la vista del diario, molesto por tu interrupción, vacilaste en la puerta. ¿Qué quieres ahora?, te pregunté bruscamente. Nada, papaíto, me contestaste echando a correr hacia mí y rodeando con tus bracitos mi cuello. Y me besaste sin dejar de abrazar cada vez más fuerte, con ese cariño que Dios ha hecho florecer en tu corazón y que ni mi incomprensión puede agotar. Y luego te fuiste a dormir dejándome sentir el ruido de tus breves pasitos por la escalera.

¡Bien!, hijo. Poco después el diario se me cayó de las manos y se apoderó de mí un terrible temor. ¿Qué estaba haciendo de mí la costumbre de encontrarte siempre defectos y reprenderte? No es que yo no te amara; es que espero demasiado de ti. Te mido con la vara de mis puños maduros, olvidándome de que eres un niño.

Y hay tanto de bueno, de bello y de recto en tu carácter. Ese corazoncito tuyo es grande como el sol que nace entre las colinas. Así lo demostraste con tu espontáneo impulso de correr a besarme esta noche. Nada más que eso importa ahora, hijo mío. He llegado hasta la camita en la oscuridad y me he arrodillado ante ti, lleno de vergüenza. Es una pobre explicación; sé que no comprenderías estas cosas si te las dijera cuando estás despierto. Pero mañana seré un verdadero papá. Seré tu compañero y sufriré cuando sufras y reiré cuando rías. Me morderé la lengua cuando vaya a dirigirte palabras impacientes. No haré más que decirme, como si fuera un ritual: "No es más que un niño, un niño pequeñito".

Temo haberte imaginado hombre. Pero al verte ahora acurrucado, fatigado en tu camita, me doy cuenta de que eres un bebé todavía. Ayer estabas en los brazos de tu madre, con la cabeza en su hombro. He sido injusto contigo y de corazón me arrepiento, hijito mío.

W. LIVINGSTONE

Los niños tienen más necesidad de modelos que de críticos.

CAROLYN COATS

El ejemplo, el mejor maestro

La educación es un proceso de toda la vida. Hay detalles cotidianos que no pasarán inadvertidos a los niños. Por ejemplo, si ellos observan que cuando nos invitan a algún lugar llevamos un detalle, en el futuro es muy probable que hagan lo mismo con naturalidad. Esa expresión, que todos hemos escuchado, de "es de buena cuna", no se refiere al aspecto económico sino a que la persona aludida proviene de una familia dentro de la cual vivió el ejemplo, absorbió la educación, los valores y las buenas maneras.

Como siempre, los detalles son importantes:

- Si sabe que usted escribe notas de agradecimiento, él lo hará.
- Si usted le sugiere que escriba una pequeña carta en la que pida perdón al vecino por haberle roto un vidrio con la pelota, el niño incorporará esta actitud a su manera de pensar.
- Si le recomienda que mande una tarjeta a un enfermo, ya sea familiar, maestro o amigo, descubrirá el valor de proporcionar consuelo o de unirse al dolor de los otros.

Todas estas atenciones se aprenden con el ejemplo y la constancia. Vale la pena el esfuerzo de cuidarlas.

Por eso hay que tratar de tener actividades en común entre padres e hijos: escuchar música, practicar algún deporte, leer el mismo libro, salir juntos. No debemos olvidarnos de preguntarles en la noche cómo les fue, de pedirles que describan su día, qué sintieron, qué aprendieron. Asimismo, también debemos contarles cómo transcurrió nuestro día. Es importante que sepan qué hacemos los papás, qué sentimos, cuáles son nuestras preocupaciones y metas.

- Es recomendable que, si la mamá trabaja, el niño sepa que es por su bien, para que no le falte nada. Lo entenderá mejor si de pequeñito le explicamos que las mamás tenemos que ir a nuestro propio colegio de mamás, para que se sientan identificados y lo comprendan.

Hagamos lo mismo con el trabajo del papá, al que por lo general ven tan poco entre semana.

- Cuando nuestros hijos tengan un evento escolar o deportivo importante, tenemos que estar ahí. No hay nada que decepcione más a un niño que no ver a su mamá o a su papá entre el público.
- Un niño debe aprender, desde que tiene un año de edad, que pedir las cosas de buena forma, sin llorar, le abrirá las puer-

tas. Si enseñamos a nuestros hijos un buen modo para decir
o pedir las cosas, les damos una poderosa herramienta para
sus futuras relaciones en la escuela, con sus amigos, en el trabajo y con su futura pareja.

El niño y la cultura

Como dice Nathalie Devalls: "Las inquietudes culturales no surgen en el ser humano por instinto". Esta es una realidad que
todos como padres debemos tener presente para contribuir al
desarrollo cultural de nuestros hijos. Acostumbremos sus oídos
a la buena música, despertemos su interés por el teatro, invité-
moslos al cine, estimulémoslos a ver programas de televisión
que resulten verdaderamente instructivos, a leer un buen libro.
Todas estas son actividades que contribuyen a ampliar los horizontes mentales del niño y desarrollan manifestaciones artísticas
latentes que van a ser muy importantes en su vida futura.

Los niños y el dinero

Dice un amigo que "el dinero es mal consejero" y tiene razón.

Independientemente de la situación económica que vivamos,
considero conveniente que un niño cuente con el tradicional
"domingo" desde que es pequeño. De preferencia, que la cantidad sea muy conservadora, para luego aumentarla poco a poco,
de acuerdo con las posibilidades de los papás y la edad de los
jóvenes. Esto lo hará consciente de cuidarlo y buscar la manera honrada de ganar algo por su cuenta.

- Habría que indicarles, desde el primer momento, que deben
  administrar el dinero, ya que si lo gastan compulsivamente
  o antes de lo debido, tendrán que sacrificar otras cosas en la
  semana. Esto les otorga un sentido de las dimensiones y los
  ubica en la realidad.
- Una alcancía, o una cuenta de ahorros, puede ser una inva-
  luable herramienta de aprendizaje. A través de ella, los niños
  pueden asimilar desde la aplicación de las matemáticas hasta
  la responsabilidad y la independencia. Así como posponer
  un satisfactor inmediato en aras de otro mayor.

- Es importante transmitirles lo que cuesta ganar y cuidar el dinero, para que valoren el trabajo. En lo personal, creo que es muy bueno negarles algo de vez en cuando. Esto templa su carácter y les enseña a enfrentarse a esos "no" que serán tan frecuentes en la vida. Ojalá los papás nos demos cuenta del gran daño que hacemos a nuestros hijos si cumplimos todos sus caprichos. Porque, como bien dice el proverbio chino: "Si quieres que tus hijos lleven una vida tranquila y segura, edúcalos con un poco de hambre y frío".
- Por último pregúntele a cualquier niño qué le dieron sus papás la última Navidad. Verá usted que no se acuerda o lo evoca vagamente. Sin embargo, pregúntele a dónde fue con ellos la última vacación y le dirá de inmediato con una sonrisa el lugar y todos los pormenores.

Conclusión: un niño no necesita el dinero de sus papás, necesita su tiempo, su cariño y su atención.

El autocontrol

Una de las leyes fundamentales de cortesía es la resistencia al primer impulso.

NOEL CLARASÓ

Es común que un niño exprese lo que siente. Eso es muy sano; sin embargo, los papás debemos proporcionar a nuestros hijos fórmulas que controlen su temperamento y les ayuden a tener gobierno sobre sí mismos. Por ejemplo, enseñémosles a no armar un escándalo cuando se les niega algo, o a no hacer que todo el edificio del dentista se entere de que le están curando una muela. A estar callados en misa, o en el cine, por respeto a los demás; a aguantarse la risa cuando ven que alguien tropieza; a quedarse en silencio en un teatro, a pesar de que les parezca que los actores son ridículos y aburridos; o a escuchar por tercera vez la historia de la abuelita sin molestarla.

Por simples que parezcan estos detalles, son una buena manera de forjar su carácter.

Preguntas incómodas

Al hablar de los niños, no podemos evitar una sonrisa: son espontáneos, traviesos y no saben distinguir lo que es "meter la pata". Por eso resultan personajes peligrosos y pueden ser capaces de acabar con una relación en cuestión de segundos.

Como cuando hacen preguntas semejantes a éstas:

- ¿Cuántos años tienes? A una señora... enfrente de todos.
- ¿Por qué no tienes hijos? A una pareja que quizá no puede tenerlos.
- ¿Por qué estás tan gordo? Al jefe que invitamos a la casa.
- ¿Qué te pasó en la cara? Al galán de la hermana que a lo mejor tiene acné.
- ¿Verdad que sí podemos darle aventón a Miguel? Con Miguel enfrente.
- ¿Esas rayitas que tienes en la cara son porque estás viejita?

En realidad a ellos se les perdona todo, pero a los papás no. Su cándida sinceridad nos obliga a cuidar nuestros comentarios frente a ellos. Además, son expertos en detectar cuando algo no debe repetirse fuera de la casa, y esperan ese momento con impaciencia para poner a sus papás en evidencia.

Su peculiar radar les permite ver absortos la televisión y captar, al mismo tiempo, lo que chismeamos los adultos, y que no dudarán en retransmitir a la abuelita una vez que la vean.

Así que prediquemos con el ejemplo. Y como los niños todo lo repiten y lo copian, frente a ellos persignarse, y bien.

Cómo defenderse con cortesía

Un niño tiene los mismos derechos o más que un adulto. Démosle su lugar y enseñémosle. Algunos adultos tienden a no tomar en cuenta a los niños. Por ejemplo, cuando alguien se le mete enfrente de la fila para comprar algo, el niño preparado sabrá decir: "Perdón, señor, pero yo soy el siguiente". Al enseñarlo sabrá marcar su punto con decencia y sin agredir.

Visitas con niños

Los niños son una lindura en el momento y lugar apropiados.

Antes de realizar una visita con ellos, es mejor preguntar si es prudente llevarlos. Nos toca comprender, cualquiera que sea, la respuesta. Si nos dijeron que sí, es probable que los dueños de la casa estarán preparados con dulces, juguetes o un área para los niños. Quizás aprovecharán para quitar las cosas más delicadas de las mesas.

De todas maneras, a los papás nos corresponde cuidarlos, estar atentos y enmendar de inmediato cualquier accidente. Si hay que darles de comer o cambiarlos, debemos preguntar dónde es oportuno y, en cuanto terminemos, dejar todo como si estuviera intacto.

Asimismo, evitemos que destruyan las cosas o que corran y griten de manera que sea molesto para los demás.

En los lugares públicos

¿Cuántas veces hemos estado en un restaurante cerca de una linda familia con tres niños que no dejan de gritar, correr alrededor de nuestra mesa y jugar a las escondidillas detrás de nuestra silla?

Y nos decimos: "¡Qué niños tan insoportables! ¿Por qué no se están quietos?".

Si lo pensamos bien, eso es lo natural en un niño. Los insoportables son los papás que se desentienden y están felices de ver a sus hijos entretenidos.

Hay muchos restaurantes que ofrecen instalaciones para que los niños salgan a jugar sin molestar a nadie.

También los papás podemos prevenir la situación llevando premios, dulces, cuadernos de dibujar o lo que sea para entretenerlos.

Si viajamos en avión, un momento especialmente peligroso es cuando el pasajero vecino se dispone a tomar su taza de café caliente y a nuestro angelito se le ocurre pasar corriendo a su lado, de manera que el traje del señor queda todo manchado.

En este caso debemos ofrecer mil disculpas, y el niño se llevará el consabido regaño.

Cuando se trata de una boda religiosa, a los adultos nos cae en gracia ver a los niños muy elegantes, caminando por los pasillos de la iglesia. Sin embargo, a la hora de la fiesta están cansados y de mal humor. Esto ocasiona que ni ellos ni sus papás disfruten de la fiesta. A partir de los diez años aguantan más y les encanta bailar con sus papás y con sus primos.

Si en la ceremonia religiosa tenemos un bebé que llora, saquémoslo de inmediato, antes de que el padre dé la bendición y nuestro bebé nos ponga en ridículo.

Cómo disfrutar mejor las vacaciones

Nos vamos de vacaciones. Llenamos el coche de maletas, raquetas de tenis, aletas, visores, pelotas y todas aquellas cosas que de último momento parecen indispensables. Nos alejamos de este mundo lleno de quehaceres, obligaciones, estrés, y nos preparamos física y mentalmente para tomar ese tan merecido descanso.

Las vacaciones nos dan la oportunidad de retomar lo fundamental: convivir. Todo nos predispone a estar de buen humor y relajados. Aprovechemos el paréntesis de la realidad que nos ofrecen estos días para acercarnos más a cada uno de los miembros de nuestra familia.

La verdad es que, en lo cotidiano, estamos tan pendientes de realizar nuestras propias obligaciones, como trabajar, llevar al niño al dentista, entregar el trabajo en la escuela, no llegar tarde a la cita o estudiar para los exámenes, que nos olvidamos de lo que realmente es importante.

¿Recuerda usted cuando éramos niños y jugábamos al juego de los encantados? ¿Recuerda el alivio que sentíamos al tocar la base, que podía ser un simple cojín o un árbol? Bueno, pues las vacaciones nos proporcionan momentos ideales para regresar a la base, y esa base es nuestra familia. Como dice Martín Descalzo: "Los padres nos dedicamos tan apasionadamente a organizar el futuro de nuestros hijos que hasta nos olvidamos de hacerlos felices en el presente".

Lo importante en estos días no será cómo está la bolsa, ni las calificaciones, ni los asuntos por resolver en el trabajo: será platicar, hacer castillos de arena juntos, conocer cosas entre todos, reírnos mucho, disfrutarnos unos a los otros.

Alguna vez, en mi familia, salimos todos de vacaciones (siete hermanos con maridos y esposas e hijos) y mi papá nos envió a todos con anticipación el "código" a seguir. Observarlo redundó en el éxito de nuestro viaje. Deseo compartirlo con usted, por si le parece prudente adoptarlo:

1. Estrictamente prohibido un solo indicio de mal humor.
2. Se dejará en casa toda preocupación, aun si se tratara de un posible embarazo, la pérdida del empleo, la Secretaría de hacienda, una oportunidad que puede esfumarse o cualquier cosa por el estilo.
3. En ningún momento se hablará de dietas.
4. Todos deberemos jugar, platicar o convivir con nuestros hijos lo más que podamos, incluso cuando estemos en medio de lo más interesante de nuestro libro, adquiriendo ese bronceado perfecto o a punto de iniciar el dominó.
5. La hora máxima permitida para retirarse a descansar será las cinco de la mañana.
6. Nadie deberá sujetarse a ningún plan, paseo o "maravilla por visitar" si no le da la gana.
7. Queda prohibido enfermarse o hacerse el enfermo.
8. Es obligatorio reír un mínimo de cinco veces, además de dos sonoras carcajadas, al día.
9. Obligadamente comprará todo aquello que agregue belleza a su persona, en atención y para disfrute de su cónyuge, quien deberá pagar dichas cuentas.
10. Si sale al extranjero, no hará de "mexicano profesional" dando enormes propinas y no entonará el "Cielito lindo" o la "Canción mixteca" ("Qué lejos estoy del suelo...").
11. No sacará chiles serranos de su bolsa en un pañuelo desechable a la hora de la comida y, mucho menos, los ofrecerá.
12. No levantará la voz escandalosamente, así se le aparezca Carlos Salinas de Gortari.
13. Observará, por el bien de todos y por caridad de Dios, puntualidad.

Al hacer las maletas para irnos de vacaciones, no olvidemos empacar también la disposición de convivir, de acercarnos al otro, de meternos en su mundo, platicar de sus cosas, de sus intereses y de hacer lo que le gusta.

Aquilatemos esos momentos tan simples, tan pasajeros y sin embargo tan importantes, que son precisamente los que nos acercan más a nuestros seres queridos. ¡Disfrute de unas merecidas vacaciones!

LOS ADOLESCENTES

Juventud, divino tesoro, ¡te vas para no volver!
Cuando quiero llorar no lloro, y a veces lloro
sin querer...

RUBÉN DARÍO

La adolescencia es un periodo divertido, interesante, intenso, demandante, y a veces muy confuso, entre la niñez y la edad adulta. Es como atravesar un río turbulento en el cual se deja atrás el terreno seguro de la niñez y se avizora a lo lejos la tierra firme de la edad adulta.

Por eso, cuando los niños pasan por esta etapa, hasta la familia más sólida puede sufrir tropezones. Lo importante es acompañarlos en su adolescencia con inteligencia y mucho amor.

El principal roce que puede haber consiste en que los papás consideran que su hijo es todavía un niño y él ya se siente un adulto. Todos pasamos la adolescencia y sabemos que en esa etapa, por un lado, nos sentimos dueños del mundo; y por otro, somos los seres más inseguros sobre la tierra.

La adolescencia está llena de descubrimientos y cuestionamientos, tanto de nuestro mundo interno como del externo. Si la relación de los papás con sus hijos fue cercana antes de la adolescencia, es muy probable que la etapa sea menos difícil.

Por lo tanto, es necesario:
• Escuchar con atención todo lo que dicen.
• Estar abiertos a sus nuevos conceptos y sugerencias.
• Jamás burlarse de sus ideales, temores, juicios, sentimientos, exageraciones. Es lo peor que se les puede hacer.

- Evitar las bromas acerca de su físico: frenos, granos, desarrollo, estatura, voz y vellos. Durante esta etapa, aunque aparenten dominar el mundo, los invade una gran inseguridad.
- Respetar al máximo su privacidad. Tocar antes de entrar a su habitación y evitar escuchar sus conversaciones telefónicas.
- Los adolescentes necesitan un espacio propio donde puedan estar con sus amigos, escribir, bailar, pensar o "tirarse a descansar" sin interrupciones.
- Las habitaciones de los adolescentes casi siempre son un auténtico desorden. En esa edad los papás no debemos obsesionarnos con esto, pues si lo hacemos seguro ocasionaremos conflictos y distanciamiento. La etapa pasa pronto.
- Hay que estar alertas a cualquier signo de tristeza profunda. De notarlo, pidamos ayuda profesional de inmediato. La depresión es muy común en la adolescencia y puede ser un síntoma de problemas mayores, como drogadicción o alcoholismo.
- Algo que un adolescente aborrece es que los papás critiquemos a sus amigos. Si nos parece que algún amigo no le conviene, es mejor buscar alternativas inteligentes.
- En esta etapa debemos estar dispuestos a ser cuestionados, evaluados y criticados constantemente. Los adolescentes, incluso, nos confrontarán con sus valores y sus acciones. Por tal razón, los papás necesitamos estar muy bien preparados para superar estas pruebas. Recuerdo que cuando uno de mis hijos pasó por esta edad, llamé desesperada por teléfono a mi mamá para que me dijera ¡qué hacer! Recuerdo su respuesta: "Ten paciencia, es normal y pronto se le va a pasar". Con el tiempo confirmé que la experiencia de siete hijos y veintiún nietos te dan sabiduría. ¡¡La adolescencia pasa!!
- Los límites son muy importantes, porque se convierten en una guía que el adolescente pide a gritos. La firmeza de los padres es esencial. También es conveniente mantenernos en contacto con otros papás, para buscar en ellos apoyo y retroalimentación.

Me visto a la moda, me pongo un arete, un tatuaje... ¿y qué?

Quizá por retar a la autoridad, por autoafirmación o simplemente por llamar la atención, el adolescente puede presentarse con alguna novedad. Puede ser un peinado o arreglo estrafalario, un tatuaje en el cuerpo, el pelo teñido, una barbita de extraña forma, colocarse un arete o vestir *grunch*.

Esto, por lo general, es motivo de conflicto entre los papás y el adolescente. En lugar de regañarlos y pelearnos con ellos, lo que empeoraría la situación, mejor pensemos que si recurre a una de estas medidas es porque nos está enviando una señal muy clara de la necesidad de que nos acerquemos de buena manera y platiquemos más con él. Con mucho diálogo, aquella imagen de nuestro hijo o de nuestra hija con atuendo estrafalario, muy pronto se convertirá en tan sólo una fotografía que hará sonreír a todos cuando la veamos en el álbum familiar.

Los adolescentes y el sexo

> *La verdadera libertad consiste en el dominio absoluto de sí mismo.*
>
> MICHEL DE MONTAIGNE

Un adolescente de hoy sabe mucho más de sexo que un adulto de antes. Por lo tanto, la educación sexual debe empezar desde la infancia y en la vida diaria.

Los papás debemos anticiparnos a que reciban una mala información y estar listos a contestar con naturalidad todas las preguntas. Para prepararnos, existen muchos libros y centros educativos que nos pueden ayudar. Lo importante es que el niño sienta que tiene abiertas las puertas de este tema con sus papás.

No basta que sólo les demos una clase de anatomía; es imprescindible hablarles de la profundidad de las relaciones sexuales en el aspecto amoroso, social y sicológico.

Es básico explicarles con claridad y precisión el funcionamiento de todos los métodos anticonceptivos que hay, así como despertarles la conciencia de los riesgos y las enfermedades que pueden llegar a contraer si practican el sexo de manera irresponsable.

Como papás, debemos ser los primeros en tocar el tema e invitar al diálogo con nuestra actitud serena.

Una fiesta en casa

Cuando un adolescente organiza una fiesta en su casa se enfrenta a una situación muy estresante para él o ella. Primero, por la logística en sí de la fiesta; pero más aún porque significa un evento en el que su popularidad y aceptación por otros jóvenes se pondrán a prueba. Siempre estará con la angustia de "¿se llenará?", "¿vendrán todos?", y otras inseguridades por el estilo. Si somos papás del festejado o festejada de nuevo nos tocará sacar la paciencia a pasear.

En estos casos, los papás tenemos que estar "discretamente" presentes y pendientes. Asimismo, platicar con ellos sobre las diferentes situaciones que podrían surgir en la fiesta y cómo se solucionarían.

Por ejemplo:

- Involucrar al joven o a la joven en la preparación de la fiesta. Pedirle que respete las partes de la casa que se pueden usar, y hablar con él o ella sobre cuáles comportamientos están permitidos y cuáles no.
- Decidir qué se va a hacer en caso de que alguien desee entrar a la fiesta con botellas.
- El tipo de comida y botana. Es recomendable poner comida abundante por todos lados para "diluir" el alcohol.
- Dejar a un adulto (insobornable) encargado del bar: es más difícil pedir una "cuba cargada" que hacérsela; es más difícil conseguir otra bebida cuando ya se está alcoholizado que simplemente tomarla.
- Si vemos que un joven se encuentra en mal estado y va a manejar, como dueños de la casa somos responsables de detenerlo, darle un café, tratar de estabilizarlo y, si esto es imposible, llevarlo a su casa, enviarlo con otros amigos o, en el peor de los casos, llamar a sus papás.
- Lo ideal es que el festejado ayude a poner todo en orden cuando termine la reunión o fiesta.

- Hacer lo que esté de nuestra parte para que todos los invitados la disfruten.
- La hora de llegada siempre es motivo de discusión con los papás. Una hora de llegada demasiado estricta los pone en ridículo con sus amigos, y una demasiado relajada los pone en peligro. Así que lo ideal es negociar y encontrar entre las dos partes un punto medio.

No es bueno ser demasiado libre.
No es bueno tener todo lo que uno quiere.

BLAISE PASCAL

El tiempo sigue su curso...

Los hijos se irán: a la universidad, a estudiar fuera, a trabajar en otro país, a vivir en su departamento. O se casarán.

La pareja regresa a su estado original: dos.

El nido vacío quizá cause dolor y nostalgia: ojalá provoque, ante todo, satisfacción.

No siempre es 10 de mayo

¡Qué frágil puede ser la autoestima de una mamá si no la construye en otros espacios diferentes a su hogar!

Las mamás, a lo largo de la vida, pasamos por varias etapas en relación con nuestro esposo e hijos, comenzando desde la maternidad, cuando, como futuras madres llenas de ilusiones, empezamos a sentirnos gordas, feas y poco atractivas para nuestros maridos.

Nace el bebé y tangiblemente vemos culminado todo nuestro instinto maternal de protección. Sabernos indispensables ante la frágil dependencia de nuestro bebé, le da un nuevo significado a la vida: nos sentimos realizadas. Al mismo tiempo estamos ojerosas, cansadas, desveladas y, físicamente, creemos estar menos atractivas que nunca.

Después viene una etapa en que nos convertimos en el gigante de nuestros hijos. Para ellos somos el modelo de la per-

---

fección, todo lo hacemos bien y representamos el centro de su pequeño universo. Es la época en que somos homenajeadas en la escuela y nuestra vida familiar está mejor organizada. Físicamente, por lo general ya recuperamos el atractivo y nos sentimos satisfechas.

Viene más tarde la pubertad, etapa en la cual los hijos nos empiezan a sacar de sus vidas. De pronto surge un rechazo inexplicable hacia nosotras. Cualquier actividad natural que realizamos frente a sus amigos, le provoca a nuestro hijo una gran pena, ya sea cantar en el coche, la forma de arreglarnos, la manera de hablar, de actuar y demás.

Frases como: "mamá, ni se te ocurra darme un beso en el colegio", o "por favor, no cantes" o, en el centro comercial, "¿me puedo ir por mi lado?", se convierten en lo cotidiano.

Cuando ese distanciamiento natural llega, la mamá ya debe haber empezado a echar mano de otras maneras de alimentar su autoestima, a construir un espacio propio, un castillo personal, a fijarse sus propias metas.

Ese castillo puede construirse con libros, con cultura, con un trabajo en el que hagamos algo por los demás, con el inicio de una carrera, ¿por qué no? Con ganas de realizar nuestros sueños, de encontrar aquello que disfrutamos hacer.

Llega la adolescencia: rechazo absoluto. La mamá, todo, absolutamente todo, lo hace mal. Los pleitos y las discusiones por los permisos poco ayudan a la relación. Se establecen territorios diferentes. Ante los ojos de los hijos, la mamá es la mujer más anticuada del mundo, no sabe nada, da los peores consejos que existen. Rechazan hasta la forma en que habla, camina, y ni hablar de cómo viste. En esta etapa, ella tendrá que hacer uso de toda la paciencia e inteligencia con que cuenta.

Sin aviso, llega la juventud; la presencia de los hijos en la casa se reduce notoriamente, las comidas o meriendas en familia se acabaron. En su lista de prioridades, la mamá ocupa exactamente el último lugar. Ella de pronto comprende eso que había oído acerca del "síndrome del nido abandonado". Un "ay, mamá" en tono compasivo, acompañado de una palmadita en la espalda, es la expresión más frecuente que recibe.

Tener otros recintos dónde desarrollarse es imprescindible en esta etapa, para evitar toda clase de enfermedades físicas y mentales.

Cuando se casan, viene la reconciliación. Sin embargo, es un hecho que se van, y si una mamá no tiene vida propia, al irse los hijos pareciera que se le va la vida también.

Sin que importe la etapa por la que esté pasando, existe una constante en todas las edades: la presencia incondicional de la mamá es exigida siempre que se necesita.

Sentirse devaluado e indeseable es, en la mayoría de los casos, la base de los problemas humanos. Así como el cuerpo requiere nutrientes para estar sano, la personalidad necesita de la cariñosa retroalimentación de otros y de sí mismo para lograr la salud emocional.

Sin duda la madre, al final del día, es reconocida como la gran forjadora y formadora de la sociedad. No obstante, durante todos esos días que no son 10 de mayo y anhelamos sentirnos reconocidas, es nuestra autoestima, construida en un mundo aparte, en un castillo interior, la que nos puede sacar adelante.

Por último...

La educación, la cortesía, las buenas maneras en los niños y adolescentes, están orientadas a que aprendan a pensar en el otro y a dar, no sólo a recibir. Con esperanza las respuestas positivas que obtendremos de ellos serán cada vez más frecuentes. Llegará un momento en que no tendremos que recordarles que feliciten a papá en su cumpleaños, o que le hablen a su abuelo recién operado, que cumplan con sus deberes, que lleguen a tiempo, que sean amables y entregados.

Su propia conciencia los levantará automáticamente de la silla para cedérsela a una persona de edad, aunque estén muy cansados, y su formación los hará sentirse confiados en cualquier lugar. Así que vale la pena el esfuerzo.

LA FAMILIA POLÍTICA

*Cuando entre los elementos de un grupo
social existe unión y fraternidad, ese
núcleo social disfrutará de pedazos de
cielo en la tierra.*

ANÓNIMO

Muchos corremos con la suerte de contar con una maravillosa
familia política. Sin embargo, es común que algunas parejas
tengan problemas con sus parientes políticos, lo cual, por supuesto, crea una gran tensión.

Los problemas a veces surgen del temor. Tememos el cambio, lo desconocido, no ser amados y aceptados como somos,
que se espere mucho de nosotros, tener que convivir con alguien a quien no conocemos muy bien todavía, que invadan
moral o físicamente nuestra vida de pareja y, sobre todo, la posibilidad de que nos alejen del ser amado (léase hijo, hija, marido, esposa).

Lo interesante es que ambos lados comparten tales temores.

¡La suegra!

Sólo escuchar la palabra "suegra" nos da terror. Aunque hay
sus muy honrosas excepciones, las suegras se han (nos hemos)
ganado a pulso esta mala fama. Existen dos tipos de suegra: la
inteligente y la imprudente. La mala relación con una suegra
imprudente es causa de muchos problemas entre la pareja. Sin
embargo, si usted tiene la fortuna de tener una suegra maravillosa, como la mía, sabrá que es un factor importante en la
felicidad del matrimonio. ¿Qué pasa con algunas suegras? ¿O
serán las nueras y los yernos los causantes de los problemas?
Lo cierto es que esta nada fácil relación es como una calle de
doble sentido: lo que se da, se recibe.

En la relación suegra-nuera, o suegra-yerno, hay presiones
naturales. Después de todo, no es fácil perder la atención de
un hijo o una hija y ver cómo se la dan a otra persona. Hay que
aceptar que, después de la boda, las cosas cambian y aparecen
nuevas reglas del juego. Los papás ya no tienen los mismos de-

55

rechos que antes. La sensación de pérdida es inevitable y a muchos de nosotros nos asusta ese nuevo papel.

Esta sensación de pérdida se amplifica si la mamá ha concentrado su actividad en el cuidado de sus hijos. Tiene una natural resistencia a "dejarlos ir". Quizá no reconozca que su hijo, o su hija, ya es un adulto, y lo sigue tratando como si fuera un niño aun después de que ya es padre de familia.

A continuación, veremos las quince reglas para ser una suegra "nefasta":

1. Llame a su nuera con el nombre equivocado. Puede ser con el de una ex novia de su hijo, de la cual usted no pierde oportunidad de comentar que es ¡moníiisima! Y cuando hable con ella, hágalo como si se tratara de una tercera persona invisible.

2. El día de la boda ponga cara de pésame y resignación, y con un suspiro dígales a todos: "¡Ay, mi niña! ¿Cómo se fue a casar con éste?" O al revés, según el caso.

3. Llámeles por teléfono durante su luna de miel o, mejor aún, alcáncelos en su viaje (total, llevan muchos días solos y seguro ya quieren verla).

4. Presione para que ya tengan un bebé. Si ya lo tienen, insinúe que es hora de encargar el segundo o el tercero. Si piensan tener un cuarto, mencióneles la sobrepoblación del mundo.

5. Hábleles a diario a su casa, ya sea muy tempranito, tipo las siete de la mañana, o después de las diez de la noche. Siempre pregunte sólo por su hijo o su hija, y nunca mande saludar a su yerno o nuera.

6. Si durante el embarazo su nuera siente náusea, mareos o calambres, minimícelos y dígale: "¿A eso le llamas pies hinchados? Eso no es nada en comparación con lo que yo pasé... ¡eso sí eran molestias!"

7. Critique todo lo que hace su nuera: cómo cocina, cómo educa a sus hijos y, sobre todo, su necedad de trabajar cuando "el lugar de la mujer está en la casa". De su yerno critique el trabajo que tiene, cómo se viste y su poca habilidad para arreglar las descomposturas de la casa.

8. Compita con sus consuegros para ganar la atención de la pareja. Critíquelos cada vez que pueda y haga todo lo posible para que pasen con usted todas las vacaciones. De no ser así, siéntase.

9. Dígale a su hijo: "Te hablo a la oficina, porque con eso de que tu esposa nunca está en su casa..." (usar a su hijo como intermediario en verdad acrecienta los problemas).

10. Cuando la inviten a comer a casa de la pareja y la nuera le sirva el plato favorito de su hijo, dígale algo así como: "Está muy bueno, pero... te voy a dar la receta correcta". Por supuesto, cuando se la dé, omita algún pequeño detalle importante para que no le salga.

11. Si nota que el matrimonio pasa por un periodo difícil, échele leña al fuego, repita el consabido "te lo dije" y saque a colación todos sus guardaditos (eso funciona muy bien).

12. Algunas frases que a una nuera le encanta escuchar de su suegra: "Te veo repuestita", "¿Estrenando ooootra vez? ¡Ha de haber costado carísimo!", "Te hablé y, como de costumbre, no estabas", "¿Ooootra vez van de viajeee?". Si se pone un vestido rosa, le encanta que su suegra comente: "Con un vestido negro te verías más delgada, ¿no crees?"

13. Compare, siempre que pueda, a su nuera con la inteligente de su hija, o al inútil de su yerno con la monada de su hijo.

14. Nunca olvide ni perdone ninguna falta, por pequeña que sea.

15. Siempre aconséjela: en una tienda, en el momento de amamantar al bebé, sobre cómo poner la mesa y cómo decorar la casa (esto les encanta).

Si usted, por casualidad, se vio reflejada en algún punto de esta lista (que lo dudo) sería bueno revisar su actitud. Después de todo, lo que más desea es la felicidad de sus hijos. Las suegras somos una parte importante en su vida y podemos enriquecérselas o volvérselas miserable. Balancear las propias necesidades con las de otros no es fácil, pero la armonía familiar que se crea, y el gusto con que nos recibirán siempre, valdrá la pena.

Hace casi dos años, cuando mi marido y yo nos convertimos en suegros, conocimos a una señora ejemplar. La suegra perfecta. Ha llevado muchos años una relación maravillosa con su yerno, quien la invita con gusto a los viajes familiares, y sus nietos la adoran. Le pregunté su secreto: "Nunca des consejos, trágate cualquier pequeña ofensa y recuerda: tú siempre calladita y puntualita".

Con los yernos y las nueras
–Evitar las críticas en general: sobre su casa, costumbres, decisiones, manera de educar a los hijos y otras cosas.
–Cuando pidan consejo, dárselos con amor y libertad, pero sin esperar que eso suceda muy seguido.
–Al invitarlos, estar listos para recibir un "no" como respuesta y aceptarlo sin insistir.
–No "caerles de sorpresa".
–Si los suegros notan conflictos matrimoniales, lo mejor es mantenerse aparte.
–Felicitar en su cumpleaños a sus yernos y nueras con el mismo entusiasmo que a sus hijos y nietos.
–Ofrecerles ayuda desinteresadamente.
–Estar siempre dispuestos a dar el primer paso para arreglar un malentendido y no permitir que crezca.

> *Nada es en realidad agradable o desagradable por naturaleza; todas las cosas son agradables o desagradables a causa del hábito.*
>
> EPICTETO

¿Nuera o "no-era"?
Mantener una buena relación con los suegros es un ingrediente vital para la felicidad del matrimonio. Es un apoyo sólido para la pareja, que en circunstancias normales ayuda mucho y bajo cualquier crisis es esencial.

Dado que también he platicado con algunas suegras que me comentan que así como hay nueras muy lindas hay "no-eras" muy "briboncitas", permítame compartir con usted los resultados de una encuesta sobre cómo también se puede ser una mala "no-era".

Las quince reglas para ser una nuera "nefasta":
1. Cuando esté de novia, llévele con frecuencia un pastel, una flor o un detalle a su suegra. Una vez que se case, ni siquiera se le ocurra llamarle por teléfono, así sea su santo, su cumpleaños o haya estado enferma. Nada más, de vez en cuando, mándele un mensaje con su hijo.
2. Aplique el síndrome de la "mosquita muerta". Frente a su esposo actúe como la nuera más "mooona" sobre la tierra y en su ausencia sea una fiera.
3. Cuando vaya a visitar a la suegra con su marido, enchueque la boca y salúdela con un bien pronunciado y frío "señora". Durante la visita, no participe en la conversación, sólo dedíquese a observar el techo, las paredes y el piso.
4. Si va a comer a su casa, diga un "nooo, gracias" cuando ella le ofrezca la sopa, el segundo plato y el postre. Si le pregunta "¿te pasa algo?", coméntele que la última vez que comió ahí le hizo daño.
5. Cuando sea Navidad o día de las madres, compre un regalo caro y bonito para mamá y otro feo y barato para la suegra.
6. En el álbum de la boda no incluya ni una sola foto de su suegra. ¿Para qué?
7. Sea absorbente y dominante. Cuando el hijo le lleve un pastel a su mamá, reclámele, frente a todos, que a usted nuuunca le ha traído uno. Funciona mejor si después del comentario se levanta y se va de la mesa.
8. Procure que su suegra vea poco a sus nietos. Y cuando esté muy contenta de verlos y se los coma a besos, no deje de decirle: "Señora, ¿le pido un favor? No bese tanto a los niños porque los va a dejar todos pintados".
9. Siempre llegue tarde a todo lo que organicen sus suegros. Una vez en la reunión, ignórelos y haga de cuenta que no existen.

10. Discuta seguido frente a sus suegros. Esto es muy bueno para dejarlos preocupados. Mejor aún, peléese a muerte con la única concuña que tiene.
11. Cuándo estén en la mesa con la familia, quéjese indirectamente de lo mal educado que está su esposo. En tono sarcástico comente con todo el mundo lo "¡hijo de mamita que es!"
12. Échele a sus suegros toda la culpa de los problemas. Siempre que pueda, meta cizaña y provoque un disgusto, o un sentimiento entre mamá e hijo.
13. Cuando su suegra la llame para invitarlos a comer el domingo, dígale que ya fueron con ella hace un mes y les toca ir otra vez con la mamá de usted.
14. Cuando uno de sus hijos se enferme, no le avise a la suegra. Cuando su marido llegue en la noche, comente que la mamá de usted ya vino a ver al niño y la de él ni siquiera le ha telefoneado.
15. Enójese, siéntase o hágale un pequeño drama a su marido cuando se entere de que fue a visitar solo a su mamá. Dígale que, si va a visitarla, debe ir usted también.

Estoy segura de que como nuera no se identificó usted con ninguno de los puntos anteriores.

Si acaso es usted de las nueras que no ha logrado establecer una buena relación con su suegra, piense que ahora ella es una parte crucial en su vida, forma parte de su familia lo quiera o no. Después de todo, es la mamá de su esposo y la abuela de sus hijos, a quienes usted adora.

Por lo tanto, hay que usar todo el amor, la entrega, la inteligencia, la diplomacia y la prudencia para llegar a quererla mucho o, en el peor de los casos, conformarse con llevar la fiesta en paz.

Sugerencias para la nuera:
–Evite gastar sus energías en tratar de cambiar a su suegra o a la familia política. Nunca lo logrará. Mejor revise su propia actitud y tome la iniciativa de romper el círculo vicioso de la relación. Recuerde: nobleza llama nobleza.

–Hable abiertamente del problema con su marido. Cuando él vea que usted sinceramente pone de su parte para mejorar las cosas, su amor y admiración hacia usted crecerán.

–Controle ese celo natural de querer ser la única mujer a la que su marido le ponga atención. No es una competencia de cariño. El amor por la misma persona es motivo suficiente de unión. Recuerde que un día le tocará a usted ser suegra y la actitud hacia su propia suegra es un ejemplo para sus hijos.

–Si surge un detalle que le moleste, no triangule el problema. Invite a su suegra a una zona neutral a tomar un café y dígaselo abiertamente. Es mejor sacar las cosas para que no se forme una gran araña por dentro.

–Póngase en su lugar. Los suegros ya están grandes, quizá solos, y no tienen mucha actividad. Sus vidas giran alrededor de sus hijos y nietos, como un día girará la de usted.

–Lo más importante: siempre mantenga el sentido del humor, ya que sin él puede que un día sí le den ganas de matar a su suegra.

Atenciones con los suegros

–Hagamos que se sientan bienvenidos en nuestra casa, no impuestos.

–Procurar que los nietos los vean seguido, sin abusar de ellos pidiéndoles siempre que los cuiden. Cuando se los dejemos porque vamos de viaje, es necesario también dejarles una persona que se encargue de los niños, sobre todo si son muy pequeños.

–Siempre referirnos a ellos con respeto y cariño.

–Si alguno de los suegros enviuda, dar toda la ayuda, comprensión y el amor al que quedó solo.

–No burlarnos de los signos de la edad, como olvidar cosas, repetir historias, perder algo, moverse con lentitud, pues tarde o temprano estaremos igual.

–Nuestros familiares políticos pueden ser muy buenos amigos. Toda buena relación toma tiempo y esfuerzo. Seamos pacientes y pongamos cuanto esté de nuestra parte para construirla.

–Nunca será demasiado tarde para ofrecer una disculpa.

LOS ABUELOS

La experiencia de conocer a los abuelos y convivir con ellos es inigualable. La mayoría de los abuelos son amorosos, sabios y más tranquilos que los papás.

El cuidado que nosotros, como papás, brindemos a nuestros padres será un ejemplo vital. Ir a verlos, atenderlos, consentirlos, acompañarlos al doctor, ayudarlos en lo posible, respetarlos y tener el máximo de consideraciones, transmitirá a nuestros hijos valiosos conceptos de amor y familia.

Desde antes de que nazca el bebé, los abuelos representan grandes fuentes de información, experiencia y seguridad para los futuros papás. Ellos son los que siembran las semillas de la cultura en los nietos.

La simple convivencia cotidiana entre abuelos y nietos enriquece y fortifica a todos. A los niños les proporciona nuevas perspectivas y raíces. Tratemos de fomentarla siempre.

Probablemente la abuela o el abuelo llegue a ser el amigo más grande que tendrá el niño o la niña y puede darle mucha comprensión, un gran amor y una idea de cómo eran las cosas en el pasado; además es mucho más interesante y cariñoso que los libros de historia.

Como abuelos hay que ser muy prudentes en no aconsejar u opinar acerca de la forma en que los papás educan a sus hijos. Esto puede no caerles bien, aunque los consejos sean bien intencionados.

A los papás les toca comprender que esta actitud de los abuelos no responde sino a un deseo de ser útiles y al amor tan inmenso que sienten hacia sus nietos. Debemos ser tolerantes y dar gracias a Dios de tener la suerte de contar con ellos.

Es difícil poner límites a los abuelos consentidores. A veces son ellos quienes parecen los niños chiquitos. En estos casos es mejor clarificar con ellos lo que nos molesta y expresar que lo decimos por el bien del niño.

Los abuelos y la separación de la pareja

Los abuelos pueden ser una bendición en el momento del divorcio. Si es posible, hay que fomentar las visitas de los hijos a ambas ramas de la familia. Hay que evitar que los malos sentimientos bloqueen esa relación. Esto llega a ser terriblemente doloroso para unos y para otros, y resulta benéfico que los niños continúen viendo a los abuelos con regularidad. Pensemos, ante todo, en que necesitan la seguridad, la continuidad y la tranquilidad que los abuelos pueden ofrecerles.

Lo mismo sucede en el caso de los abuelos de un niño que ha perdido a su mamá y cuyo papá se ha vuelto a casar, o viceversa.

Independientemente del curso que tome la vida de los papás: divorcio, muerte, enfermedad o separación, no le quitemos a los niños la oportunidad de contar con sus abuelos.

Los abuelos representan una gran ayuda y un refugio de amor y magia para los nietos.

EL DIVORCIO

> *El amor y la afición con facilidad ciegan los ojos del entendimiento, tan necesarios para escoger estado, y el del matrimonio está muy a peligro de errarse, y es menester gran tiento y particular favor del cielo para acertarle.*
>
> MIGUEL DE CERVANTES

Con tristeza vemos que las estadísticas muestran que el índice de divorcios es cada vez mayor. La idea de que el matrimonio es para toda la vida ha quedado en el olvido y, junto con ella, los principio éticos, morales y religiosos. Algunas parejas desisten ante los obstáculos y buscan la salida más fácil: el divorcio. En otros casos, a pesar de todo el esfuerzo, es inevitable.

Cuando alguien se enfrenta a un divorcio, no sólo involucra a su cónyuge, sino también a los hijos, quienes sufren de manera especial y a veces se sienten culpables; también se compromete a la familia y a los amigos.

El divorcio es una decisión que se toma después de haberlo pensado muy bien y de haber intentado salvar el matrimonio. No es elección de un momento de arrebato.

El divorcio implica un cambio drástico que requiere firmeza, fortaleza y paciencia para adaptarse. Lo importante es recoger las piezas, aprender a sobrevivir y seguir adelante.

Tipos de divorcio según la ley

El Código civil admite dos tipos de divorcio: el llamado *voluntario* y el denominado *necesario*. El primero implica la voluntad de los cónyuges y un requisito es el transcurso del tiempo, ya que no puede solicitarse sino hasta pasado un año de la celebración del matrimonio.

El *voluntario*, a su vez, se divide en dos tipos: el administrativo, que es muy sencillo, toda vez que únicamente se requiere que la pareja sea mayor de edad, esté casada por bienes separados y no haya procreado hijos. Se acude ante el oficial del Registro civil para comprobar los puntos anteriores. En quince días la pareja se presenta a ratificar la intención del divorcio y en aproximadamente un mes queda divorciada.

El otro tipo de divorcio voluntario es el judicial. Esta separación se tramita cuando hay hijos o una sociedad conyugal que liquidar. Ante el juez se presenta la voluntad de divorciarse de común acuerdo y mediante un convenio se establece cuál será el domicilio de ambos, el pago de pensión alimenticia y el cuidado de los niños. La patria potestad puede quedarle a los dos.

Finalmente, el divorcio *necesario* es aquel en el que existen causa o causas que den lugar a él y que el Código civil marca plenamente como la conducta y la salud de los cónyuges, la asistencia a la casa conyugal, las presunciones de muerte, o bien una conducta delictuosa que provoque daño o presunción de daños al matrimonio.

Consideraciones en el divorcio

- ¿Hay posibilidad de solucionar el problema? Inténtelo hasta el final. De no ser así, es mejor dedicar esa energía a fortalecerse moralmente y enfrentar con entereza lo que viene.

- El divorcio implica una pérdida; así, para llegar a superarla es necesario pasar las distintas etapas del duelo hasta llegar a la aceptación.
- La recuperación supone que asumamos todos los sentimientos asociados con tal pérdida, como el enojo, el dolor, el abandono, la tristeza, la sensación de injusticia, la incertidumbre por el futuro y otros.
- Es prudente mantener todos los detalles y razones del divorcio en privado. Se trata de una situación íntima que debe compartirse con pocos. Hablar continuamente del tema aburre a los demás y los aleja. Es evidente que con los amigos cercanos podemos expresar nuestros sentimientos sin reservas; sin embargo, hasta ellos se pueden cansar.
- Si hay niños en el matrimonio, son la prioridad. Debemos informarles de la decisión antes que a nadie y explicarles, según su edad, los motivos y la nueva situación familiar. Es esencial ser cuidadosos con los comentarios que se hacen frente a ellos.
- Es muy importante evitar que los hijos se involucren en el proceso. Al contrario, debemos darles una posición neutral. Así como evitar que sientan que tienen que tomar partido por uno u otro de los padres.
- Cuando uno de los cónyuges pide el divorcio, el otro debe concederlo con dignidad, siempre y cuando se llegue a acuerdos justos para ambos en todos los aspectos: hijos, economía, vivienda. Hoy existe la posibilidad de recurrir a un mediador. Se trata de una persona neutral que facilita a la pareja la consecución de los acuerdos.
- Las dos causas más comunes de divorcios son la cuestión económica y la infidelidad. Cuando se trata de la segunda, es inútil intentar cualquier tipo de agresión hacia la tercera persona.
- Durante las visitas al tribunal, la relación tiene que mantenerse lo más correcta y fría posible. Los abogados pueden encargarse de los asuntos delicados para que la ex pareja no se enfrente.

En el tribunal es probable que el juez reúna a la pareja sin la presencia de sus abogados. Considero que, por más difícil e incómoda que sea la situación, en el pasado existieron también muchas experiencias compartidas y años felices, por lo que la conducta de ambos debe mostrar una absoluta cortesía.

La pensión, punto de conflicto

La tan mencionada pensión es un aspecto que siempre causará conflicto entre los ex esposos. Por ello, el juez deberá valorar minuciosamente todos los aspectos a la hora de emitir una sentencia.

El monto lo decidirá el juez en función de las necesidades y los gastos habituales de los hijos, sin olvidar las circunstancias económicas de los padres y el número de hijos a quienes se debe aportar la pensión.

¿Cómo se calcula una pensión?

En la pensión alimenticia se divide el sueldo de quien tiene la obligación alimentaria en seis tantos, quedándose él con dos; los restantes son para los demás integrantes de la familia. Por ejemplo: si se tuvieran tres hijos, el ingreso se dividiría entre seis: a él le corresponderían dos sextas partes y las restantes a su ex esposa y los tres hijos. Sin embargo, esta división no es norma jurídica, sino sólo una práctica que se lleva a cabo en los juzgados.

Lo que sí existe es una jurisprudencia que señala que la edad no tiene que ver tanto como la necesidad económica. En muchos casos, los hijos se encuentran estudiando una carrera y no tienen posibilidades de satisfacer por sí mismos sus necesidades; si esto se demuestra ante el juez, la obligación alimentaria sólo cesará una vez concluidos los estudios.

Sin embargo, cuando se habla de pensión alimentaria no se trata nada más de la comida; también de la casa habitación, el vestido, la atención médica y las medicinas en caso de enfermedad, así como de los estudios, hasta que se adquiera un oficio o profesión.

La vida después del divorcio...

No es asunto fácil; sin embargo, ambos necesitan darse la oportunidad de rehacer sus vidas. Para eso, es necesario haber asimilado el dolor y el cambio.

Lo que ayuda:

- Es de gran ayuda mantener la mente ocupada con el trabajo, los estudios o los intereses particulares. Asimismo, buscar nuevas ocupaciones y *hobbies* que otorguen la oportunidad de participar en grupos con los que se tengan intereses comunes como deportes, cultura o voluntariados.
- Es importante fomentar las relaciones con los amigos, verlos con frecuencia y quizás incorporarse a un nuevo grupo. Atreverse a circular solos otra vez y estar abiertos a lo inesperado.
- Es muy probable que, en el marco del divorcio, encontremos difícil crear nuevas relaciones. Sin embargo, evitemos el aislamiento. En el otro extremo, las relaciones pasajeras pueden causar mayor confusión y caos, ya que por el estado de vulnerabilidad en que nos hallamos puede ser fácil que caigamos con la primera o el primero que nos diga "qué bonitos ojos tienes". Hay que estar atentos a meter la cabeza antes que el corazón, y confiar en nuestros instintos.
- Con o sin razón, es común enfrentarse a sentimientos de vergüenza o culpa que pueden volverse autodestructivos. Es importante cuidarnos de no caer en salidas fáciles por anestesiar el dolor.
- Resulta prioritario restaurar el sentimiento de autoestima y valía personal para mantener relaciones sanas. Para ello, es aconsejable buscar valernos por nosotros mismos. Aprender a disfrutar la soledad y aprovecharla para leer libros que nutran nuestro espíritu y nuestra mente. Así como ampliar los horizontes y animarnos a viajar cuando nos sea posible.
- Si lo cree necesario, pida ayuda profesional. En realidad es difícil enfrentar esta etapa solos.

- En esta época conviene hacer ejercicio, seguir una dieta y arreglarse de manera especial para sentirse mejor.
- Ayuda también cambiar, aunque sea con detalles, la decoración de la casa o la disposición de los muebles.
- Algo que anima y consuela mucho es hablar con personas que estén en la misma situación o hayan pasado por ella.

Lo más importante es aceptar el reto y perder el miedo a empezar otra vez. La autocompasión lo único que logra es multiplicar la depresión.

Amarse a uno mismo es comenzar un romance de por vida.

OSCAR WILDE

Cómo afrontar con los hijos el divorcio

Sin que importe la edad de los hijos, el divorcio de sus papás es un asunto difícil de aceptar y digerir. La actitud que tengan dependerá en gran medida de su edad, su personalidad, las circunstancias del divorcio y las actitudes sociales que haya en su escuela y su comunidad.

- El espíritu de la mamá es muy importante, porque generalmente los hijos se quedan con ella. Ella tendrá que controlar su estado de ánimo para afectar lo menos posible el de sus hijos. Debe esmerarse, con entereza, en conservar sus amistades, su carrera profesional y sus actividades.
- En estos momentos es fundamental que sus hijos se sientan seguros con respecto al futuro. Que sepan que sus papás los adoran y cuidarán siempre de ellos, y que seguirán viendo a su papá o a su mamá aunque esté en otra casa.
- Es increíble cómo un niño pequeño absorbe las señales emocionales de sus papás como una esponja. Si los padres estamos tristes, ellos se pondrán tristes, y lo mismo pasa si estamos felices. Perciben si algo anda mal, aunque tengamos la sonrisa en la boca. La comunicación abierta con el niño, acerca de lo que siente, puede resultar beneficiosa.

- Lo mejor es platicar con la verdad adecuada a su edad. Las mentiras destruyen a los niños. Es muy sano hablar con ellos de nuestros sentimientos y estimularlos a que lo hagan también. Desde ningún ángulo conviene hablarles mal de su papá o de su mamá. Todo lo contrario, y algún día nos lo agradecerán.

- Si sentimos que la situación nos sobrepasa, busquemos asesoría en la escuela, con sicólogos o amigos divorciados que ya pasaron por lo mismo. Además, existen grupos de apoyo para divorciados a los que se puede recurrir.

- Aunque la situación parezca no haberles afectado, es importante estar cerca de ellos y prevenir a sus maestros por si notan algún cambio de actitud en la escuela. Algunos niños callan sus preguntas y guardan sus sentimientos, lo cual no ayuda a superar la situación. Estemos pendientes.

- Los niños necesitarán la amistad y cercanía de otros hombres si es que su papá no está allí. Tíos, abuelos y amigos juegan en ese momento un papel preponderante.

- En caso de que surja el problema de que el cheque, o el pago para sostener a la familia, no llegue a tiempo o simplemente no llegue, evitemos comentarlo con los hijos. Esto les causa mucha angustia. Es más sensato hablarles de un cambio de presupuesto y de cómo deben cuidar de ahora en adelante el dinero.

- Sin embargo, hay que tomar en cuenta que confrontar la nueva situación financiera es uno de los aspectos del divorcio que más afectan emocionalmente. El temor por el bienestar futuro, tanto el propio como el de los hijos, es fuente de gran tensión. Además, en muchos casos los hijos tienen que sumar a la pérdida de la estabilidad de su familia, la pérdida de su estatus económico y aun social.

- Lo ideal es que los ex esposos puedan ponerse de acuerdo en cuanto a permisos, regalos, diversiones, escuelas y dinero. Es triste ver cómo algunos papás piensan que con cosas materiales se puede suplir su ausencia.

- En los días de visita es muy importante hacerles sentir que es un placer estar con ellos. Realizar actividades que disfruten todos y aprovechar el tiempo para conversar, expresar sentimientos y despejar dudas. Si sólo los lleva al cine, no habrá mucha comunicación, la cual es vital.

• Muchas relaciones padre-hijo se fortalecen después de un divorcio porque aprenden a conocerse más y le dan más valor a su relación.

• Las tradiciones familiares tienen que continuar: cumpleaños, Navidad, vacaciones. Es importante que los ex cónyuges se pongan de acuerdo al definir horarios y programas para que los niños puedan compartir las fechas importantes con ambos.

• Fomentar que continúen viendo a los abuelos y tíos de ambos lados.

• Si alguno de los dos tiene otra pareja, es conveniente ir despacio. No presentarla hasta que no sea alguien importante. Es preferible evitar, enfrente de ellos, las demostraciones físicas de afecto, hasta que a los niños les agrade la nueva persona, la acepten y se acostumbren a ella.

• Para los hijos de padres divorciados es aún más difícil enfrentar el hecho de que su papá o mamá socialice con el sexo opuesto, que el divorcio mismo. Los niños se sienten amenazados por la relación potencial entre su papá o su mamá y un extraño. El temor a un nuevo abandono puede ocasionar aun reacciones violentas ante cualquier relación de amistad de alguno de los papás.

• Como todo en la vida, hay que buscar el equilibrio y reafirmar mucho a los hijos el enorme amor que les tenemos, y al mismo tiempo ser asertivos en nuestra nueva relación de independencia.

El divorcio de amigos o familiares

Es inevitable que, al tener un amigo o amiga o pariente cercano que se divorcia, el hecho nos afecte profundamente. Por lo general, tratamos de llenar su soledad presentándole a todas las personas con cara de candidato o candidata que conocemos, lo cual se agradece. Sin embargo, puede ser imprudente. Debemos respetar su decisión de aceptar o rechazar una invitación.

Si nos encontramos con alguien que se está divorciando, no le preguntemos detalles, dejemos que nos cuente lo que buenamente quiera. La mejor actitud es no juzgar ni preguntarle cosas que le incomoden, y seguir brindándole nuestra amistad.

- Si se divorcia una pareja de la cual somos amigos de él y de ella, no hay que tomar partido. Generalmente seguiremos viendo a la persona con la que nos identificamos más o a la que nos unen lazos familiares o de amistad.
- Hay que cuidar de jamás hacer sentir rechazo a alguien por el hecho de que se haya divorciado. Que alguien padezca el rechazo de la propia familia o de los amigos por causa del divorcio es una carga más que no tenemos derecho a causar.
- Si como divorciados llegamos a sentirnos rechazados, hay que pensar que, más que un rechazo personal de quienes alguna vez consideramos nuestros amigos, puede ser una incapacidad de aceptarnos en nuestro nuevo estado. El divorcio es una experiencia amenazante para las vidas de otros. Sobre todo para aquellas parejas que se sienten inseguras en su propia relación matrimonial. De alguna manera se sienten confrontadas.
- Si nos hallamos en este caso, busquemos nuevas amistades que entiendan y acepten nuestra nueva situación, y alejémonos de las relaciones que nos hagan sentirnos mal o avergonzados.
- Sobreponerse al divorcio resulta más fácil cuando nos rodeamos de gente que nos hace sentir aceptados y nos ayuda a encontrar la paz interna.
- El divorcio causa un fuerte impacto en toda la estructura familiar. A veces la pareja en proceso de divorcio tiene que defenderse más de los parientes que se entrometen que del propio cónyuge.
- Si somos amigos de ambos en la misma medida, tengamos cuidado de no invitar a los dos al mismo evento, a menos que éste sea irrepetible. Por ejemplo, alguna boda. En estos casos hay que hacérselos saber.
- Si como ex cónyuges coincidimos en una reunión, deben reinar el tacto y la civilización. Un saludo amable es lo indicado.

Es preferible sobreponerse y no abandonar el lugar. En caso de ver que el otro o la otra se proponga hacer una escena, más vale una graciosa huida. Al día siguiente es conveniente llamar al anfitrión para ofrecerle una discreta explicación.

- Los divorcios son como los matrimonios, de dos. Seguramente hay dos versiones y las dos son válidas. Seamos prudentes y no juzguemos ni intentemos hacerla de "Cupido". Recordemos el dicho "quien entra de redentor, sale crucificado". Tampoco le echemos más leña al fuego, informándole a uno de los ex cónyuges todo lo que hace o deja de hacer la otra persona.

- Consideremos que no podemos proyectarnos al futuro mientras no nos hayamos desprendido del pasado. Hay que perdonar para dejar de lamentarnos del ayer y así poder vivir el presente con proyección al mañana.

Invitaciones

- Si invitamos a una pareja que se divorció, hay que rotular la invitación de la mujer con su nombre de soltera e incluir dos boletos.

- En la del hombre, también poner dos boletos.

- Si alguien recién divorciado recibe una invitación de una persona que desconoce su nuevo estado civil, es prudente informárselo de manera educada y oportuna. Si existe una relación muy formal con el que invita, es preferible hacerlo por medio de una carta; si es alguien más cercano, con una llamada basta.

LA CRISIS DE LOS CUARENTA

De cuando en cuando todos pasamos por algún tipo de crisis, ya sea física, financiera o familiar. Sin embargo, hay una crisis inevitable. Una que todos, en mayor o menor grado, sentimos o vamos a sentir. Me refiero a la llamada "crisis de los cuarenta". ¿Qué es? ¿Qué la causa? ¿Cómo salir de ella?

"Nadie se salva", dice el doctor Stein Morris, del departamento de sicología de la universidad de Nueva York, "se trata de una crisis 'natural' de transición y se presenta entre los 35 y los 55 años de edad, a la que, por su media aritmética, se le denomina 'crisis de los cuarenta'."

Es una etapa de revalorización en la que una persona se da cuenta de que hay un cambio en el reloj de su vida: del tiempo desde que nació hasta ahora, al tiempo que le queda por vivir. Algunas veces esta crisis se presenta ruidosa e involucra grandes cambios personales; otras, es sólo un cambio gradual de conciencia y perspectiva.

Esta transición se da tanto en hombres como en mujeres, aunque la forma en la que la manejamos es diferente. Encuentre usted si tiene algunos de los síntomas.

Los síntomas en el hombre

Sin planearlo, usted ya no se siente el mismo de siempre. De un tiempo para acá ya no le gusta su trabajo. Se da cuenta de que el pelo se le adelgaza y la cintura se le ensancha. Está decepcionado con la vida o con el estilo de vida que durante años le había satisfecho. Está más irritable. Le aburren las personas o cosas que hasta la fecha le interesaban. Su esposa le empieza a parecer quisquillosa, gruñona, maniática, metiche, latosa y rezongona.

Cambia su estilo de peinado, empieza una dieta y se inscribe en el gimnasio. Le surgen ganas de aventurarse, de hacer algo diferente. Quiere un coche más deportivo. Se cuestiona sobre el sentido de la vida y la validez de las decisiones que en otro tiempo le parecían claras. Su ropa ahora le parece pasada de moda. Se vuelve incapaz de disfrutar el tiempo libre.

Empieza la época de los "nuncas" respecto de su salud; si juega tenis, le duele el codo; si corre, las rodillas se le lastiman; si nada, el cloro le provoca alergia. Cuidar de sus padres, que son mayores, lo estresa. Necesita tiempo para pensar y quiere más espacio. Siente prisa porque "es la última oportunidad" para hacer mil cosas que había soñado. Esta confundido acerca de quién es y hacia dónde va su vida. Quiere algo, pero no sabe qué.

Son años en que, física y emocionalmente, perdemos algunas de nuestras más preciadas posesiones, lo cual hace más difícil sobrellevar esta etapa. Algunas de estas pérdidas puede consistir en que un hijo o hija se vaya a estudiar, o se case; un trabajo o carrera a los que no podrá regresar; la despedida o muerte de un ser querido; el atractivo físico y las habilidades que se desarreglan con la edad.

La realidad es que no está solo en este viaje, pero tampoco desea invitar a su mujer, con la cual últimamente no se lleva muy bien. La ve como parte del problema. Ella se pregunta, ¿cómo entenderlo, si él mismo no se entiende? La tormenta emocional en la que se encuentra pone a prueba la paciencia y el aguante de todos los que lo rodean. Es probable que hiera sin querer a los que más quiere.

No estamos hablando del tipo de hombre difícil que cualquier mujer detestaría. Me refiero al hombre que hasta la fecha ha sido un gran esposo, padre y amigo en el cual siempre ha podido confiar.

¿Qué hacer?

Alguien muy sabio dijo que, antes de buscar una solución, hay que definir claramente el problema. Para cualquier hombre, el darse cuenta de que ya no tiene 25 años es como un puñetazo en la cara. Las emociones que ahora siente son totalmente nuevas y eso le provoca ansiedad. El apoyo que reciba de su mujer es crucial. Es importante que se sienta admirado, deseado y comprendido por ella.

Sentir que la juventud se escapa debe tomarse como otro paso en la vida. De la misma manera que transitó del pañal al kinder, del uniforme de primaria al primer beso, de su primer trabajo al matrimonio y su primer hijo, ahora es tiempo de ver hacia adelante y darle vuelta a la página. Cada etapa de cambio nos da un nuevo sentido, una nueva pasión y una nueva dirección.

La actitud que decida tomar ante este nuevo reto es fundamental. Si logra salir airoso de la tormenta, aceptar las limitaciones que implica madurar le ayudará a vivir una vida más rica y más plena. Lo que ahora le ofrece la vida se presenta lleno de nuevas y maravillosas compensaciones.

Como dice el dicho: "Eres tan viejo como crees serlo". Lo importante es mantener vivo el interés por cultivar la mente, por adquirir nuevas habilidades, por nutrir el sosiego interno, por juntar las piezas para no perder la capacidad de asombro y de recreo.

A la manera de Borges, sería empezar a germinar otra vez una vida paralela a la que fue la nuestra, pero ahora iluminada por el entendimiento.

Todo toma más tiempo del que queremos, menos envejecer. A esta cita llegamos con increíble puntualidad. Aceptarlo no es cosa fácil.

En nuestra sociedad, el camino de los 20 a los 40 años está muy claro: establecer un hogar, una familia y una carrera profesional ascendente. Esto nos mantiene ocupados y podríamos decir, mal que bien, satisfechos. Sin embargo, al llegar a los 40, con metas logradas o muy cerca de ello, con hijos adolescentes y varios años de esfuerzo detrás, de pronto, al ver hacia delante, el camino no parece tan claro. ¿A dónde vamos ahora? Comienza una nueva etapa. Se cruza el umbral hacia un mundo desconocido. Esto provoca un poco o un mucho de ansiedad.

En la mujer
Comenzaré por decir que en una cultura donde la mujer joven es idealizada, vernos al espejo a diario, después de los 40, se torna un acto de heroísmo. ¿Cómo enfrentar la realidad de que nuestros mejores años ya van de salida? Entender esta etapa de transición nos puede ayudar a cambiar la mentalidad de "algo está mal conmigo" a "lo que siento es un proceso de cambio natural".

El mejor panorama que se le puede presentar a la mujer en esta etapa es que su crisis no coincida con la de su esposo o con la adolescencia de sus hijos. De coincidir, tendrá que posponer la suya y nadie lo notará.

La primera señal: comienza a sentirse invisible a la mirada de los hombres. Le halaga que le hablen de tú. Estar en forma se convierte en un esfuerzo constante y una prioridad para mantener su autoestima que amenaza con devaluarse. Se da cuenta de que un día amaneció con cara de cansada... y así se le quedó.

Lleva un inventario minucioso de las manchas, arrugas y canas que le aparecen. Por primera vez, la idea de visitar al cirujano plástico no le parece tan descabellada. La invaden sentimientos de inseguridad y de soledad. Ir de compras la anima, siempre y cuando no se vea en los espejos trípticos de los vestidores. El estuche de viaje cada vez es más grande por las mascarillas, los antioxidantes y el *lactaid* que, entre otras cosas, se tornan indispensables.

Las hormonas bailan y juegan a su antojo. De la nada, la mujer se vuelve más irritable y de lágrima pronta, ¡llora hasta cuando oye el himno nacional! Cuando se enoja, se desquita con la persona equivocada, en el momento erróneo y con la intensidad inapropiada. Su marido le parece poco tolerante, nada comprensivo y más demandante. De un día para otro, con asombro e incredulidad, nota que para leer el periódico tiene que estirar el brazo, y le aterra la idea de pensarse con unos lentes a la mitad de la nariz. Si va a un restaurante con alguien con quien quiere quedar bien, duda entre sacar los lentes o pedir la sugerencia del capitán. Se empieza a sentir ridícula en una pista de baile poblada de jóvenes.

El panorama de su mesita de noche comienza a cambiar por completo: los adornos que solía tener se ven sustituidos por la pomada para el dolor, los lentes, la pastilla para dormir y tapones para disminuir el volumen de los ronquidos de su marido. Su memoria la traiciona con frecuencia. Necesita más tiempo para hacer lo mismo que hacía antes, sobre todo al arreglarse por las mañanas. Siente con frecuencia que "arrastra la cobija" para hacer las cosas, lo que le provoca un sentimiento de culpa y frustración.

¿Qué hacer?

En esta etapa es imprescindible que la mujer haya construido o esté dispuesta a construir su propio castillo, que se mantenga activa en algo que la apasione y trascienda más allá del placer personal. De no ser así, es fácil que opte por cualquiera de los siguientes caminos:

76

a) La depresión y la autocompasión, lo cual no ayuda en nada.

b) Le da el síndrome de la Barbie. Sueña ser la muñeca de 16 años que ya cumplió 50 y sigue perfecta, que nunca ha engordado ni se ha arrugado. Viste entallada, a la última moda, de faldas cortas y escotada, para reafirmarse que todavía es atractiva. Hacer lo posible para conservarse está bien, pero sin exagerar. La Barbie no envejece, pero tampoco ha vivido.

c) Se refugia en el club de la vela consagrada o en las tendencias espirituales que están de moda, no como camino sino como evasión.

A diferencia de los hombres, las mujeres expresamos nuestras emociones y las platicamos, lo cual facilita el paso por este trance.

Estoy convencida de que existe una fuente de la eterna juventud: la actitud positiva, el desarrollo de la vida interior, de nuestra mente y de nuestros talentos; la creatividad que le pongamos a nuestra vida y a la de quienes amamos. Sólo cuando nos demos cuenta de ello, habremos superado airosamente esta etapa. No olvidemos que se es tan joven o tan viejo como se quiera ser.

La cortesía en el hogar

Pon en orden tu vida y tu vida mejorará.
Si tu vida mejora, influirás en tu familia.
Si tu familia mejora, influirá en tu comunidad.
Recuerda: la influencia que puedas tener
sobre los otros comienza en ti y surge como
un susurro.

LAO-TSÉ

UN HOGAR CON MAGIA

Es muy agradable estar de visita en una casa mágica. Sí, esas casas que desde que nos acercamos parecen invitarnos a entrar, a sentirnos como en un refugio. En ellas los sentidos se deleitan al oler, escuchar, sentir, ver y hasta gustar esa intensa sensación hogareña. Cada casa nos habla de las personas que la habitan. En su interior, nos damos cuenta de que lo importante no es lo que se tiene, sino cómo se tiene lo que se tiene; y podemos percibir los gustos, las aficiones, las creencias, el nivel cultural, el grado de sensibilidad y el estilo de vida de quienes la habitan.

Thomas Moore dice: "Las artes corrientes que practicamos en casa todos los días, tienen más importancia para el alma de lo que su simplicidad llevaría a pensar".

De sobra sabemos que el mejor elemento que los papás podemos aportar a la educación de nuestros hijos es el ejemplo: establecer una congruencia entre lo que tratamos de enseñarles y lo que vivimos como pareja.

El hogar no es únicamente la casa que nos cobija. Al hablar del hogar, me refiero a ese ámbito de calor que se desprende de la vida en familia, con sus pequeñas y grandes virtudes. Es el lugar ideal para convivir y descansar, porque en él se vive y se respira paz.

Como papás nos toca fomentar que nuestros hijos se sientan en libertad de invitar a sus amigos a la casa. Por eso debemos crear en ella las condiciones favorables para que los invitados gocen su visita. Esta apertura del hogar nos ayuda a conocer con quiénes se relacionan nuestros hijos, con el fin de orientarlos en sus relaciones, y además contribuye a la unidad familiar y a su desarrollo social.

¿Importante o urgente?

Alguna vez leí acerca de una señora que, tras ahorrar un poco de dinero, dudaba en qué aplicar lo guardado. Por una parte, necesitaba construir un baño más; por otra, soñaba con tener un jardín de violetas. Se decidió por las violetas, no sin sentir un poco de remordimiento al dar preferencia a lo estético sobre lo necesario. Sin embargo, en el transcurso de los años, un día su hijo mayor le escribió sobre los maravillosos recuerdos que poseía de su casa, sobre todo de aquel jardín de violetas. Si la señora se hubiera decidido por el baño, aunque útil, nadie se lo hubiera celebrado. Son los detalles los que construyen los hogares. Hay que aprender a darnos gusto y esforzarnos por hacer de nuestra casa ese hogar que deseamos imprimir en la memoria de nuestros hijos, para que siempre lo recuerden por su calidez, armonía, calor, belleza y todos aquellos detalles que los harán volver a él.

> *Un hogar es mucho más que una casa; dialogar, mucho más que contarnos lo que nos pasa... Reunirse es mucho más que estar juntos; compartir es más que prestarse cosas; vivir felices es mucho más que estar contentos.*
>
> JUAN CARLOS PISANO

Una casa posee magia cuando la convivencia en familia está por encima del trabajo doméstico. Hagamos de nuestra casa un hogar digno y acogedor. No nos exijamos demasiado en cuanto al orden y la pulcritud, como si tratáramos de ganar un concurso. Procuremos simplemente que la casa esté limpia y ordenada. Sus pisos, paredes, cortinas y muebles libres de polvo y manchas; ventilada y que huela bien.

Cada uno de los que integran la familia tiene un lugar importante y, asumiéndolo, participa, respeta y comparte con los demás.

La nueva pirámide

Sólo lo útil, lo práctico, lo tangible, valen. Ésta parece ser la filosofía que impera en nuestros tiempos. Los actos de pensar, analizar o razonar cada vez son más ajenos a nuestra forma de vida. El mundo de las pantallas ha contribuido en gran parte a esta actitud: con la instantaneidad de sus procesos y transmisiones se nos ha ido formando una especie de flojera mental, acostumbrándonos a esperar que nos den la información digerida, en forma fácil y rápida.

Entregados a la vida práctica, ya no contamos con el tiempo suficiente para asimilar y analizar qué opinamos acerca de lo que nos presentan los medios informativos; nos vamos deshumanizando y comenzamos a considerar las situaciones trágicas como algo trivial y ligero. "La televisión, genera un nuevo tipo de ser humano", nos dice Giovanni Sartori en *Homo videns*.

Frente a este exceso de información, no nos resta tiempo para realizarnos las preguntas importantes de la vida, pues sólo nos importa saber cómo los acontecimientos influyen en el mercado. Por lo tanto, como la humedad que calladamente se filtra hasta en los materiales de apariencia más sólida, nuestros valores se han ido transformando imperceptiblemente.

En otros tiempos, según san Agustín, los valores que predominaban en la historia poseían jerarquías definidas y su orden de importancia era semejante a la figura de una pirámide: arriba, en el vértice, se encontraban los valores de tipo espiritual; los seguían los valores éticos, un poco más abajo los estéticos, a continuación los científicos y, por último, los valores utilitarios.

¿Qué era, entonces, lo que nuestros antepasados consideraban importante dentro de estas jerarquías?

–Valores espirituales. Lo trascendente, es decir, lo que comunica al hombre con el más allá, lo que lo une con su creador. Y éste puede ser conocido por varios nombres: Dios, Buda, Alá, según la cultura a que se pertenezca.

–Valores morales. Entre ellos se encuentran la honestidad, la generosidad, la justicia: los que el hombre elige libremente para ser y convivir mejor.

–Valores estéticos. La expresión de la belleza en todos los conceptos de arte posibles, como la pintura, la música, la danza, la literatura, la arquitectura.

–Valores científicos. Los descubrimientos geográficos y de la ciencia, los avances tecnológicos, el cultivo del pensamiento y la razón.

–Valores utilitarios. Entre ellos se cuenta aquello relativo a lo material, lo económico, las posesiones. Todo lo que se pueda medir, pesar, intercambiar y cuya importancia reside no en sí mismo, sino en su utilidad.

Éstos fueron por mucho tiempo los valores que movieron al hombre a través de la historia. El problema al que nos enfrentamos en la actualidad es que su jerarquía se ha invertido. La pirámide se encuentra al revés. La base grande y pesada de los valores utilitarios ahora se encuentra arriba. Y los valores éticos y espirituales, aquellos que anteriormente eran percibidos como los más importantes, ahora se sitúan abajo, con la heroica intención de sostener el gran peso de los que los oprimen.

Lo económico, lo material, lo práctico, se ha convertido en el valor supremo. Hemos endiosado el confort, el bienestar, la posesión de todo lo que se pone de moda o marca un estatus. Asimismo, hemos enfocado nuestra pasión hacia el trabajo que, sin embargo, carece de un sentido profundo, como si fuera una droga. Muchos de nosotros trabajamos a marcha forzada, y por esta razón el organismo responde, se queja. Al arrastrar nuestra corporalidad a un ritmo tan vertiginoso, cada vez recurrimos con mayor frecuencia a las pastillas para dormir, a los estimulantes que nos tranquilizan o "nos levantan", como el cigarro, el alcohol, o el Prozac.

El utilitarismo en que vivimos va de la mano con el siguiente valor en importancia en la actualidad: el científico. La tecnología nos ha desbordado. Hay autores que afirman que en los últimos 50 años se han dado a conocer más inventos que en el resto de la historia, acaso motivados por la errónea idea de que entre más avances tengamos, más felices seremos. Los avances tecnológicos han convertido nuestra vida en una angustiante carrera por poseerlo todo. Compramos la última cámara de video, o una agenda electrónica, o la computadora más moderna, para al poco tiempo darnos cuenta que están obsoletas.

Los valores estéticos han cambiado tanto en su forma de expresión como en nuestra manera de percibirlos, y quizá los antiguos griegos no los entenderían. Sin embargo aún se mantienen en la mitad de la pirámide, tratando de cumplir su tarea de balancear al hombre.

Los valores morales se han vuelto relativos. Como lo que vemos a diario llega a convertirse en lo normal, el punto de referencia es ahora lo que aparece en la televisión. La moral predominante está en peligro de no ser más aquella que era transmitida por la mamá, con base en sus experiencias y en la tradición, o la que se aprendía a través de la lectura de buenos libros: según las estadísticas, un niño en edad preescolar ve seis horas de televisión diaria, con un promedio de dieciocho asesinatos al día. Por lo tanto, no debería extrañarnos que la violencia vaya en aumento.

La parte inferior, la más débil de la pirámide, pertenece actualmente a los valores espirituales. Éstos parecen haber perdido su lugar en el mundo del impulso inmediato. Al renunciar a la reflexión, al análisis, vivimos como el niño que come cuando quiere, llora si tiene alguna incomodidad, duerme, se despierta y quiere satisfacer cada una de sus necesidades al momento.

Estarán de acuerdo conmigo en que sólo los adultos, especialmente los padres de familia, podemos revertir este proceso. Sólo nosotros estamos en posibilidad de fomentar la presencia de los verdaderos valores en la familia, en la sociedad, y fortalecer aquellos que amenazan con desaparecer. ¿Cómo? Acercándonos a nuestros hijos, fomentando en ellos la lectura, reduciéndoles el tiempo de televisión y, sobre todo, mediante nuestro propio ejemplo. ¿No creen ustedes?

El arreglo de la casa

La higiene del hogar es, en cierto modo, consecuencia de la higiene personal: cuando ésta se cuida, se refleja en nuestra casa.

Es muy común que nos acostumbremos a ver los objetos que necesitan reparación como si ya formaran parte de nuestro paisaje cotidiano: una maceta convertida en cenicero, un foco fundido desde hace tiempo, el cuadro que quedó chueco a partir del último temblor, la cortina que ha ido cambiando de color a causa del polvo y otras cosas por el estilo. Lo importante sería ver nuestra casa con los ojos de la visita que llega a ella por primera vez.

He descubierto que organizar una cena en la casa ayuda mucho para darme cuenta de los detalles que quizá por largo tiempo había ignorado. Y es entonces cuando les busco solución.

• Para mantener la casa siempre en buen estado, resulta práctico elaborar un directorio de proveedores: plomero, tapicero, cerrajero, electricista, jardinero, carpintero, pintor, albañil, reparador de electrodomésticos y aparatos eléctricos, etcétera.

• La familia es tan merecedora de atenciones como los invitados. Muchas veces dejamos las cosas bonitas, tales como vajilla, manteles, cubiertos que nos regalaron en la boda, para ocasiones especiales. Una amiga de mi mamá me cuenta que a los diecisiete años compró un mantel fino con la ilusión de, un día significativo, colocarlo en la mesa de su casa, mientras las jóvenes de su edad preferían comprar tela para hacerse vestidos. Tiempo después se casó y tuvo sus hijos. Luego sus hijos crecieron, se casaron y ella decidió cambiarse a un departamento más pequeño. En la mudanza apareció el mantel, que nunca usó por reservarlo para una ocasión verdaderamente especial. Cuando al fin reapareció, ya no le quedaba a su mesa: el mantel tenía forma rectangular y su nueva mesa era redonda. Esta situación la llevó a reflexionar que las cosas son para disfrutarlas en el momento, no para mañana. Porque, ¿quién nos garantiza que habrá un mañana?

• Las flores y las plantas naturales dan alegría a la vista, al olfato, al alma. Tengámoslas siempre dentro de la casa. Hacen que cualquier lugar se sienta diferente.

- También los libros y las velas dan un toque especial. Y no olvidemos encender las velas: cuando se nota que se han usado son más acogedoras que las nuevas. Los libros, tanto acomodados en el librero como sobre algunas de las mesas, proporcionan la sensación de que la cultura ocupa un lugar importante en la familia. Además, nos invitan a sentarnos cómodamente a disfrutarlos.

- Quienes saben hacer de las manualidades un arte, lúzcanlas en su casa. Aunque no sean perfectas, serán significativas para la familia. Las cosas hechas por nuestros hijos también le ponen un sello especial a la casa. Si las exhibimos, ellos se sentirán muy orgullosos.

- La finalidad de la decoración es que la familia se sienta a gusto en el hogar, no que nuestra casa salga en una revista especializada en el tema.

- Es importante no abusar de los elementos decorativos, pues nuestra casa puede parecerse a un mostrador de tienda. Lo conveniente es combinar lo nuevo con lo antiguo, colores, texturas, siempre y cuando haya armonía entre ellos.

- Una casa con fotos da la idea de que hay una historia familiar feliz que contar.

- Los álbumes de fotos familiares, además de que a los hijos les encanta verlos, representan recuerdos entrañables que no volverán.

- Los cuadros que decoran nuestra casa son como los accesorios que nos ponemos. Hablan mucho de la persona. Recién casados, por lo general colgamos aquellos que recibimos como regalo de bodas. Lo ideal sería sustituirlos poco a poco por otros que nos gusten y nos llenen más.

- Pero si se colocan con exceso, los cuadros corren el riesgo de restarse importancia entre sí. En ocasiones es mejor tener uno solo y no que nuestra pared sea semejante a la de un museo. Saber colgar un cuadro es todo un arte. La posición es importante. Lo recomendable es que el elemento central del cuadro quede a la altura de los ojos de quien lo contempla. En cuanto a los tonos, recordemos que los colores claros agrandan e iluminan espacios, al igual que los espejos.

- Si tenemos hijos, dejemos que ellos escojan la decoración de su cuarto. Se trata de su espacio privado y lo propio es respetarlo; claro, siempre y cuando lo mantengan más o menos ordenado.

- De ser posible, procuremos que haya una zona o cuarto donde los niños puedan jugar sin que interfieran con el orden de la casa. Si están en edad escolar o cursan estudios superiores, es conveniente que en la casa cuenten con un lugar tranquilo donde puedan estudiar.

- Busquemos la manera de simplificarnos la vida y ahorrar tiempo en los quehaceres del hogar, para que así podamos disfrutar más de nuestra familia. Dostoievski afirmaba que quien acumula muchos recuerdos felices durante su infancia, está salvado para siempre.

Compartir espacios

Una pareja puede crear un hogar placentero para vivir y compartir si en él se fomentan tres cosas:

1. El respeto mutuo.
2. Los canales de comunicación abiertos.
3. El sentido del humor vivo.

Si habitáramos una burbuja de cristal, no habría necesidad de aplicar ciertos modales, pero, ¿quién podría ser feliz así? El arte de convivir se encuentra en saber tratar a los demás con la amabilidad y cortesía con que quisiéramos ser tratados.

Podríamos decir que básicamente la convivencia armoniosa dentro de la casa se resume básicamente en estos diez puntos:

1. Si lo abre, no deje de cerrarlo.
2. Si lo prende, no deje de apagarlo.
3. Si lo rompe, admítalo.
4. Si lo pide prestado, devuélvalo.
5. Si le da algún valor, cuídelo.
6. Si lo ensucia, límpielo.
7. Si lo mueve, devuélvalo a su lugar.
8. Si no sabemos arreglarlo, llamemos a quien sí sepa.
9. Si es de otra persona, pida permiso.
10. Si no es asunto suyo, mejor ignórelo.

El baño

Este cuarto se convierte en un punto sensible a la hora de la convivencia. Los pequeños detalles alcanzan niveles gigantescos, ya que el baño muchas veces se comparte con otros miembros de la familia. La limpieza y el orden suelen ser muy apreciados. Para facilitar la convivencia tratemos de:

- Bañarnos rápido, para no desperdiciar el agua y por si alguien más quiere hacerlo.
- Colgar las toallas mojadas, recoger la ropa y secar el piso.
- Enjuagar el jabón al terminar de bañarnos y cuidar de no dejar una alfombra de cabellos en el piso.
- Limpiar el lavabo después de afeitarse o lavarse los dientes.
- Detalles tan sencillos como apretar la pasta de dientes desde abajo, taparla y poner el cepillo en su lugar.
- Evitemos pedir prestados artículos de higiene personal, tales como el cepillo de cabello y el de dientes, el desodorante y los rastrillos.
- Tiremos los pañuelos faciales al bote de basura después de usarlos.
- Regresemos a su lugar todo lo que hayamos utilizado (pistola de pelo, cremas, cosméticos, etcétera).
- Como caballeros, levantar la tapa del wc y volver a bajarla después de haberlo usado.
- Los momentos en el baño deben ser absolutamente privados. Hay que cerrar siempre la puerta: hasta el hombre más distraído sabrá que debe tocar antes de entrar.

La recámara

La recámara es el lugar más íntimo de la casa, nuestro santuario. Debemos hacer de ella un oasis de paz. De acuerdo con algunas teorías orientales, los elementos de decoración y la orientación de los muebles tienen un efecto directo en nuestro descanso.

Hay dormitorios en los que los ocupantes se quejan de insomnio. Es probable que ciertos colores, formas, texturas y la colocación en general los estén afectando. Si lo que vemos antes de dormir es una mesa llena de papeles o un montón de ropa sucia, con toda seguridad nuestro sueño se verá afectado. Es necesario que en nuestra recámara podamos recobrar energías, por eso todo lo que contiene debe emanar paz, armonía y orden. Hay algunos detalles prácticos que ayudan a que esto se logre:

- Mantenerla ordenada. Por ejemplo: un lugar fijo para el control remoto de la televisión, un cajón para los papeles pendientes, una cajita o charola para poner todo lo que el señor de la casa saca de las bolsas dé los pantalones, un cesto para la ropa sucia y otros aditamentos por el estilo.
- Limpiar y ventilar la recámara todos los días.
- Tener en un lugar apartado de la cama, o de la misma recámara, los aparatos eléctricos como la computadora, el televisor o el estéreo, ya que producen un exceso de iones positivos que afectan el campo electromagnético. Esto se puede equilibrar con la presencia del agua, la cual puede hallarse en un recipiente ancho con algunas flores flotando en ella. O bien podríamos incorporar alguna pequeña salida de agua que armonice el ambiente.
- Una lamparita de noche para leer sin molestar a nuestra pareja.
- Los espejos deben reflejar siempre cosas agradables, que merezca la pena ver, como el cielo, las copas de los árboles o simplemente más luz. Habría que evitar colocarlos frente a la puerta del baño o frente a un bote de basura, pues éstas son imágenes que no conviene reproducir.

Algo importante: procuremos tratar las discusiones o desacuerdos con nuestra pareja fuera de la recámara. La sensación de tener un lugar para el descanso no sólo la proporcionan las cosas materiales, sino también las experiencias vividas en él.

EL ARREGLO PERSONAL COMO VALOR DENTRO DE LA FAMILIA

Todos los días, con nuestro arreglo, le comunicamos al mundo tres cosas: nuestra autoestima, nuestro estado de ánimo y el respeto que tenemos por los demás. La ropa que nos ponemos cada día lleva uno de los mensajes principales que enviamos a los otros. Así como nos ocupamos de vestirnos bien cuando tenemos un compromiso fuera de la casa, igual lo debemos hacer para la familia. Recordemos que nuestras acciones hablan más fuerte y más claro que las palabras. Para inculcar valores como el orden y la limpieza debemos predicarlos con el ejemplo.

- La ropa de diario debe estar ante todo limpia, planchada y bien cuidada.
- Es particularmente importante enseñar a los niños que por la mañana el uniforme debe lucir limpio, los zapatos boleados. Exigirles que los regresen así de la escuela sería mucho pedir.
- Cualquiera de la familia que salga a trabajar debe tener una apariencia impecable, no como signo de vanidad sino como una forma de dignificación personal y respeto por el otro.

No vayamos a ser como aquella pareja en la que, en un fin de semana, el esposo le dice a la esposa: "Oye, vieja, arréglate, ¿no?", y la esposa le contesta: "¿Para qué, si no viene nadie?"

¿Nuestra familia es nadie?

No olvidemos que para ellos (los hijos o la pareja) es importante sentirse orgullosos de nosotros. Asimismo, el señor debe afeitarse y vestirse cómodo y bien en sábado y domingo.

- Cuando el papá o la mamá van a dejar o a recoger a los niños a la escuela, deben lucir de manera que al niño no le provoque pena que los vean.
- Cuando conocemos a la pareja de un compañero o compañera de trabajo, en ese momento nuestro conocido sube o baja en nuestra estima personal. Por eso apoyemos a nuestra propia pareja, de manera que le dé orgullo también presentarnos a los demás.

Por lo general los fines de semana vestimos en forma más casual. Sin embargo, hay diferencia entre lo casual y las "fachas". Evitemos ir en *pants* a todos lados: son la piyama de la calle. Pasadas las diez de la mañana, ya no se ven bien.

La gran ayuda de la casa

Quienes contamos con una persona que nos facilite las tareas dentro del hogar somos muy afortunados. Y más afortunados aún si esta persona llega a integrarse como parte de la familia a lo largo de los años de convivencia compartidos.

Bernardita ha vivido con nosotros más de veinte años. Ha visto crecer y casarse a nuestros hijos. Gracias a su apoyo, disponibilidad e inteligencia puedo trabajar con la seguridad de que a mi regreso a casa todo estará en orden y caminando.

En casa de mis papás es Manuela; en casa de mis suegros, Chagua; en alguna otra casa es Mariana. Podríamos seguir con una lista interminable de mujeres trabajadoras que ocupan un lugar preponderante en distintas familias. Su trabajo y su ayuda han sido indispensables en nuestros hogares latinos.

Hoy en día, la carestía de la vida nos obliga en muchos casos a prescindir de sus servicios. Del mismo modo, la escasez de personas calificadas y confiables nos impide contar con su ayuda.

Comparemos nuestro hogar con cualquier empresa: es importante que quienes trabajan en ella tengan capacitación, comunicación constante y estímulos que aseguren su permanencia. Cada casa tiene diferentes reglas en cuanto a horarios, prestaciones, sueldos y demás. Sin embargo aquí hay algunas que pueden considerarse básicas:

Solicito una muchacha...

- Cuando buscamos una muchacha de confianza, lo podemos hacer mediante familiares y amigas. Hay que ponerse de acuerdo acerca del sueldo y las prestaciones con quien nos la recomendó. Esto evita conflictos posteriores.
- Las agencias de colocación, en ocasiones funcionan muy bien y en otras no. Cobran una cuota que por lo general equivale a un mes de sueldo, la cual permite hacer cambios en caso de que la muchacha o la familia no estén a gusto. Las agencias tienen un expediente con datos y referencias de cada una. Es conveniente verificarlos.
- No es recomendable contratar a nadie en la calle.

- Por más ayuda que necesitemos, nunca hay que quitarle una muchacha de servicio a una vecina o a una amiga: es algo que rompe la relación para siempre.
- Si alguien nos pide referencias de una empleada anterior, debemos ser sinceras y decir los pros y los contras, así como expresarle nuestras sugerencias respecto a ella.

La entrevista

- Al entrevistar a una muchacha de servicio hay que hacerlo en privado, sin prisas ni interrupciones. Describir el trabajo que esperamos de ella muy claramente. En este primer encuentro es conveniente pedirle datos personales (nombre, dirección, estado civil, edad, escolaridad, experiencia, referencias y permanencia en trabajos anteriores). Considere su aspecto, arreglo personal, lenguaje, trato y salud. Vea si lo que no le gusta lo puede ir trabajando con el tiempo. Dicen que las muchachas son como las nueras: no hay una perfecta. Cada una de ellas, como cualquier ser humano, tiene defectos y cualidades. Con algunas podemos lidiar; con otras no.
- Si en la casa hay niños, es conveniente dejarla unos minutos a solas con ellos para darnos cuenta de cómo los trata.

La contratación

- En el momento de contratarla, se deben tocar los aspectos que se consideren relevantes, como el horario, el tiempo de descanso, los días de salida, las visitas, las llamadas telefónicas, las largas distancias, el uso del radio y la televisión, los recados, el trato con los niños, etcétera.
- A veces es importante señalar que ambas –la patrona y la muchacha– probarán un mes para ver si están a gusto.
- Al contratar una muchacha de servicio, hay que tener muy claras las características que se necesitan para el trabajo que va a realizar, sea nana, recamarera, cocinera o lavandera. Contratar a alguien que no cumple los requisitos, anticipa el fracaso. Tomemos en cuenta su edad, experiencia y disposición para el trabajo.

- Hay muchachas que, con sólo verles la mirada y la manera de sonreír, se sabe que son personas de confianza. Cuando no sea así, confiemos en nuestros instintos.
- Es importante que acepte ponerse uniforme: siempre se verá mejor presentada para servir la mesa y ayudar en la casa. También es importante que los uniformes se encuentren en buen estado y cuente por lo menos con tres de ellos para poderse cambiar.

Por lo general el trabajo en una casa es pesado y poco valorado, sólo llegamos a apreciarlo de manera justa cuando lo realizamos. Seamos generosos con su sueldo.

El primer día
- Es elemental que se sienta bienvenida y sea presentada a los miembros de la casa y los otros empleados, si es que existen.
- Hay que mostrarle las áreas principales de la casa y su cuarto.

Lo que nos corresponde
- Aunque en cada casa las cosas se llevan de modo diferente, lo normal es aumentar el sueldo de la muchacha por lo menos una vez al año. Darle propina cuando hay un evento, o cuando se tiene que quedar a cuidar a los niños por la noche. Esto la motivará a hacerlo con gusto cuando se lo pidamos.
- Debemos proporcionarle lo necesario para que esté limpia, cómoda y bien presentada: uniformes, zapatos adecuados, suéter, jabón, papel de baño, toalla y guantes de plástico.
- Reservarle un espacio digno para dormir, bañarse, guardar sus cosas y lavar su ropa.
- Le debemos el mejor de los tratos. Lo que incluye que coma exactamente lo mismo que la familia. Establecer diferencias no sólo representa una falta de caridad: es inhumano.
- Existen alimentos para ocasiones especiales, que se consumen sólo cuando vienen visitas, como ciertos refrescos o botanas. Se lo podemos hacer entender a la muchacha de buena manera.

- Cuidar su salud. Si se enferma o sufre un accidente, debemos llevarla al médico, pagar los gastos y avisar a sus familiares. Si notamos que un novio la empieza a buscar, hablemos con ella de los riesgos de un embarazo.
- Respetemos su ideología y sus costumbres.
- Ser considerados con su tiempo. Enseñar a nuestros hijos que, después de una hora determinada, ya no es prudente pedirle nada.
- Respetar su espacio y su privacidad.
- Hacer lo posible para que tenga un televisor, un radio, revistas o algo para que disfrute su tiempo libre.
- Debemos llamarla por su nombre, en buen tono, y agregar siempre las palabras mágicas: por favor y gracias.
- Cuando no quiera que la persona que trabaja para usted escuche o entienda una conversación, es mejor que no la lleve a cabo en su presencia. Hay que evitar hablar en otro idioma delante de ella, pues aunque no entienda lo que se diga, si entenderá la intención y se sentirá humillada.
- Nunca hablemos de ella con algún término despectivo. Y jamás le levantemos la voz.
- Debemos explicarle qué hacer en caso de emergencia, a quién hablar y proporcionarle los teléfonos necesarios.
- Reflexione antes de enojarse con ella. Si las cosas no están como debían estar hechas, quizá fue por falta de capacitación, de órdenes claras o a causa de un accidente. Si se debió a un descuido, hay que hablar con ella y pedirle por favor que no vuelva a suceder.
- Es un buen detalle felicitarla por su cumpleaños, interesarse en su familia, animarla cuando haga algo especial. También debemos alentarla para que se supere, no sólo en el desempeño de su quehacer sino como persona.
- Cualquier persona que vive en un ambiente cálido, humano, confiable y de respeto, se siente feliz. Su trabajo es más eficiente y su lealtad se fortalece.

No me acaba de convencer...
- Hay ocasiones en que nuestro instinto nos dice que hay *algo* que nos incomoda de la muchacha: y por necesidad o por

desidia evitamos confrontar la realidad. Habría que recordar que, por lo general, el sexto sentido no falla. Una buena señal de que la persona no funciona es que a los hijos les desagrada. Otra, que el perro le ladre o le tenga miedo. Ante estas claras señales hay que actuar. Despedir a una muchacha de la casa no es fácil. Sin embargo, a pesar del costo y el mal rato, después estaremos más tranquilos. Hagámoslo con la mayor delicadeza posible.

En caso de renuncia o despido, nos toca pagarle lo justo (la ley establece tres meses más veinte días por año). Si es recién llegada, no es obligatorio. Por eso, al contratarla es conveniente que ambas acuerden hacer la prueba por un mes. Si tiene poco tiempo de trabajar con nosotros, digamos unos meses, por lo menos hay que darle un mes de sueldo. Es conveniente que deje firmado un papel donde aclare que se le pagó.

LA LIMPIEZA Y EL ORDEN COMO FORMACIÓN

> *Hoy los niños aprenden mucho sobre cómo llegar a la luna, pero muy poco de cómo llegar al cielo.*
>
> DAVID JEREMIAH

En este mundo tan cambiante, avanzamos en muchas cosas y perdemos otras. Con el afán de preparar a nuestros hijos para el futuro, además del tiempo escolar, en las tardes los llenamos de estudios y actividades, de manera que no les queda ni un minuto para respirar. Olvidamos dejarles tiempo libre para que aprendan otros valores, tales como el juego, la creatividad, el orden, tan necesarios también para su desarrollo (siempre y cuando la televisión no se encienda).

Que los niños aprendan estos valores no sólo les desarrolla habilidades para el futuro: a partir de ellos también se vuelven responsables y respetuosos, tanto de sí mismos como de los demás.

Esta educación se traduce en niños seguros de sí mismos y participativos.

¿En qué te ayudo?

Aun cuando contemos con ayuda doméstica debemos inculcar en los niños el sentido de cooperación.

Me invitaron a la ciudad de San Antonio, Texas, a dar una conferencia. Al término se ofreció una cena en casa de una de las familias organizadoras. Me llamó mucho la atención el sentido de ayuda y cooperación que había en toda la familia: un matrimonio estadunidense con tres hijos adolescentes. El hijo mayor cocinó en la terraza la carne para todos, de acuerdo con el gusto de cada quien. La hija mayor preparó la botana y el primer plato. La hija más chica hizo el postre y la ensalada. El papá sirvió las bebidas y la mamá atendió a todos. Además, entre los tres hijos sirvieron la mesa, recogieron los platos y los lavaron hasta las doce de la noche, cuando al día siguiente se levantarían temprano para ir a la escuela. ¡No lo podía creer! Sentí que Pablo y yo éramos los peores educadores.

El ejemplo de esa familia me llevó a reflexionar en que, quienes tenemos la oportunidad de contar con ayuda doméstica, pasamos por alto lo importante: enseñarle a nuestros hijos ese gran sentido de cooperación. Si desde chicos aprenden las distintas tareas de la casa, el afán de ayudar les nacerá en forma natural y les será muy útil en su futuro.

Comparto con usted algunas sugerencias prácticas.

Es conveniente hacer una lista de los distintos trabajos en la casa. Acordar entre todos que, por periodos de una semana, a cada uno le toca hacer algo diferente. Para que se sientan motivados, escriba sus nombres en un cartelón e invente un sistema de ganarse palomas, puntos, estrellas o lo que usted crea conveniente.

Roma no se hizo en un día, ni tampoco saber hacer la cama por primera vez.

Aprender una habilidad lleva tiempo y requiere paciencia y tenacidad para que lo aprendido se convierta en hábito.

Algunas tareas:
1. Sacar la basura y separarla según su tipo: materia orgánica, plástico, metal, vidrio, papel.
2. Hacer la cama.
3. Echar la ropa separada a la lavadora.
4. Planchar las cosas fáciles.
5. Doblar la ropa.
6. Pasar la aspiradora.
7. Sacudir los muebles.
8. Trapear la cocina, el baño o la entrada de la casa.
9. Ir al supermercado.
10. Contestar el teléfono.
11. Realizar los pagos en el banco.
12. Hacer la merienda.
13. Poner la mesa.
14. Recoger la mesa.
15. Lavar los platos.
16. Barrer la calle.
17. Regar el jardín.
18. Lavar el coche.
19. Dar de comer al perro, gato o lo que se tenga.
20. Bañar al perro.

¿Se imagina qué fácil sería la convivencia si todos en la casa cooperamos? Nunca es tarde para empezar.

El mejor estímulo . . . "reforzamiento positivo"

¿De qué depende que un niño sea aplicado, ordenado y bien portado, y otro no? ¿De los papás, del maestro o del alumno? ¿Por qué hay papás con hijos muy educados, sin necesidad de gritos y castigos, mientras otros, a pesar de ellos, tienen hijos incontrolables?

Cuando un niño acomete un nuevo proyecto, como aprender un hábito, un deporte o cursar un año escolar, siempre inicia con el propósito de hacerlo bien, renovar propósitos y borrar

---

estigmas. Tiene esa semilla, sin duda. Y está en nosotros, los papás y maestros, hacerla crecer. Pero, ¿cómo?

La respuesta es tan sencilla que se antoja poco creíble. Sin embargo, funciona como magia. La técnica se llama "reforzamiento positivo". Los regaños se cambian por premios y los niños obedecen felices las órdenes de inmediato. La convivencia familiar se hace más agradable.

Suena casi imposible, ¿no? Pues se puede. Y la experiencia lo ha demostrado. Todo depende de lograr que el niño se sienta motivado a hacer lo que debe, para que lo haga con gusto. Suena muy sencillo y, no obstante, en la vida diaria olvidamos ponerlo en práctica.

Le doy un ejemplo. Una maestra de tercero de primaria siempre batallaba con Poncho, un niño hiperactivo, muy inteligente y muy latoso. Debido a que se acercaba el día de las madres, la maestra puso a los niños a tallar una tabla con lija. Todo el salón tallaba la tabla menos Poncho, que sólo molestaba a los demás. La maestra decidió poner en práctica lo recientemente aprendido sobre el reforzamiento positivo.

Se acercó a Poncho, que de mala gana había dado una pasada de lija a la tabla. Tomó su tabla y dijo: "Poncho, qué bien te quedó este pedacito. Miren, niños, deben ver este pedacito de la tabla de Poncho. Así les debe quedar a todos". Se imaginará que Poncho de inmediato se puso a tallar la tabla más duro que ninguno. Este pequeño cambio en el trato hacia Poncho hizo milagros.

Se trata de una técnica que modifica la conducta que queremos cambiar reforzando lo positivo e ignorando lo negativo. Es la diferencia entre un buen y un mal maestro.

Por ejemplo, cuando queremos que un niño levante los juguetes, por lo general apelamos a la amenaza y decimos: "Si no recoges tus juguetes, no sales a jugar". Si tan sólo cambiamos la forma y le decimos: "Recoge tus juguetes y te doy un dulce", la probabilidad de que lo haga aumenta, y posiblemente lo vuelva a hacer después.

Cuando un niño juega tranquilo, la mamá por lo general lo ignora. Sólo en el momento en que empieza a llorar, el niño recibe toda la atención de ella. Así, sin querer, sin estar consciente, la madre le enseña a su hijo que para recibir atención hay que llorar. Para reforzarlo positivamente habría que hacerle caso cuando juega tranquilo e ignorarlo cuando llora sólo por berrinche.

Hay varios tipos de reforzadores
1. Materiales
Son las pequeñas cosas que sabemos que le gustan a quien queremos reforzar, como dulces, juguetes, ropa, etcétera.

2. De actividad
Puede ser un paseo, ir al cine, ver televisión, ir a casa de un amigo, el recreo, etcétera. Actividades preferidas que se usan para reforzar las que menos le gustan. Ejemplo: "Cuando termines tu tarea, te invito al cine".

3. Simbólicos
Estrellas, diplomas, medallas, fichas, gráficas, calificaciones o emblemas con los que se reconoce una buena acción. Aun como adultos nos encantan. Ejemplo: aunque el niño haya sacado puro cinco y seis en la boleta, si sacó por ahí un ocho y encerramos este ocho en un círculo con lápiz y le decimos: "Te felicito, mira qué bien se ve este ocho", en lugar de regañarlo por lo demás, el niño se motivará para sacar mejores calificaciones. Por lo general hacemos lo contrario, y el niño cada mes ¡sale peor!

4. Sociales
Son todas las palabras, las sonrisas, los abrazos, las caricias y las miradas que le provocan satisfacción. Es bueno decir: "Venga para acá, mi campeón", o "qué bien lo estás haciendo", así como darle una palmada en la espalda o sentarlo en el regazo.

O bien, cuando el niño se encuentra cerca para escuchar, podemos decirle a un compadre: "No sabes qué obediente se ha vuelto Pedrito". Todo esto lo refuerza para que la conducta positiva se repita o se reafirme.

5. Intrínsecos

Aprobar el examen, ganar la competencia, ser el mejor, etcétera. Cuando el niño siente el bienestar y la satisfacción de haber hecho algo importante, surge ese reforzador al que todos los maestros y papás queremos llegar.

¿Cómo aplicarlos?

a) El reforzador debe darse inmediatamente después de que el niño tuvo la conducta que queríamos.

b) Debe ser proporcional al esfuerzo.

c) Al implantar un nuevo hábito, hay que darle tiempo al niño para que lo asimile, y siempre enfatizar lo positivo de cualquier pequeño avance. Después, podremos exigirle pasos mayores.

d) Cuando el niño ya adquirió el hábito, el reforzador se da a veces sí y a veces no. Lo podemos espaciar de acuerdo con una razón fija; por ejemplo, cada cinco veces que se dé la conducta esperada.

e) Siempre que demos reforzadores materiales, debemos acompañarlos de un abrazo o un cariño, y hacerle ver lo bien que pudo llegar a sentirse por haber tenido esa conducta.

Este nuevo enfoque en la educación de sus niños, le garantiza que se asombrará de los resultados.

EL ENCANTO DE LA MESA FAMILIAR

Cuando los hijos están chicos, la hora de sentarnos a comer es todo menos un encanto. Los niños siempre se muestran inquietos. No falta que alguno tire el vaso con agua; otros se pelean entre sí, y la mamá salpica el momento con alguno que otro regaño.

Quienes hemos tenido hijos sabemos que es así.

Sin embargo, hay que tratar de establecer que la hora de la comida debe ser un momento agradable para todos. Si hay un regaño o un enojo pendiente, es mejor tratarlo después, fuera de la mesa familiar.

Empezando por nosotros, los papás.

La idea es asociar el hábito de sentarse a la mesa como un rito muy agradable para compartir un momento con la familia. Ejercitar el uso de los buenos modales, la cortesía, la generosidad y el respeto.

A través del ejemplo, los niños aprenden estas virtudes que les servirán toda su vida. Quienes las aprenden de manera temprana, podrán instintivamente actuar natural y educadamente aun en las situaciones más formales.

- No quiero comer. Los expertos sugieren que si los niños no desean comer, no pasa nada. Sin embargo, debemos impedir que coman el postre o se levanten de la mesa sin autorización. En ocasiones los niños utilizan la comida para llamar la atención de sus papás, o como medio de chantaje. Si les hacemos caso, estaremos reforzando esta conducta negativa. Lo mejor es ignorarlos.

- Procuremos que la hora de la comida no se convierta en un frente de batalla. Tratemos de ser prudentes en la corrección de los modales. Es mejor observar, sin obsesión, qué es lo que cada uno hace mal y antes de sentarnos a la mesa recomendar al niño, a solas, que no lo haga, explicándole el porqué. Como siempre, es mejor recurrir al "reforzamiento positivo".

- El escenario es importante. A diario hay que esmerarnos en poner la mesa bonita, un mantel limpio y planchado, o manteles individuales alegres; la vajilla, los vasos y los cubiertos en buen estado y combinados armoniosamente. El detalle de tener unas flores o un follaje fresco en la mesa colabora a establecer un ambiente de paz. También es muy positivo variar el menú y sorprender a la familia con nuevos platillos o con sus platillos favoritos.

Los niños en la mesa

- Antes de comer es recomendable pedir a los niños que se laven las manos, se den una peinadita y dejen sus libros, juguetes y mascotas a un lado.

- Que se sienten derechos, sin desparramarse.

- Que se pongan la servilleta en las piernas, si es de tela. Y junto al plato, si es de papel.
- Que esperen a que todos estén sentados o que se hayan dado las gracias, si lo acostumbran, para empezar a comer.
- Que no se levanten de la mesa durante la comida, sino hasta que acaben de comer o hasta el café.
- Que traten de no contestar el teléfono hasta que se termine de comer.

Los modales básicos a enseñar a nuestros hijos
- Mantener los codos fuera de la mesa.
- Comer despacio, masticar bien los alimentos, en pequeñas cantidades y con la boca cerrada.
- Cortar el siguiente bocado.
- Servirse sólo lo que se va a comer para no desperdiciar los alimentos.
- No hablar con la boca llena.
- No sorber la sopa.
- Evitar los ruidos al tomar el agua.

Cubiertos, platos, servilletas y niños
- Usar los cubiertos en silencio y con delicadeza (para más detalles sobre los cubiertos, ver *El arte de convivir en la vida cotidiana*, pp. 62-76).
- No jugar con los cubiertos ni arrojarlos.
- No llevarse el cuchillo a la boca.
- Respetar los cubiertos que se utilizan para servir mayonesa, mostaza y otras salsas, evitando que rocen la comida del plato.
- Si va a tomar pan de la panera, que lo ofrezca primero.
- Servir agua a los de los lados antes de servirse ellos.
- El pan se parte con la mano en pedazos que se puedan introducir en la boca; no es correcto morderlo ni untarlo de mantequilla todo de una vez.
- Si se van a levantar de la mesa, que dejen la servilleta sobre la silla para que no quede lo sucio a la vista. Cuando terminen, que pongan la servilleta medio doblada sobre la mesa del lado izquierdo del plato.

- Es importante que digan las palabras mágicas: por favor y gracias.
- Si algo les queda lejos, es mejor pedirlo y no atravesarse para tomarlo.
- Si quieren comer más de algo que les gustó, que lo pidan educadamente.
- Jamás de los jamases le deben gritar a la persona del servicio. Es mejor pedirle las cosas a su mamá, o bien sonar un timbre o campana.
- Cuando sea necesario levantarse de la mesa, hay que disculparse con un "con permiso".

Al platicar
- Que esperen a no tener nada de alimento en la boca.
- Que hablen de temas agradables para todos y dejen los incómodos para otro momento.
- Nunca criticar a nadie.

Delicadeza
- Que no le pongan sal a la comida antes de probarla. Se convierte en un vicio nada bueno para la salud.
- Si sienten algo entre los dientes que les impide platicar a gusto, que se disculpen y vayan al baño.
- Si los hijos ya están grandes, pedirles que no usen los platos como ceniceros, y que no fumen mientras otros comen.
- Siempre se deben limpiar con la servilleta, nunca con las manos o las mangas.

Algunos "no"
- No deben hacer ruidos en la mesa, ni sonarse con la servilleta, ni eructar como japonés. Muchas veces aparecen en el estómago sonidos incontrolables. En ese caso, ofrecer una disculpa y punto.
- No deben soplar los alimentos calientes, ni limpiar el plato con el pan, ni desmoronar galletas en la sopa.
- Que no se queden con el salero, salsa, vinagreta, pan o cualquier cosa: son para todos.
- Que no se pasen la comida con agua.

Lograr que nuestros hijos lleguen a hacer todo esto no es fácil. Sin embargo, con ejemplo y constancia podemos esperar que, cuando los inviten a comer fuera, escuchemos, con cara de incrédulos, comentarios como: "¡Qué hijos tan educados tienes!"

Las mascotas

Para los niños es muy sano tener una mascota en la casa. Los sensibiliza, les despierta el instinto de protección y, si se trata de un perro, hace que se familiaricen con ellos y se les quite el miedo. Sin embargo, una vez que decidimos tener una mascota en la casa, tenemos la obligación de cuidarlo y enseñar a los niños a que la traten bien.

- A la hora de adquirir una mascota, todos debemos estar de acuerdo, valorar el espacio físico del que disponemos, el tiempo, las posibles alergias de algún miembro de la familia, el lugar donde vivimos y si en él se permite la presencia de animales.
- Asignar el lugar donde va a vivir, donde hará sus necesidades; quién le dará de comer y la bañará.
- Mantener al animal limpio, sano y con todas las vacunas necesarias (llevar un control y recordar que cada año se le debe de aplicar la antirrábica).
- Evitemos llevar al perro a una casa donde no ha sido invitado, aunque se porte mejor que su dueño.
- Es poco higiénico permitir que el perro coma en la mesa, o que duerma en las camas o sillones, aunque se le considere como a un miembro más de la familia.
- Si tenemos visitas, la mascota debe permanecer en un lugar donde no las moleste.

Considerar
- Si el perro no cuenta con espacio suficiente para correr, hay que llevarlo a pasear fuera todos los días.
- Si salimos de vacaciones, se puede quedar en una "guardería de perros" o con un familiar que lo quiera mucho (a usted).
- Los expertos sugieren que las mejores razas de perros para niños son: labrador, golden retriever, San Bernardo (aunque

muy grande, muy noble) y bóxer, y todos ellos requieren de suficiente espacio y atención. Para cuidar la casa están: pastor alemán, rottweiler y doberman. Mientras más chica la raza, come menos, ensucia menos, pero por lo general son más nerviosos: schnauzer, y las diferentes variedades de terriers, poodles, cocker spaniels, salchichas, etcétera (ladran mucho y, por lo tanto, son buenos guardianes).

- El hecho de tener una mascota en la casa nos hace responsables de su buen cuidado y alimentación.

LA TECNOLOGÍA EN LA CASA

El teléfono

Hay que recordar que, cuando llamamos por teléfono, estamos imponiendo nuestra presencia a una persona que no nos esperaba o no la solicitó. Así que para que el teléfono sea un servicio, y no una irrupción en nuestras vidas y en las de los demás, hay que cuidar lo siguiente:

- Evitar hablar antes de las nueve de la mañana y después de las diez de la noche, a menos que se trate de un caso urgente. Y asegurarnos siempre que la persona a quien llamamos no esté ocupada.
- De preferencia, no llamar en las horas de la comida, como tampoco contestar llamadas cuando estamos sentados en la mesa.

En una ocasión, el periódico para el que escribo me planteó la idea de entrevistar a personas que habían logrado éxito en sus vidas, tanto en lo profesional como en lo personal. El primero que se me ocurrió, por su importancia, fue Carlos Slim. Inicié mi nada fácil búsqueda, que se inició desde el intento de conseguir su teléfono.

Después de dejar veinte recados durante dos semanas, comenzaba a desanimarme. En mi casa acababa de poner la regla de no contestar el teléfono durante las comidas porque siendo adolescentes mis tres hijos, como se imaginarán, siempre faltaba en la mesa uno que estaba en el teléfono.

Un día, acabando de merendar, se acerca la muchacha con un papelito rasgado de una hoja y escrito ahí el recado de una llamada que me acababan de hacer. De pronto descifro la ilegible letra que decía "le llamó Carlos Slim". Al darme cuenta, corrí con la muchacha y me dijo que había sido él personalmente y no su secretaria.

"¡¿Qué le dijiste?!" "Que no podía contestar porque estaba merendando." ¡Casi me muero! Ni modo, hay que ser congruentes.

- No es prudente contestar llamadas cuando tenemos visitas.
- Las que estamos casadas, procuremos hablar por teléfono con las amigas antes que nuestro esposo llegue a la casa.
- En lo posible, hay que hacer entender a nuestros hijos adolescentes que no hablen mucho por el teléfono (tarea difícil).
- Al llamar, hay que ser directos cuando empecemos a hablar. No decir: "¿A que no sabes quién soy?", sino identificarnos de inmediato.
- Cuando por alguna razón no deseamos contestar el teléfono, hay que tener cuidado con el "dile que no estoy". Los hijos se dan cuenta de que se trata de una mentira. Es mejor usar otros pretextos, tales como "dile que yo le llamo más tarde", o de plano contestar la llamada y enfrentar la situación.
- Cuando nos avisen que alguien nos llama por teléfono, hay que contestar rápido y no hacerlo esperar.
- Cuando contestemos, y la llamada sea para otro, jamás gritemos en la bocina: "¡ Diiieegooo! ¡Teléeefonooo!", de manera que dejemos sordo al que llamó.
- Realicemos las llamadas de larga distancia sólo en nuestra casa. Si estamos de visita, hagámoslas por cobrar o pidamos permiso de hacerla, sin olvidarnos de mandar un detalle después a los dueños de la casa.
- Evitemos escuchar llamadas ajenas.
- Procuremos que las llamadas de trabajo se lleven a cabo en la oficina y no desde o hacia la casa.
- Nunca contemos confidencias por teléfono... ¡Otros pueden estar escuchando!
- Hay que devolver las llamadas lo antes posible.

- A los hijos debemos enseñarlos a que, cuando contesten el teléfono, saluden a la persona (si es que la conocen) antes de pasar la llamada.
- Si el niño es muy pequeño, no permita que lo conteste. Es horrible cuando nos urge hablar con alguien y del mejor modo decimos: "Niño, ¿me pasas a tu mamá?", y el otro sigue balbuceando. Uno se quiere morir.
- En todas las casas hay temporadas en las que el "mudo" habla. Lo mejor es ignorarlo, o comentar algo como "ha de estar descompuesto el teléfono". Si las llamadas son insistentes, podemos desconectar el teléfono por unos minutos hasta que se canse. En caso de que llamen a medianoche o alguien llame para decir obscenidades, lo menos inteligente es contestar con groserías. Violencia atrae violencia y nobleza atrae nobleza. A mayor grosería, mayor decencia de nuestra parte.
- El que llama es quien debe terminar la llamada. No al revés. Ahora que si la persona que llamó se eterniza por horas, usted puede amablemente poner fin a la conversación.
- No olvidemos pasar los recados lo antes posible.
- Pocas cosas le disgustan más a un adolescente que su mamá o papá descuelguen una extensión del teléfono para pedirle que cuelgue. Es mejor hacerle una seña o pedírselo de frente.
- No hay que hablar con voz melosa por teléfono, ni con el hombre o la mujer de su vida. ¡Papiiito!, mi chumis chumis, ¿quién lo quiere a usted? La verdad es medio ridículo y el otro a lo mejor está en una junta de negocios.
- En toda casa debe haber una libreta con los teléfonos importantes, en caso de alguna emergencia.
- Si marcamos un número equivocado, demos una disculpa con amabilidad.
- Cuando por prisa queremos terminar una llamada, hay que hacerlo con tacto y cortesía. Si le tenemos confianza a la persona con quien hablamos, podemos decírselo abiertamente.
- Colgar el teléfono en un momento de coraje es de pésima educación. ¡Es como darle un portazo en la cara a nuestro interlocutor!

- Si la llamada se interrumpe por causas técnicas (muy frecuente en los celulares), le toca volver a llamar a quien marcó.
- Si al llamar nos contesta una grabadora (para dejar el mensaje), no colguemos... Tenemos que acostumbrarnos a dejar el recado. En forma breve decir nuestro nombre y teléfono para que nos puedan devolver la llamada.
   No es de buen gusto hacer bromas, ni dejar recados misteriosos.

La televisión

La televisión es un gran entretenimiento para la familia. Sin embargo, puede llegar a convertirse en un vicio si no la controlamos o no nos imponemos un límite en el tiempo de estar frente a ella.

El hecho de estar hipnotizados frente a la pantalla nos impide platicar, leer y crear. Esto afecta no sólo la convivencia familiar, sino también nuestro crecimiento personal.

Recuerdo cómo nos protestaban nuestros hijos a Pablo y a mí cuando de chicos no los dejábamos ver televisión entre semana. Llegaban al colegio, donde sus compañeros hablaban de la telenovela de moda, y ellos se sentían fuera de la conversación por no tener idea de lo que sucedía en ella.

A pesar de sus protestas, nos mantuvimos firmes.

Ahora, como adultos, los tres nos lo han agradecido, y confiesan que harán lo mismo con sus hijos.

Aquí algunas sugerencias
- Definamos un horario para ver la televisión. Procuremos fomentar el deporte, la lectura y las actividades manuales.
- Veamos los programas que ven nuestros hijos y censuremos los que consideremos perjudiciales para su educación.
- Como adultos, hay que fijarnos en los programas que vemos cuando están presentes los niños.
- Entre más televisores haya en casa, menos comunicación. Es preferible que la familia se reúna a ver la tele en la sala, y no que cada uno de los miembros se aísle en su cuarto a verla.

- Hay que evitar cenar o comer frente al televisor, con el fin de rescatar la comunicación. Existen familias en las que los niños asocian una cosa como complemento de la otra. Si lo hacemos así, sólo platicaremos durante los comerciales y nuestro conocimiento de la familia será sólo de perfil.
- Si tenemos acceso a programación para adultos, hay que recordar bloquear esos canales a los niños.
- Por formación, habría que acostumbrar a los niños a que vean la tele sólo una vez que acabaron la tarea.
- Hablar por teléfono al mismo tiempo que se ve la televisión no es cortés. La persona en el otro lado de la línea se da cuenta de nuestra distracción.
- En ocasiones prendemos la televisión sólo por prenderla, lo cual llega a convertirse en un hábito que los niños aprenden. Seamos selectivos con lo que vemos.
- Antes de cambiar canal, hay que preguntar a los demás si están de acuerdo. Lo mismo cuando vaya a apagarse.

La computadora

Cada vez será más común en nuestra vida cotidiana estar sentados frente a una computadora. Encontramos en ella todo tipo de servicios e información. Cuando nos conectamos a la red, las horas pasan sin que nos demos cuenta. Por esta razón es importante hacer de ella una herramienta a nuestro servicio, y no terminar siendo nosotros sus esclavos. Así que hay que observar lo siguiente:

- Es conveniente establecer horarios para que cada miembro de la familia utilice la computadora, con el fin de evitar discusiones.
- Al terminar de usarla hay que limpiar el espacio para el siguiente usuario.
- Debemos respetar los correos electrónicos de los otros, así como sus archivos personales, lo que significa no abrirlos.
- Seamos cuidadosos al proporcionar nuestros datos personales vía internet y enseñar a los niños a hacer lo mismo.
- Es importante, como papás, estar al día sobre los sistemas que se pueden incorporar a la computadora, con la finalidad de

evitar que los niños y los adolescentes tengan acceso a páginas no deseadas.

Netiquette (etiqueta en la red)

En internet se está desarrollando rápidamente una cultura propia, constituida por diversos grupos de personas de varias nacionalidades, sexos, religiones, ideas, opiniones y experiencia.

Este espacio está en constante expansión y evolución.

En él se han creado unas normas de comportamiento conocidas como *netiquette*. No son leyes, ya que en la red existe la libre expresión.

El uso de internet es un privilegio fascinante. Actuar con responsabilidad permite a los internautas o *netizens* (ciudadanos de la red) experimentar una aventura global de comunicación abierta, información y recursos en ese ámbito electrónico llamado ciberespacio.

La *netiquette* se basa en los valores tradicionales de cortesía del ser humano y en el sentido común. Sin embargo, tiene ciertas características propias que principalmente se aplican al correo electrónico.

El *e-mail* o correo electrónico es una excelente herramienta de comunicación que nos da gran libertad. Se abre cuando el usuario quiere y no interrumpe con su llegada, como lo hace el teléfono.

Algunas recomendaciones

- Revisar diariamente si han llegado nuevos correos electrónicos y contestarlos a la brevedad.
- Borrar de inmediato los que no se utilizan para no sobrecargar la computadora.
- Saber muy bien a quién y cuándo enviar chistes y bromas.
- Ser conscientes del tráfico que causamos en la red con cada cosa que enviamos. Evitar mandar correos en cadena que sólo bloquean la autopista de la información y quitan tiempo a los demás.
- Al enviar un *mail* a muchos receptores, es mejor esconder la lista de remitentes para mantener la dirección de otros en privado.

- Informar a todos los que podamos cuando sepamos de la existencia de un virus.
- Saber que los *e-mails* no son privados. Así, que hay que tener precaución con lo que escribimos y enviamos.
- Ser profesionales y cuidadosos con lo que decimos de otros.

En la red

Cuando se entra a una "sala de plática", conocida como *chat room,* se entra a platicar con una o varias personas al mismo tiempo.

Hay que hacerlo con el mismo respeto y cortesía que emplearíamos al estar frente a ellos.

El hecho de que la persona no pueda vernos, ni nosotros a ella, exige ciertos límites. Entrar protegido por el anonimato de un apodo no nos da derecho a usar toda clase de groserías, ni a decir cosas obscenas (como he visto en las "salas de plática" de los jóvenes). Un día entré por curiosidad a una y... es increíble todo lo que se dicen. Aunque a algunos les parece divertido, hablar mal de otra persona, de la cual sí dan el nombre verdadero, o decir obscenidades, es algo que por conciencia social y moral no se debería hacer. Además, ahora ya se puede rastrear la procedencia del mensaje.

El Instituto de computación ética en Estados Unidos publicó los "Diez mandamientos éticos para la computación", que son los siguientes:

1. No usarás una computadora para perjudicar a nadie.
2. No interferirás en el trabajo de cómputo de otra persona.
3. No husmearás los expedientes de otros.
4. No usarás una computadora para robar información.
5. No usarás una computadora para difundir información falsa.
6. No usarás un programa de *software* por el cual no has pagado.
7. No usarás los recursos de cómputo de otro sin su autorización.
8. No te apropiarás de la propiedad intelectual de otros.
9. Pensarás en las consecuencias sociales que tenga el programa que empleas.

10. Usarás una computadora de tal manera que muestres respeto y consideración por los demás.

Ojalá todos respetáramos algún día estas reglas, y sería bueno que en las universidades las transmitieran a los jóvenes también, ¿no cree usted?

Códigos de expresión
1. Poner el tema o título del correo.
2. Redactar mensajes amables, que inviten a leerlos.
3. Escribir párrafos cortos y al grano. De preferencia con letra de buen tamaño, de 12 o 14 puntos.
4. Usar un solo tema por correo.
5. Evitar pasar de 70 caracteres, porque el mensaje puede llegar cortado. Si nuestro comunicado es más largo, hacerlo por *attachment* o adjuntar.
6. Firmar los *e-mails*.
7. En *mails* muy formales, de negocios, incluir nuestra posición y datos.

Para indicar un tono fuerte de voz se usan las mayúsculas. Hay que emplearlas sólo cuando queremos enfatizar un punto en forma positiva.

Así como las mayúsculas, los asteriscos se usan para destacar una palabra o darle una inflexión. Por ejemplo: usemos LAS MAYÚSCULAS sólo para enfatizar algo *realmente* importante. También se puede poner una raya _antes y después_ de la palabra, como para subrayarla.

Se han creado algunos símbolos o íconos que expresan emociones, como una carita de sonrisa que se hace así: :-), y que indica buen humor, buena disposición o una risita sarcástica. Cuando la carita se hace con el paréntesis al revés: :-(, nos da la idea de que la persona está de mal humor, molesta o enojada.

Aunque este nuevo lenguaje apenas está desarrollándose, es importante considerar que los demás no nos ven ni nos oyen; por lo tanto, estos símbolos son muy útiles siempre y cuando su uso no se exagere.

¿Sabía usted que en España le llaman "emilio" al correo electrónico?

Si usted desea profundizar en el tema *netiquette*, le sugiero que entre a esta dirección: wise.fau.edu/netiquette/net/index.html

No cabe duda de que hoy nos podemos comunicar con todo el mundo a través de las computadoras. Sin embargo, se ha comprobado que el aprendizaje más importante, la verdadera comunicación y la sabiduría del mundo, se transmite leyendo, conversando y conociendo físicamente a las personas.

La música

Una casa con música es una casa viva y alegre.

Si tenemos hijos adolescentes y la música nos parece fuerte, es una clara señal de que somos grandes, por no decir viejos. A todos los jóvenes les gusta escucharla fuerte y hay que comprenderlo. Nos toca armarnos de paciencia como lo hicieron nuestros papás cuando tuvimos esa edad.

- Sin embargo, podemos pedir a nuestros hijos que el volumen no esté tan alto y moleste a los vecinos, o que cierren la puerta del cuarto (que de seguro ya cerraron) o se pongan audífonos.

- Si la música se pone en un lugar común, como la sala, se pueden hacer turnos para que cada miembro de la familia escuche su música preferida. Esto enseña a todos a ser flexibles y a respetar los gustos de los otros.

La relación con tus cercanos

*En el fondo son las relaciones con las
personas lo que da valor a la vida.*

KARL W. HUMBORDT

EL AROMA MENTAL

¿Por qué hay personas que siempre caen bien a los demás? Personas que, donde quiera que llegan, son recibidas con una auténtica sonrisa por todos. No tienen problemas con nadie y poseen el don de hacer sentir muy a gusto a los demás en todo momento. ¿Cuál es su secreto?

El mito de Orfeo, procedente de la antigua Grecia, nos lo revela. Este mito es el más antiguo que se conoce de las culturas mediterráneas. A Orfeo se le considera el primer músico y autor literario que recuerda la historia. En el santuario de Delfos, asistido por los sacerdotes de Apolo, Orfeo componía con una lira a la que se le atribuían grandes y numerosos milagros.

La leyenda cuenta que, al entonar Orfeo sus cantos, los ríos detenían su curso y los peces asomaban la cabeza para oírlo. Y por los senderos en que solía pasear, los árboles torcían sus troncos y se inclinaban a escucharlo.

La historia narra que Orfeo era un gran propiciador del bien. Su intenso atractivo no sólo lo constituía su música, sino también algo más. Parecía como si de su mente emanara una especie de aroma mental tan armonioso que encantaba a todo y a todos a su paso. ¿En qué consistía este aroma mental? En algo muy sencillo y muy difícil a la vez: de su mente sólo surgían pensamientos bondadosos y de aceptación hacia todos los que lo rodeaban.

En el siglo XIX, el estadunidense William W. Walter retoma la leyenda de Orfeo como metáfora y funda una corriente de pensamiento que se orienta hacia este bienpensar y biendecir de los demás, como el gran secreto de las relaciones humanas. *Pensar bien* vendría siendo la causa y *sentirnos bien* el efecto. Este comportamiento se traduce en llevar buenas relaciones con los que nos rodean, en ganar amigos y, además, agrega un verdadero valor a nuestra vida.

El hábito de pensar bien de los demás es muy constructivo, sin embargo nos cuesta trabajo hacerlo. El "piensa mal y acertarás" lo tenemos grabado como tatuaje en la mente. Nuestro pensamiento generalmente se descarrila hacia el error o hacia la interpretación negativa de las apariencias.

Por más que deseamos ocultar nuestros pensamientos, nos damos cuenta de que no son tan íntimos o secretos como creemos. Como un bumerang regresan de igual forma hacia nosotros.

Valdría la pena tratar de incorporar a nuestras vidas aquello de "piensa bien y acertarás", aunque de vez en cuando nos llevemos una decepción. Pensar positivamente de los demás es lo que provoca que emanemos ese aroma mental que nos hará ser bien recibidos en todos lados. La crítica, la envidia, el odio o el rencor, aunque no los exterioricemos, provocarán precisamente lo contrario.

Pensar de manera optimista, y ser optimista acerca de las personas, las cosas y las situaciones cotidianas, no es algo superfluo o inmediato, sino un cambio que requiere disciplina. Se trata de establecer un nuevo hábito en nuestro carácter, que se ejercita por pequeños periodos en los que nosotros mismos decidamos pensar bien de todo.

Para inculcarnos este nuevo hábito, podemos empezar por nuestra familia: en lugar de sospechar o imaginar conclusiones negativas acerca de un hijo o de nuestra pareja, hagámonos el propósito de pensar y atribuirle sólo cosas positivas. Con esto se crea un círculo mágico.

Nuestra perspectiva y nuestra actitud cambiarán de inmediato. Nos daremos cuenta que nos sentimos mejor, y la persona en cuestión reaccionará favorablemente al advertir nuestro cambio.

Los amigos, a veces tan diferentes a nosotros, representan también un buen campo para poner en práctica esta nueva actitud. ¡Cómo ponerle precio a contar con ellos en los momentos clave de nuestra vida, tristes o felices! Ellos nos hacen sentir parte de su familia al invitarnos, con todo su afecto, a su casa. Es algo que no podemos comprar con nada, y sólo se logra cuando nos conectamos bien con las personas y emanamos esa aceptación incondicional hacia ellos.

Reflexionemos: no estaría mal incorporar a nuestra vida el propósito de Orfeo. Quizá con la práctica y con el tiempo logremos, al igual que este gran músico, emanar un aroma mental tan agradable que los ríos detengan su curso, los peces salgan a oírnos y los árboles inclinen sus ramas para saludarnos. ¿No cree usted?

LA AMISTAD

> *Mis amigos han hecho la historia de mi vida. De mil maneras han transformado mis limitaciones en hermosos privilegios, y me han permitido caminar serena y feliz en la penumbra de mi privación.*
>
> HELEN KELLER

Tener un buen amigo es de los grandes privilegios de la vida. Entre más conocemos lo que es la verdadera amistad, más nos acercamos a saborear la felicidad. Benjamín Franklin decía que un hermano podrá no ser siempre un amigo, pero que un amigo será siempre un hermano. Cuando compartimos una alegría con un amigo, como lo es el enamoramiento, la boda, el nacimiento de un hijo, un triunfo deportivo o de trabajo, la alegría se hace doblemente gozosa. En cambio, con una pena sucede al revés: se vuelve menos dolorosa y más llevadera.

De amigos a amigos
Hay varios grados de amistad, y lo que damos y esperamos en cada uno de ellos es diferente.

Por ejemplo, contamos con muchos conocidos a quienes nos da gusto ver de vez en cuando y con quienes la plática y la relación se reducen a un aspecto muy superficial.

Tenemos los compañeros con los que compartimos un club, alguna clase, un trabajo o un deporte. A ellos nos une un solo puente en uno de los múltiples aspectos de nuestra personalidad. Quizá desconocemos el resto del espectro, sin embargo la pasamos muy bien.

Están los amigos a los que queremos. Quizá fuimos compañeros de ellos en la escuela, en la preparatoria o en la universidad. Hay muchos años y experiencias compartidas en común. Con ellos nos mostramos tal y como somos. Si nos dejamos de ver por mucho tiempo, en el momento del reencuentro la familiaridad se retoma como si nos hubiéramos visto el día anterior.

Por último, están los amigos del alma: hay una afinidad total en lo que consideramos los valores fundamentales de nuestra vida. Comprendemos las diferencias de pensamiento que podemos tener con ellos, o ellos con nosotros, lo cual enriquece nuestra relación, aceptación y admiración mutuas.

En ellas se cumple el fin de la amistad, que es "servir a la realización del otro", la cual se da con comprensión, solidaridad, generosidad y respeto.

Estos amigos se convierten en los cómplices más preciados de nuestros amores, sueños, problemas, retos y ambiciones.

Cuando en la vida somos capaces de disfrutar lo que significa la palabra amistad en su sentido más profundo, podemos considerarnos los más afortunados. Comparto con usted un verdadero ejemplo de amistad.

Pachela

Aristóteles dijo que nadie escogería vivir sin amigos, aunque tuviera todos los demás bienes. Porque la amistad es un alma que habita en dos cuerpos y un corazón que habita en dos almas.

Tengo el privilegio de gozar de la amistad de Pachela. Una amistad de ésas que nos hacen crecer y ser mejores personas. Cuando trato de narrar sus cualidades, su fuerza de carácter, su autenticidad y entusiasmo, la gente difícilmente me cree. Me faltan palabras para describir el gran ser humano que es, lo mucho que la admiro y todo lo que he aprendido de ella.

Hay anécdotas que por sí solas la describen. Me acuerdo de aquel recorrido que hizo a caballo, el mismo que Hernán Cortés hiciera de Veracruz a la ciudad de México. Muchos de sus acompañantes claudicaron a la mitad del camino. Pachela, con todo y caballo enfermo, lo concluyó. No cumplir una meta es un pensamiento que no se encuentra dentro de su mente. Su vida está hecha de conquistar victorias privadas. Aun si se trata de barrer, barre como la mejor.

Pachela es verdaderamente especial. Posee dos grandes fortalezas de espíritu: generosidad y coraje. Su actitud hacia la vida es una lección para cualquiera de los que la conocemos. Es una mujer emprendedora que ama la vida, y la vida la ama a ella. Es despistada y audaz como nadie. Recuerdo cuando en la prepa le tocó torear un toro, éste no se dejaba poner las banderillas, así que lo agarró de la cola y se las puso como si se tratara de una inyección.

Tiene el don de hacernos sentir que todo es fácil; incluso el reto más difícil que tengamos por delante. Su convencimiento es tal, que acabamos por creerle, y aceptamos intentar aquello que nos parecía inalcanzable, hasta que lo logramos.

Pachela es una mujer que no tiene edad. A los 45 años se convirtió en cinta negra de *tae kwon do*, con todos los *dans* que existen. Motivó a Gerardo, su esposo, y a sus cuatro hijos a que la obtuvieran también. Al mismo tiempo se recibió en la carrera de ciencias humanas. En varios viajes que hicimos en grupo en bicicleta estuvo siempre presente la tentación, durante los ocho días de camino, de claudicar y subirnos a la camioneta para continuar el viaje, a lo que ella nos decía: "Un paso atrás, ni para tomar vuelo. ¡Claro que puedes...!" Ese espíritu se nos contagió a todos. Siempre ha ejercido un liderazgo con muchísimo carisma.

En la expedición de buceo que hicieran Gerardo y ella juntos, fue la más atrevida para bucear de noche y acariciar a los tiburones que la rodeaban. Sobra hablar del profundo amor y amistad que existe entre Gerardo y ella. Sus cuatro embarazos no le impidieron seguir esquiando en agua hasta los ocho meses, jugar tenis, andar en bicicleta con panza y algún bebé en la canastilla de atrás. ¡Exprime cada momento y vive el día como si fuera el último de su vida! Desde los quince años escribe todos los días su diario.

Pachela disfruta todo: la comida, los museos, la ropa, los dulces, la música, tocar el saxofón y, sobre todo, sus grandes vicios: el ejercicio y el baile. Festeja sus cumpleaños rodeada de mil amigas y bailamos sin parar hasta caer rendidas, sin una gota de alcohol, que por cierto detesta. Siempre tiene una palabra amable para todos y a cada uno de sus amigos nos hace sentir especiales.

Dice André Compte-Sponville que la generosidad, unida al coraje, puede ser heroísmo: Unida a la justicia se convierte en equidad; y junto a la dulzura se llama bondad. Recuerdo cuando Pachela dio clases de *aerobics* en la cárcel durante el tiempo que una amiga estuvo metida injustamente en la prisión de Tabasco. Las mujeres presas y su amiga se lo agradecieron siempre.

Va a sonar exagerado decir que Pachela nunca juzga a nadie ni permite que se hable mal de alguien en su presencia. Sin embargo, quienes la conocemos sabemos que es verdad. Siempre encuentra disculpa para las fallas o defectos de los demás.

Ese positivismo nace de su generosidad: la hijita de una amiga nació ciega y cuando llegó la hora de que entrara al colegio, Pachela organizó a todas las mamás para que tradujeran los libros de texto al Braille por las tardes en su casa. Fundó la escuela y voluntariado para ciegos en Tabasco y, en forma gratuita para ellos, consiguió que muchos recobraran la vista con una operación.

¡Se está tan a gusto con ella! Cualquier mal rato lo transforma en optimismo y buen humor. Cuando alguien que la conoce la pasa mal, Pachela siempre está ahí. Le dedica mucho tiempo a los ancianos. Todos los días visitó a mamá Susa, abuelita que adoptó durante los últimos dos años de su vida, a quien le platicaba y daba de comer en la boca. Gerardo, a manera de burla cariñosa, le dice "madre Teresa".

Como mamá es la más disciplinada, participativa y exigente. Jamás permite que sus hijos manifiesten un atisbo de aburrimiento. Los metió a clases de todo. Su casa siempre está llena de jóvenes. Cuando a sus hijos, de chicos, les pedían en la escuela que dibujaran a su mamá, nunca la pintaron en la cocina o cosiendo un botón: la dibujaban en patines, en paracaídas o en bicicleta. Sus cuatro hijos, ahora jóvenes adultos, ya tienen la mejor herencia que se les puede dejar: el amor a la vida, a sí mismos y al reto.

Pachela ya no está con nosotros. Se fue escalando una montaña, en la cual, al llegar a la cima, dijo sentirse en el cielo. Seguro lo está. Bien dice Aristóteles que la amistad es un alma que habita en dos cuerpos, porque al final del día, todos somos parte suya y ella es parte muy nuestra. Dejó, en todos los que la conocimos, un sello imborrable en nuestras vidas.

Dime con quién andas...

Nuestras relaciones nos definen. En cinco años sólo seríamos más viejos si no fuera por dos cosas: los libros que leemos y las relaciones que tenemos. Éstas le dan forma a nuestra vida y representan su esencia. Son parte de nosotros.

La gente con quien escogemos pasar el tiempo, casarnos o asociarnos es una muestra de lo que pensamos de nosotros mismos, de nuestros valores y del lugar que ocupamos en este mundo. De ahí el sabio dicho de "dime con quién andas y te diré quién eres".

Hay varios tipos de relaciones: algunas nos nutren, nos confrontan y suplen nuestras carencias. Otras nos divierten, nos estimulan y nos hacen crecer. Otras quizá nos provocan daño al hacernos sentir menos, al sabotear nuestro crecimiento o minar nuestra autoestima. Habría que hacer un frío análisis y cortar estas últimas por lo sano.

Existe una amenaza que ronda cualquier relación, impide que los lazos se profundicen y fortalezcan y, en ocasiones, nos impide aumentar nuestro círculo de amistades. Esta amenaza está muy bien representada por el cuento de aquel señor que, después de haber sembrado con ilusión su jardín de árboles frutales y bellas flores junto al río, se sentó orgulloso en su terraza para disfrutar su obra.

De pronto el señor vio que un niño y el perro que lo seguía pisaban sus flores al corretear una pelota. Enojado, decidió construir una pequeña barda para así evitar su paso. Satisfecho, terminó la barda y de nuevo se sentó, ahora sí para disfrutar de la vista y de su jardín sin peligro.

Al rato vio que un venado asomaba la cabeza por la barda para morder gustoso sus verdes setos. Enfurecido, el señor decidió levantar más alto la barda para impedirlo. Cuando se disponía a sentarse una vez más a gozar de la vista de sus árboles y flores, observó cómo una parvada de pájaros se detuvo a comer de sus manzanas.

Furioso, decidió techar su jardín para que nada ni nadie lo estropeara. Cuando sacó su silla y vio aquel cuarto oscuro, sin vida, sin el sonido del agua y de los niños, sin la vista de los pájaros y los animales, se dio cuenta de su soledad y decidió tirarlo todo, para que una vez más su jardín fuera atractivo y otros lo visitaran y disfrutaran también de él.

Esta es la amenaza que ronda cualquier relación: querer que el otro sea, piense y actúe como nosotros.

Otra amenaza consiste en que, una vez que logramos tener relaciones valiosas e importantes, las descuidamos con frecuencia sin querer. Como dice Milan Kundera: "La velocidad crea el olvido." El tiempo pasa tan rápido que la ilusión nos hace pensar que estamos cerca de alguien con quien no nos hemos comunicado, ni siquiera por escrito, desde hace mucho. Le puedo garantizar algo: la relación no se ha fortalecido.

Contrario a lo que podríamos pensar, la ausencia no fortalece una relación, la separa al nublar la memoria. O peor aún, tenemos relaciones en las cuales, estando presentes, en realidad estamos ausentes, distantes.

Si al final del camino nos preguntaran: ¿Cuáles son los momentos más bonitos que viviste?, seguramente no responderíamos que son los que hemos pasado trabajando. Lo más probable es que hayan sido aquellos que pasamos junto a quienes más queremos: la familia y los amigos.

Hay tres puntos que mantienen y fortalecen una relación
1. El compromiso mutuo. Sin importar la vía, simplemente hay que mantenerse en contacto. Puede ser frente a frente, por teléfono, por carta o por correo electrónico. Cualquier cosa

que mantenga, como en un partido de tenis, la pelota de aquí para allá y de allá para acá.

Sí sólo uno procura la amistad, seguramente la relación durará poco. ¿Le ha pasado que usted, necia e inocentemente, invita e invita a una persona, la busca por teléfono y la otra persona no corresponde? ¿O somos nosotros quienes, en lo acelerado de la vida, con soberbia nos sentimos autosuficientes y ni siquiera nos damos cuenta de ello? ¿Qué tanto nos hemos preocupado por lanzar o contestar la pelota?

2. La comunicación abierta y sincera. Debemos estar dispuestos a oír y decir la verdad. A veces nos da miedo abrirnos. Pensamos que estamos más a salvo entre menos información demos y menos emociones mostremos. Realmente sucede al revés: al abrirnos, transformamos un mero intercambio de información, que por sí solo a nadie beneficia, en una enriquecedora relación.

3. Entender y acordar qué esperamos. Entre mejor conocemos y aceptamos al otro tal y como es, con cualidades y defectos, más fácil es vencer los obstáculos y las dificultades. Es importante hablar y decir qué esperamos uno del otro. Entre más claro expresemos nuestras expectativas, más probabilidades tenemos ambos de cumplirlas.

Cada día nos ofrece la perfecta oportunidad de analizar y retomar aquellas relaciones que por alguna razón hemos descuidado.

Si dentro de cinco años no solamente queremos ser más viejos, leamos buenos libros y cultivemos las buenas relaciones, ya que "dime con quién andas y te diré quién eres".

¡Quitémonos la máscara!

A veces nos ponemos máscaras para sentirnos socialmente aceptados. Poseemos varias de ellas: la del trabajo, la del papá responsable o la mamá mona, la de persona culta, la de fiestas, la de funerales, y otras. Las máscaras son un producto de nuestra cultura, de la etiqueta y de nuestra propia red de defensa sicológica.

Disciplinamos nuestro cuerpo y nuestra cara para esconderlos dentro de estas rígidas máscaras con el fin de no mostrar el ser humano desnudo que hay detrás. Las máscaras nos dan una sensación de seguridad, por lo que nos resistimos a quitárnoslas aun cuando sentimos que sería conveniente hacerlo. Protegidos detrás de ellas, a veces vivimos en una soledad emocional permanente, llenos de secretos, de temores a ser descubiertos, a ser rechazados, juzgados, condenados, o a hacer el ridículo.

Lo que quizá no hemos descubierto es la sensación de levedad, de libertad interior, de autenticidad, que nos da quitárnoslas. Sobre todo, no hemos llegado a comprender ese atractivo, ese carisma que tiene una persona auténtica, que se muestra tal como es; que nos abre su corazón y expresa sus emociones sin temor a ser juzgada. ¡Qué atractiva nos parece!

Cuando revelamos ante los otros nuestro verdadero yo, inmediatamente se reduce la tensión que tenemos por parecer alguien que no somos y surge, por ende, nuestro carisma. Además, abrirnos genera el cemento que consolida una verdadera amistad.

Hay veces que dejamos caer la máscara sin darnos cuenta: cuando estamos frente a los niños, a gente que trabaja con nosotros o con quien tenemos una relación íntima. Ya sea por cansancio, por depresión o porque algo nos apasiona, nos cuesta trabajo mantenerla puesta.

Observe las caras de las personas que compran durante un día de barata en una tienda departamental, vea la cara de quien está embebido en un libro, o de quien baila sintiendo la música, o de un deportista enfrascado en una competencia, o cuando la gente se junta para ayudarse mutuamente, o note la expresión de los familiares de los novios en una boda o del fallecido en un funeral. Entonces verá caras sin máscara.

¿Por qué tememos tanto mostrarnos? Por supuesto, no es fácil abrir nuestro interior a la luz del día. Si alguien va a conocerme, tengo que estar dispuesta a compartir con él mis más recónditos miedos, enojos y envidias que parecen disminuirme como persona. Eso nos aterra. Sin embargo, si nos aislamos, guardando en nuestro interior secretos oscuros, emociones, germina en nuestro interior una extraña fermentación interna, que con el tiempo se convierte en veneno y eventualmente nos mata.

El poeta John Berryman, que saltó a la muerte desde un puente, dejó escrito: "Nos enfermamos tanto como nos reservamos". ¡Qué razón tuvo!

Tememos bajar la máscara por varias razones.

Por miedo a la intimidad, miedo a la separación, a la fusión, al rechazo, a la responsabilidad, según el sicólogo John Powell.

Nos da miedo la *intimidad*; no sabemos a qué caminos nos pueda llevar: "Temo mostrarte mi lado flaco, mi lado oscuro, por lo tanto evito comunicarme íntimamente". A algunos nos da miedo la *separación*: "No quiero acercarme mucho a ti, porque quizá después me dejes y eso me puede lastimar más". Otros tememos la *fusión*: "¿Si comparto todo contigo, qué va a quedar para mí? ¿Podré tener todavía mi propio pedazo de territorio, donde pueda estar solo?".

También tememos el *rechazo*: "Si de verdad me conoces, sin edición, no te voy a gustar. Quizá pierdas poco a poco el interés una vez que sepas todo sobre mí. Así que sólo te muestro mi cuarto de trofeos y cierro el que tiene mis debilidades". Por último, el miedo a la *responsabilidad*: "Si me acerco mucho a ti, me involucro a fondo, y eso me obliga a estar cuando tú me necesites. No sé qué tan dispuesto estoy al compromiso".

Con estos miedos camuflamos nuestro verdadero yo, disfrazamos uno de nuestros más fuertes y grandes atractivos. El encanto natural que viene de ser uno mismo.

Si asumo los riesgos y me muestro tal como soy, con todo y mis defectos, tú percibirás que confío en ti. Con esto te invito a hacer lo mismo. Así que el secreto para evitar la soledad emocional y lograr la aceptación de los demás, paradójicamente, consiste, así de sencillo, en quitarnos las máscaras.

LAS PERSONAS CON NECESIDADES ESPECIALES

En lugar de ojos me tocaron dos estrellas...
En vez de cerebro música y sueños...
Tal vez por eso sea que vemos las cosas de
muy distinta manera.
No las veo yo desde tus ojos.
No las ves tú desde mis estrellas.
Quizás el viento juegue distinto con las
velas que desplegamos o sea muy diferente
el ritmo que escuchamos.
Sólo te pido que sepas que vemos las cosas
de muy distinta manera.

MARGARITA ROBLEDA

Cualquiera de nosotros puede, en segundos, sufrir un cambio drástico en la vida. ¡Ojalá y pudiéramos tener la salud garantizada!

Las personas que tienen necesidades especiales por alguna razón, sea de nacimiento, por accidente o enfermedad, han perdido alguna de sus facultades: la vista, el oído, la voz o el movimiento.

• Quienes gozamos del privilegio de contar con estos regalos de la vida debemos aligerarles la carga y darles todo nuestro apoyo y cariño.

Por ignorancia o temor, no sabemos cómo tratarlos y, a veces, mejor decidimos ignorarlos; en otras ocasiones, nos les quedamos viendo de manera insistente con intención de descifrar su vida, lo cual resulta peor, pues les incomoda mucho.

Sin querer cometemos errores que pueden ofender a estas personas o a sus familiares.

Así que habría que ponernos en su lugar y preguntarnos cómo nos gustaría ser tratados.

Hay ciertos detalles, cierta delicadeza, que es recomendable cuidar. Por ejemplo:

• Saludarlos de manera natural y amable.
• Evitar hablar de su limitación frente a ellos pensando que no se dan cuenta.

124

- Cuidar nuestros comentarios. Evitar preguntas del tipo: ¿.Y sí entiende? ¿Nos oye? ¿Para qué lo mandas a la escuela? ¿Sale muy cara su terapia? En el caso concreto de gente con parálisis cerebral, estas palabras resultan sumamente ofensivas, ya que con frecuencia ellos son más inteligentes que quien emite el comentario.
- Al referirnos a ellos, usemos siempre términos dignos como invidente, Down o persona con necesidades especiales. Nunca decir paralítico, sordo, ciego, mongol, minusválido o discapacitado. La palabra discapacitado me parece incorrecta, ya que en este mundo existimos personas en apariencia capaces a las que nos vendría mucho mejor este término.
- Tengamos mucha paciencia con la gente que tiene algún impedimento físico, ya que sus reacciones suelen ser lentas respecto de los demás.
- Si la persona usa muletas o bastón, ajustemos nuestro paso al suyo.
- La mayoría de quienes usan silla de ruedas son independientes y diestros en su manejo. Sin embargo, podemos ofrecer nuestra ayuda con naturalidad cuando:
  a) Suben o bajan rampas y escaleras.
  b) Transitan por alfombras gruesas.
  c) Se mueven en áreas lodosas o con arena.
- Cuando hablemos con una persona que usa silla de ruedas, es mucho mejor sentarnos o ponernos en cuclillas. Ellos se sienten mal de que se les hable literalmente desde arriba.
- A las personas débiles visuales o invidentes, es muy importante decirles nuestro nombre enseguida. Ofrecerles ayuda si vemos obstáculos como puertas, desniveles, escalones, hoyos, o si vacilan al caminar. Es mejor dar nuestro brazo y no tomar el suyo. Comentarles algo del lugar al que se entra.
- Cuando estemos con una persona que no oye, hay que colocarnos frente a él o ella con la cara bien iluminada; hablar claro, despacio, y utilizar palabras sencillas y fáciles de leer en los labios.
- En los estacionamientos públicos es importante que respetemos los lugares asignados para las personas con necesidades especiales.

- Por último, tengamos siempre una actitud abierta y cariñosa para aprender de ellos al integrarlos a nuestra vida.

Carlitos

Soñar el futuro es, quizás, uno de los más grandes dones que la vida nos da. La cantidad de opciones que nos presentan el horizonte, el tiempo y la imaginación, nos hace suponer, a veces con soberbia, que vivir en este estado de esperanza es lo normal en el mundo.

Sin embargo, laten en la vida infinidad de corazones que sueñan en forma distinta. En ellos, el horizonte se contrae. El tiempo se cuenta diferente. Tal es la condición de existencia de los niños con necesidades especiales. Por eso en ellos la vida adquiere una especial dignidad.

Visité el centro Teletón por primera vez. Me senté en una silla de ruedas por invitación de un amable edecán. Me pidió que, así, lo siguiera por lo que me pareció un largo camino hasta llegar al salón que buscaba. Pude durante unos minutos vivir y sentir la aprisionante posibilidad, para ellos realidad, de lo que es pasarse la vida entera observando el mundo desde esa posición y altura.

Me percaté de los miles de héroes anónimos que existen en la vida. Un ejército de mamás, papás, jóvenes, niños, abuelas, terapeutas y maestras que han encontrado en el dolor la alegría de vivir, de dar y de darse. Cada uno un maravilloso ejemplo de vida. Al acercarme a ellos entendí la razón del gran esfuerzo que realizan tantas instituciones, como Apac y Teletón.

Conocí a una mamá maravillosa, que además de cuidar a su hijo, afectado de parálisis cerebral, tarea de tiempo completo, fundó en Querétaro una escuela gratuita para niños con necesidades especiales. Me contaba: "A lo largo de los últimos catorce años, me he preguntado el porqué de tantas cosas y cómo me he visto envuelta en proyectos que nunca hubiera imaginado. Desde que nuestro hijo nació prematuro, mi esposo y yo hemos recorrido un largo camino de doctores, centros de rehabilitación y brujos, con el fin de encontrar la 'cura mágica'. Hemos sacrificado la vida personal, familiar y económica. Pero, ¿sabes quién nos mantiene motivados todo el tiempo? Carlitos, su sonrisa, su amor, sus ganas de vivir, de aferrarse a la vida aunque ésta la pase de terapia en terapia y de hospital en hospital. Su ejemplo de entereza, pues es él quien nos reconforta; su calidez; dispuesto siempre a probar todas las opciones; y su actitud y sus esfuerzos ante la rehabilitación, eso es lo que nos empuja a seguir."

A nosotros, personas "normales", conocer casos como el de Carlitos y tantos otros miles de niños especiales, nos invita a preguntarnos qué es lo que realmente importa en la vida: ¿Son ellos los seres dignos de tenerles lástima? ¿O seremos nosotros? ¿Qué estoy haciendo yo para devolverle a la vida tantos privilegios? ¿Cuántas veces nos sentimos vencidos ante el menor obstáculo? ¿Cuánto más haríamos si aprendiéramos a movernos más por nuestro espíritu que por nuestra vanidad, dinero o competencia? ¿Cuánto más lograríamos si nos olvidáramos un rato de nuestro apego a todo lo material y dejáramos en libertad a nuestro espíritu para que él trabajara?

Me conmovió especialmente la actitud de la señora cuando me dijo: "Así es como, poco a poco, he podido transformar el por qué en un para qué. Es por eso que, en lugar de trabajar por un niño, nos hemos reunido varios papás con hijos especiales y luchamos por ellos, con la gran satisfacción de tener un lugar en el que tengan amigos, se diviertan, aprendan y se separen un rato de su mamá. Lo más importante es que les damos una mejor calidad de vida".

Continuaba llena de entusiasmo: "Además, los papás tenemos un punto de encuentro en el que podemos apoyarnos y compartir los sentimientos que quizás otras personas no entienden fácilmente."

Arropados en nuestra distinta percepción del horizonte, cuando estamos frente a estos niños casi siempre nos equivocamos. Confusos, queremos ayudar, y lo único que se nos ocurre es echar mano a la cartera pensando que, como en muchos casos de la vida, el dinero es suficiente.

La compasión adquiere así su definición más errada. La mejor compasión que podemos tenerles es la de *compartir* una pasión. La pasión por la vida. La pasión de vivir, crear y recrear a cada instante el sueño del futuro.

El Teletón y otras instituciones nos dan la oportunidad de recrearles ese sueño, no sólo mediante el apoyo económico, sino abriendo nuestros horizontes, saliendo un poco de nuestro círculo de confort para hacer el esfuerzo de acercarnos a las instituciones, a los padres y a los niños con necesidades especiales, con el objeto de conocerlos, integrarlos un poco a nuestra vida y así darnos cuenta de que ellos tienen mucho que ofrecernos, quizá más de lo que nosotros podemos ofrecer a ellos.

Si bien lo que nos dan no es algo tangible, algo que se valore en pesos, como un premio, ni es un puesto en nuestra vida profesional, sí nos ofrecen algo muy valioso: valorar día a día, minuto a minuto, todo lo que nos rodea con un gran sentido de gratitud, de amor y de vida.

Cada niño con necesidades especiales amanece diciéndole a la vida: "Aquí estoy. Soy dueño de un tesoro y quiero darlo todo con una mirada de sorpresa a la vida. Mi futuro es mi más grande pasión. Saldré a buscarlo, si quieres, junto a ti".

¿TE PIDO UN FAVOR?

Elegir es una elección. No elegir es una elección. No puedes dejar de elegir.

JEAN-PAUL SARTRE

Pedir un favor es algo delicado. Como dice el escritor español Antonio Muñoz Molina: "…hay una frontera muy precisa, pero también invisible para el no iniciado, entre los favores que pueden pedirse y los que no. Un paso inoportuno al otro lado de ella puede traer consigo desagradables consecuencias, un enturbiamiento repentino de la superficie afable de las cosas, un matiz elusivo en las miradas y las sonrisas, hasta ese momento tan francas, que uno recibía."

Así que, antes de solicitarlo, consideremos nuestras limitaciones y capacidades para saber si es prudente hacerlo, y si podemos cumplir como se espera.

Asimismo, al conceder un favor, hagámoslo sin poner condiciones y con el compromiso de hacerlo bien. Dar no es cuestión de intercambiar.

- Cuando decidimos hacer un favor, es de mal gusto mencionar los sacrificios que tendremos o tuvimos que hacer. Lejos de provocar agradecimiento, esta actitud causa en la persona que nos lo pidió sentimientos de culpa.
- Habrá ocasiones en que el favor se salga de nuestras posibilidades. Decir "sí" cuando queremos decir "no" al final del día nos provoca disgusto y enojo con nosotros mismos. Es mejor dar una respuesta asertiva. Esto significa dar nuestras razones en forma tranquila para que la otra persona entienda.
- A veces nos piden un favor que involucra la comodidad de nuestra familia, como puede ser que cuidemos a un niño, prestemos el coche de la casa o cosas por el estilo. De ser así, primero tomemos en cuenta la opinión de los demás.
- Si cuando vamos de viaje alguien nos encarga algo, debemos estar seguros de entender qué es, verificar la talla, precio estimado o cualquier detalle que le preocupe a la persona que lo solicitó.

En esas ocasiones es conveniente decir: "Si lo veo, te lo traigo", pues hay casos en que el favor se convierte en algo semejante a una prueba para detectives. Cierta vez que salí de viaje, una amiga me encargó una playera de manga corta para su hijo. Pensé que sería muy fácil, mas no lo fue. Sólo había de manga larga. Se convirtió en una obsesión y cuando la tuve entre mis manos me di cuenta que había perdido mucho tiempo cumpliendo un encargo, y que de no haberlo cumplido no habría pasado nada.

Cuando nosotros pedimos un favor

- Hay que ser prudentes en lo que pedimos. En caso de que por alguna razón nos lo nieguen, hay que aceptar sin que por ello se afecte la relación.
- Hacer un encargo de viaje es, la mayoría de las veces, una imprudencia. Aun con las personas de confianza. Así que hagámoslo sólo cuando sea de verdad indispensable.

- En caso de hacerlo, demos siempre el dinero antes. Si es en el extranjero, de preferencia en la moneda que se use. Si se obtendrá con tarjeta de crédito, hay que tener el dinero listo para pagar cuando nos entreguen lo que pedimos.
- Consideración ante todo. Al encargar algo, tomemos en cuenta que sea fácil de encontrar y transportar, que no meta a nadie en problemas aduanales y no provoque exceso de equipaje. Si surge algún inconveniente, debemos hacernos responsables de cualquier gasto o solución.
- Al pedir un favor, evitemos sorpresas de última hora, como: "Qué pena, pero, ¿me pueden cuidar a mis hijos un día más?" Las personas tienen también mil cosas que hacer. Sólo que verdaderamente sea un caso de fuerza mayor lo podemos pedir.
- Seamos prudentes con nuestros seres queridos más cercanos. Es a ellos a quienes nos atrevemos a pedir favores con frecuencia. Aunque les guste ayudar, sin duda les molestará sentirse utilizados.
- Cicerón dijo que la gratitud, además de ser la más grande de las virtudes, engendra todas las demás. Cuando nos hagan un favor, es cortés corresponder con una atención. Hay muchos detalles con los que podemos agradecer: flores, galletas, chocolates, un libro, un *CD*, una invitación.

¿ME PRESTAS...?

Todos hemos escuchado esa expresión: "Le das la mano y se toma el pie". Una anécdota que le sucedió a una amiga y a su esposo la ilustra muy bien.

Una pareja de amigos les pidió prestado un departamento que con todo esfuerzo rentan a la orilla del mar. Después de ocho días de estancia, la huésped le hizo saber que se había puesto su ropa y estaba ¡padrísima! Le había gustado tanto un vestido de mi amiga, que incluso se lo trajo para copiarlo. Y se lo regresó todo arrugado en una bolsita de plástico, sin atención alguna.

Sobra decir el mal sabor de boca que dejó este asunto en mis amigos.

Cuando alguien nos presta algo, de una manera implícita nos está diciendo "confío en ti". Si perdemos esa confianza, difícilmente la podremos recuperar.

Hay quienes piensan que, tratándose de ciertas cosas, más vale regalarlas que prestarlas. Al prestar algo, aceptamos el riesgo de que no regrese en las condiciones en las que lo entregamos, o simplemente no se nos devuelva.

- Hay cosas, como los libros, que cuando se prestan rara vez regresan. Lo mejor es apuntar a quién le prestamos, porque por lo general lo olvidamos. Una señora que conozco escribe su nombre completo en la página 21 de los libros que presta, para que la otra persona, al leerlo, recuerde regresarlo. Es buena idea.

- Evitemos prestar aquello que no sea nuestro. Como decía mi abuelita: "En lo ajeno suceden las desgracias."

- Hay cosas de tipo personal que debemos evitar pedir, como vestidos de novia, ropones de bautizo, vestidos de primera comunión y demás. Son prendas muy familiares que se guardan para uso de las futuras generaciones. Si no somos hijos o nietos del propietario, jamás las solicitemos.

Integridad

Pensemos en algunos líderes de la historia. Aquellos cuyo paso por la vida ha servido para que este mundo sea mejor. Podríamos pensar en Gandhi, en Martin Luther King, en Nelson Mandela, en Juan Pablo II. El arrastre y la influencia que sobre los demás han ejercido estas personas es incuestionable. ¿Qué características o cualidades los definen? ¿En qué consiste su gran magnetismo?

Podríamos decir que en su facilidad de palabra, en su actitud frente a la vida y frente a los problemas, en su capacidad de conectarse con la gente, en su generosidad, humildad y sentido de la justicia. Sus cualidades son numerosas. Sin embargo, una de ellas es, a mi parecer, la más importante: la de mantenerse siempre fieles a los propios principios, es decir, la de ser personas íntegras.

Integridad. Esa virtud que regula o debería regular nuestras relaciones con los demás y con nosotros mismos. La que nos exige amar la verdad más que a uno mismo, y ordena o debería ordenar nuestros actos, nuestras palabras y hasta nuestros pensamientos.

Como dice La Rochefoucauld: "La integridad, apertura interior que nos muestra tal cual somos, es amor por la verdad, repugnancia frente al disimulo, deseo de mejorar nuestros defectos e incluso de disminuirlos por el hecho de confesarlos".

Podemos pensar que los principios que abarca la integridad pueden atribuirse sólo a quienes tienen características sobresalientes, como los líderes que arriba mencionamos, pues son virtudes difíciles de encontrar en la mayoría de nosotros. Una vez Gandhi contestó a esta preocupación: "No pretendo ser más que un hombre normal con una capacidad inferior a la media. No soy un visionario. Me considero un idealista práctico. Tampoco imagino tener un mérito especial por lo que he logrado con mi ardua búsqueda. No tengo la menor duda de que cualquier hombre o mujer podría haber logrado lo mismo, si hubiera realizado el mismo esfuerzo y sostenido la misma esperanza y la misma fe que yo".

Su respuesta nos deja ver que, si una persona es fiel a sus principios y no los pone en venta, ni siquiera para ella misma, esa integridad se convierte en su principal fuerza e imán.

La integridad se construye minuto a minuto y se pierde fácilmente al vender siquiera un solo principio en aras de mil cosas. Hay quienes los venden por poder, prestigio, popularidad o miedo. Judas vendió a Cristo por treinta monedas de plata. Santa Anna vendió parte del territorio mexicano por cobardía. En los deportes se ha sabido de jugadores "vendidos" que se dejan ganar por dinero. Algunos políticos y gobernantes se venden con el fin de ganar una elección. El constructor que acepta utilizar materiales más económicos de los presupuestados está vendiendo un principio. Y quizá nosotros mismos lo hacemos al rendirnos al soborno cotidiano, como lo es llegar a hacer un trato con el agente de tránsito en lugar de pagar la multa. Las tentaciones son fuertes y muchas.

Podemos escondernos de todos, menos de nosotros mismos. Cada vez que cedemos a la tentación de vender un principio, erosionamos poco a poco, ante nosotros, nuestra imagen, nuestra autoestima, nuestra propia valoración. Y esto no se puede esconder: se nota. Pareciera que hasta la expresión de nuestro rostro se va transformando. Como el retrato de Dorian Gray, nuestros rasgos se convierten en una manifestación involuntaria de la vida que hemos decidido llevar. Se nota en la mirada, en la postura, en el tono de la voz, en un no sé qué que lo revela.

Ser una persona íntegra significa actuar de acuerdo con lo que nuestra conciencia nos dice que está bien. Es no mentir al otro ni a uno mismo. Aunque esto signifique perder una venta, que nos despidan del trabajo, ganar menos dinero o perder un amigo. Suena, y es, difícil. Sin embargo, cómo agradecemos cuando nos topamos con personas íntegras en la vida. Personas que son capaces de sostener su palabra, respetan el derecho de los demás y son honestas, generosas y justas.

Afortunadamente también hay muchas, muchísimas personas fieles a sus principios, las cuales emanan una seguridad interna que elimina la necesidad de vivir para impresionar, de exagerar en el esfuerzo por caer bien, de arrastrar por los suelos nombres o creencias, de pedir prestada fuerza a los títulos, puestos o amigos. Como dice André Compte-Sponville en *El pequeño tratado de las grandes virtudes*: "Una persona íntegra es aquella que prefiere saberse malo que fingirse bueno, mirar cara a cara su propio egoísmo o el desamor, cuando llega, que convencerse falazmete de que es amante o generoso".

Cuando el honor de una persona supera las tentaciones, sus estados de ánimo y las circunstancias le proporcionan una recompensa sicológica, emocional y espiritual que se presenta en esa forma de paz y seguridad interior tan envidiable, que se puede detectar en los ojos y en la serenidad con la que esta persona se maneja.

Cuando conocemos a alguien así, puede provocar un cambio decisivo en nuestras vidas. Creo que todos podemos recordar haber detectado esta virtud en un maestro, una madre, un líder o un amigo. Personas cuyo paso por la vida ha colaborado a que este mundo sea mejor. Nuestro gran desafío es considerar que nosotros podemos ser uno de ellos. ¿No cree usted?

No podemos ser justos si no tenemos un corazón bondadoso.

VAUVENARGUES

HERENCIAS

La herencia es, en la mayoría de los casos, un tema acerca del cual la familia prefiere no hablar durante la comida de los domingos. Sin embargo, es una cosa que, por el bien de todos, se debe planear y dejar muy clara.

Hacer un testamento es una necesidad, ya que representa la forma de legar a los familiares, o a las personas queridas, lo que en vida han sido nuestros bienes. Llevarlo a cabo evitará conflictos y malentendidos en el futuro.

Seguramente todos conocemos historias de sucesos muy tristes que han destruido familias en las que la ambición logró que se olvidaran los lazos de sangre, los recuerdos bonitos y hasta al propio difunto.

Sea cual sea nuestra situación patrimonial y personal, los abogados siempre nos recomiendan hacer un testamento una vez que nos casemos.

El procedimiento es sencillo: el primer paso es dirigirse a un notario, quien nos informará sobre las leyes vigentes en relación con las herencias. A partir de esto, decidimos los términos en los que queremos dejar nuestros bienes. Esto queda registrado en un testamento o acto de última voluntad. Y podemos cambiarlo siempre que lo deseemos.

No es algo agradable pensarlo, sin embargo hay que hacerlo.

• Cuando los hijos son menores de edad hay que designar un tutor y crear un fideicomiso, por si acaso mueren los dos papás.

• También es importante decidir su custodia pues, en caso de no existir un testamento, por ley los hijos pasan a manos de los abuelos paternos. Así que es muy importante dejar por escrito nuestro deseo.

Obviamente, quien se quede con ellos tendrá que ser una persona que continúe educándolos como lo haríamos nosotros mismos, y que se encuentre en posibilidades de cuidarlos y quererlos.

Una vez elegida, es conveniente invitarla a comer o cenar a la casa para preguntarle si estaría dispuesta a aceptar el compromiso. De ser así, tendríamos que definirlo en nuestro testamento.

Esto es un gran honor y una gran responsabilidad para los elegidos.

• Si lo considera prudente, puede hacer una lista de lo que deje a cada cual, avisándole a los interesados con mucho tacto. Por ejemplo, un buen día, la mamá de unas amigas mías, con pluma y papel en mano, fue recorriendo la casa con sus dos hijas. Les pidió que cada una escogiera lo que más les gustara para que, cuando ella muriera, supieran ya qué le tocaba a cada cual. Ellas crecieron sabiendo qué cosas les iban a pertenecer, por lo que se evitaron sorpresas. Además, me dicen que ahora esas cosas tienen más valor, pues recuerdan cuando, en vida, su mamá se las dio.

La herencia, sea cual sea, debe recibirse con humildad y respeto a la voluntad de la persona que nos heredó. Evitar al máximo que esto sea motivo de distanciamiento o enojo entre los hermanos. Da mucha pena ver cómo las familias se separan a causa de cosas materiales, cuando la vida es tan corta para perder el tiempo en hacer cuentas o comparaciones.

Hay que ver las cosas a distancia y en su justo valor. ¿Qué vale más, la buena relación con un hermano para toda la vida o irnos a la tumba con más pertenencias?

¿Qué es la riqueza?
Nada si no se gasta;
nada si se malgasta.

Manuel Bretón de los Herreros

El mundo del estudio

Para ser hombre no basta con nacer, sino que también hay que aprender.

FERNANDO SAVATER

Sin duda, la escuela marca nuestra personalidad. Sus maestros, principios e ideología se tatúan en nuestro inconciente desde que somos niños. Los compañeros con los que convivimos influyen, para bien o para mal, en nuestro desarrollo.

Es por eso que elegir bien el colegio donde estudian o habrán de estudiar nuestros hijos representa una decisión esencial en la vida, una decisión que tenemos que pensar, trabajar y valorar.

La idea de mandar a todos los hijos a la misma escuela, sea mixta o sólo de hombres o mujeres, puede ser práctica para los papás. Sin embargo, también hay que tener en cuenta el carácter de cada uno de ellos, para ver si es lo adecuado.

Hay diferentes sistemas de estudio, disciplina e ideología escolar. Lo que puede funcionar muy bien para un hijo, puede no funcionar para el otro.

Todos somos maestros

Aunque lo deseemos o no, a diario enseñamos algo a los demás con nuestro ejemplo. A través de él podemos formar o deformar. Los que somos papás, los maestros en el aula, como amigos, con nuestra pareja, como compañeros de trabajo, vecinos o dirigentes.

Del mismo modo, todos somos alumnos. De no ser así, estaríamos instalados en la más grave de las ancianidades sin que para ello importara nuestra edad biológica. Así que en una misma persona siempre hay un maestro en acto y un alumno en potencia.

Lo cierto es que mucho de lo que aprendemos es por imitación. De niños así aprendimos a hablar, a vestirnos, a jugar en grupo, a obedecer a los mayores y a rezar. Las cosas que permanecen en nosotros para siempre las aprendimos por contacto, contagio y seducción. Cosa que no siempre sucede con las lecciones estructuradas de la escuela.

Escuchemos a Fernando Savater en *El valor de educar*: "Nuestro maestro no es el mundo, las cosas, los sucesos naturales, ni siquiera ese conjunto de técnicas y rituales que llamamos 'cultura', sino la interacción con otras conciencias."

Esta necesidad de interacción que nos ayuda a crecer y desarrollarnos como personas, se pudo comprobar científicamente hace 200 años. Lo hicieron a través del único caso que la historia conoce, que ha sido fuente de inspiración para cuentos y películas como *El niño salvaje*. Se trata del niño salvaje de Aveyron.

En 1800, un niño de aproximadamente 14 años fue descubierto en los bosques de Aveyron, Francia. Nunca tuvo contacto con ningún ser humano. El enigma no resuelto es: ¿cómo pudo subsistir?

Los científicos lo llevaron al laboratorio para estudiarlo y lo que más les llamó la atención fue darse cuenta de que su organismo biológico estaba deteriorado. No sentía frío ni calor, y tenía la vista ida, semejante a la de un animalito. Su oído no respondía a ciertos sonidos, mientras que el olfato era su sentido más desarrollado. No era capaz de sentir o expresar emociones tales como ira, coraje o ternura. No poseía conocimientos, no hablaba y no sabía quién era.

Lo estudiaron y mantuvieron en observación por un tiempo. Una vez realizadas las conclusiones, decidieron que lo mejor era regresarlo al bosque, donde al poco tiempo murió.

¿Qué se concluye? Que al nacer somos sólo un ser en potencia. Que sin la relación con otro, distinto de mí, que me interpele, me ame, me exija, a quien pueda imitar, mi ser en potencia no podrá cumplirse y mi organismo se deteriorará.

Al comunicarme con otro, lo conozco. "Conocer" viene de *co-nacer.* Yo nazco con el otro, y crezco a través de él.

Regreso a Savater: "El hecho de enseñar a nuestros semejantes, y de aprender de ellos, es más importante para nuestra existencia que los conocimientos que se transmitan". El maestro enseña más con lo que es que con lo que dice.

En la familia, el ejemplo y no los discursos son el principal mentor. Los hábitos, las recompensas de caricias y los castigos, los chantajes afectivos, la forma de hablarse uno a otro, todo se convierte en normas tatuadas en la conciencia del niño. Por eso lo que se aprende en la familia tiene una gran fuerza.

Como papás a veces sentimos desánimo, desconcierto o impotencia ante la tarea de formar la conciencia de nuestros hijos. Fuera de la casa, la sociedad, el cine, la televisión, parecen absorber como aspiradora las mentes de los jóvenes. Esto, aunado a que en los hogares modernos las mamás cada vez tenemos menos tiempo para predicar con el ejemplo, a que el maestro ha sido sustituido por el internet como principal fuente de sabiduría, y a que el niño se ha acostumbrado a recibir la información rápida y directa, hace que el verdadero aprendizaje se vea amenazado.

En la antigua Grecia se le llamaba maestro a aquel que contribuía a formar al hombre, a llevarlo hacia la luz, al bien. Esto no sólo era, y sigue siendo, un valor en sí mismo, sino también un acto de coraje y valentía. Sobre todo en la época actual, cuando sentimos temor a marcar límites, a poner altos.

A veces los papás perdemos de vista el verdadero papel de maestros que tenemos. Con el afán de hacer de la vida familiar algo más informal, menos directamente frustrante y más simpático, nos convertimos en los "mejores amigos" de nuestros hijos. Nos convertimos en sus confidentes, sus compañeros de juegos, y con facilidad borramos la delgada línea entre la autoridad y la pachanga.

Es probable que el fin de volver la convivencia más agradable se cumpla, y sin embargo la formación social y moral no siempre queda bien afianzada. Problema al que se enfrentará el maestro en la clase.

Continúa Savater: "Si los padres no ayudan a los hijos, con su autoridad amorosa, a crecer y prepararse para ser adultos, serán las instituciones públicas las que se vean obligadas a hacerlo, y no con afecto, sino por la fuerza".

Todos somos maestros. Retomemos, por lo tanto, el valor que los griegos le daban a esta palabra. Quitémonos ese miedo a marcar límites y poner un alto con decisión. Que nuestro ejemplo sea digno de ser imitado y ayude a formar por lo menos a los que tenemos cerca de nosotros.

Como escribió Marco Aurelio: "Los hombres han nacido los unos para los otros; edúcalos o padécelos".

PUNTOS IMPORTANTES AL ESCOGER UN COLEGIO

- Primero que nada, los papás tenemos que llegar a un acuerdo sobre el tipo de colegio que queremos para nuestros hijos: mixto o no, laico o religioso, bilingüe o bicultural, público o privado.
- Analizar si esa posible elección es congruente con la realidad que vive la familia (lejanía del colegio, monto de las colegiaturas y estilo de la institución).
- Estudiar con cuidado la filosofía del colegio, para entender cuál es su concepción del hombre y qué valores favorece.
- Historia: conocer cómo fue su fundación y la trayectoria que ha tenido a través del tiempo.
- Saber si está incorporado a la SEP o a la UNAM.
- Si es tradicional o activo.
- Cuál es su organigrama. ¿Hay un dueño, un patronato o una orden religiosa que toma las decisiones?
- Participación de los padres de familia.

¿Qué se espera de ellos? Su presencia y participación es requerida frecuentemente o con pagar las colegiaturas a tiempo y firmar las calificaciones es suficiente. ¿Qué queremos nosotros como padres de familia?

- Instalaciones.
  ¿Son adecuadas? ¿Cuentan con espacios para el recreo y para el deporte? ¿Hay biblioteca, sala de cómputo y cafetería?
- Tamaño de los grupos.
  Menos de treinta alumnos, para que el maestro tenga oportunidad de personalizar el proceso de enseñanza-aprendizaje. O grupos numerosos, donde el profesor expone y los alumnos lo siguen.
- Tipo de profesorado.
  ¿Tiene experiencia el profesorado y se le dan oportunidades de formación y actualización continua?
- Monto de las colegiaturas
  ¿Lo que ofrece el colegio corresponde a lo que se paga? ¿Las actividades vespertinas o deportivas están incluidas? ¿Hay cuotas extras?
- Transporte.
  ¿El transporte escolar es optativo u obligatorio? ¿Hay rondas organizadas o cada quien llega como quiere? ¿Es fácil llegar en transporte público? ¿Qué nos conviene?
- Uniforme y útiles escolares.
  ¿Hay uniforme diario, de gala, de deportes o de la selección deportiva? ¿Qué representan las listas de útiles en cuanto a cantidad, calidad y costo?

Al visitar el colegio hay que observar el clima que se percibe: gente amable, niños alegres, instalaciones cuidadas; la forma en que lo atienden, la dinámica que se aprecia en los estudiantes, y ese conjunto de detalles intangibles que hacen que nos guste o nos disguste el lugar.

Con todos estos elementos podremos formarnos una opinión y realizar una elección más consciente de lo que conviene a nuestros hijos. Vale la pena el esfuerzo.

El papel del director

El destino de un individuo es servir, más que gobernar.

ALBERT EINSTEIN

- Un buen director (o directora) comprende que su labor es servir.
- Promueve la participación y se rodea de un equipo de trabajo eficiente y conocedor. Juntos planean, deciden; y él asume la última responsabilidad.
- El director de un colegio debe haber pasado algún tiempo de su vida como profesor. Si no, ¿cómo podría entender cuál es la dinámica que se da en los grupos? ¿Cómo comprendería al maestro cuya clase, a pesar de su mejor esfuerzo, se le convirtió en un caos? O, ¿cómo acoger al alumno que se le acerca con lágrimas en los ojos porque el maestro ya no lo aguanta?
- Sólo el director con experiencia, serenidad y mucho corazón puede intervenir y ayudar a buscar una solución. No se va por la vía fácil de la sanción.
- Es el director, con sus habilidades de administrador, pedagogo y experto en relaciones públicas, el que se responsabiliza de la organización, ejecución y evaluación de todo lo que se vive en la escuela.
- Facilita un buen clima de relaciones entre todos. Los maestros, los alumnos, los padres de familia y el resto del personal buscan en él al gran promotor de la buena comunicación.
- El director no únicamente tiene presencia, sino que es una persona presente y cercana. Conoce el diario acontecer de su institución y se distingue por su actitud de servicio y de escucha.
- El director promueve todos aquellos programas que hacen que la persona se supere. Él y su equipo están pendientes del nivel académico que se ofrece a los alumnos.
- Su preocupación por la persona rebasa lo académico.
- Gran parte de las citas que tiene el director son para arreglar problemas que no han sido solucionados en una primera instancia.

Por lo tanto el director se prepara para escuchar, ya sea a un alumno, a un padre o a un maestro que está molesto, en el mejor de los casos, o posiblemente dolido, agresivo y alterado. Previamente pedirá la información necesaria para actuar objetivamente y sin prejuicios. Tendrá especial cuidado en ubicar a las personas y sus nombres para no caer en ninguna confusión. ¿Cómo se sentirá un alumno que es confundido por el director? Durante la entrevista, el director, con actitud natural y amable, tratará de poner en práctica los siguientes puntos:

1. Favorecer el diálogo.
2. Mantener una actitud de escucha para poder comprender a la persona, y oír de primera mano lo que pasó.
3. En caso de que intervengan varias personas, debe representar el papel de moderador para evitar que la palabra de una persona se imponga sobre la de otra.
4. Cuidar que prevalezca un clima de respeto.
5. No buscar culpables, sino responsables.
6. En vez de castigos, debe pensar en consecuencias lógicas a las faltas de las personas.

La satisfacción del director consistirá en ver a todos los involucrados participando en una solución de ganar-ganar.
- El director participa en los eventos del colegio sin pretender ser el centro de atención. Con su presencia le da importancia al trabajo de otros.
- Aprecia la calidad de las presentaciones, la creatividad de los participantes, los adelantos alcanzados y reconoce los logros de las personas.
- No hay nada más motivante para un alumno que ser llamado por el director a su oficina y, en presencia del maestro, recibir una felicitación.
- El director es el líder que con visión, compromiso y responsabilidad guía al grupo en el desempeño de su misión: lograr la formación integral de los estudiantes.

El papel del profesor

*Nada puedes enseñarle a un hombre;
sólo puedes ayudarlo a que lo descubra
dentro de sí mismo.*

GALILEO

El maestro (o la maestra) es un personaje trascendental en la vida. El profesor tiene que ser una especie de cirquero, político, líder, padre y madre, sicólogo, abogado. Además, debe ser divertido, ameno, experto en problemas de aprendizaje y en relaciones humanas; saber captar la atención, motivar, educar, acompañar, comprender, consolar, solucionar problemas, conformarse con su sueldo. Y para más: estar al día en avances tecnológicos, mantener el buen humor y, por supuesto, no enfermarse nunca porque, ¿qué sucedería con el grupo?

El profesor de hoy compite con la velocidad de los medios de comunicación y del internet. Los niños están acostumbrados a recibir información de una manera muy atractiva y rápida. Los estudiantes quieren trasladar esto al salón de clase y no sucede, por lo cual es fácil que se aburran y se salgan de control.

¿Quién le hubiera dicho a los maestros que, después de veinte o treinta años de trabajar en la docencia, tendrían que capacitarse y renovarse para no permanecer como analfabetas de la computación?

Los maestros que aman su profesión buscan las mejores respuestas que pueden dar y se capacitan contra viento y marea al dedicarle muchas horas extras a su labor.

Las ocho inteligencias

Me atreví a decirle al maestro de física que no había entendido la explicación de no recuerdo qué fórmula. El maestro, en un tono más alto y con un dejo de desesperación, volvió a repetirme exactamente lo mismo. Al término de la molesta explicación, continuó su clase como si se hubiera liberado de algo. Por supuesto, seguí sin entender nada, pero ahora con la autoestima en el suelo y sintiéndome la más tonta del salón de tercero de secundaria.

¡Cuánto bien nos hubiera hecho al maestro y a mí conocer que tenemos ocho inteligencias! Saber que quizá con un dibujo, una metáfora, hubiera comprendido con claridad la fórmula y quizá hasta me habría despertado el gusto por la física.

En 1984, Howard Gardner y su equipo de Harvard, muestran ante la comunidad de educadores de Nueva York la idea de que todo ser humano posee ocho inteligencias, que denominan "inteligencia múltiple". Exponen que en la medida que la información llegue a través de mayor número de canales, como palabras, colores, música, imágenes, luces, movimiento, lo aprendido se graba mejor y más fácil en la mente.

Demuestran que el cerebro no aprende en forma lineal como se venía creyendo, sino que hoy se sabe que es una red con mayor número de neuronas que las estrellas en el firmamento. A través de las distintas experiencias que se tienen, esta red se interconecta entre sí y nos ayuda a comprender mejor el mundo y las cosas.

Está comprobado que todos tenemos todas estas inteligencias, aunque no las hayamos desarrollado por igual. Con frecuencia, gracias a actitudes o comentarios negativos de un maestro, de los papás, o de nosotros mismos, hemos puesto un sello en la mente de "no entiendo", "no puedo" a algunas de estas inteligencias, como sentencia fatal para nuestro cerebro.

¿Cuáles de ellas puede identificar usted como las que más ha desarrollado?

1. Visual-espacial. Su principal canal de percepción está en la vista. A quien la posee se le facilita la pintura, la escultura, el dibujo, la arquitectura, el diseño. Es bueno para descifrar símbolos, esquemas, diagramas o mapas, así como para jugar ajedrez. Le atraen los colores, las luces, los moldes, y generalmente posee una gran imaginación.

2. Auditiva-musical. La persona es sensible a los sonidos ambientales, a la voz humana y a los instrumentos musicales. Un cambio en ellos puede afectar su estado de ánimo. Tiene un gusto natural por la música, los ritmos y el canto, lo cual maneja sin mayor esfuerzo. Le gustan la armonía y el ciclo de las cosas. Aprende cualquier cosa de memoria si le pone ritmo.

3. Corporal-kinestésica. Son muy coordinados. Usan movimientos del cuerpo para comunicarse. Tienen una gran habilidad para los deportes, las artes marciales, el baile, la actuación, e imitan con facilidad gestos y movimientos de otros. Prefieren participar que ser espectadores. Todas las manualidades se le facilitan, especialmente las de mucha precisión.

4. Intrapersonal. La persona con esta inteligencia tiene una gran capacidad de introspección, de sustraerse y observarse a sí mismo desde afuera. Capta fácilmente la esencia de las cosas. Sobre todo razonamientos de orden superior. Es una persona serena, que sabe manejar el estrés y sus estados emocionales. Tiene facilidad para imaginar y soñar el futuro para hacerlo realidad. Es común encontrar esta inteligencia en filósofos, siquiatras, sacerdotes o gurús.

5. Verbal-lingüística. Esta inteligencia se nota en quien tiene la facilidad de expresar y transmitir sus ideas en forma verbal o escrita. Son personas muy hábiles para discutir, narrar cuentos, historias o chistes. Aprenden idiomas fácilmente. Se desempeñan exitosamente en la oratoria y el periodismo.

6. Naturalista. Se nota en quien gusta de observar y estudiar la causa y efecto de todo lo que tiene que ver con la naturaleza. Como plantas, animales, piedras, moléculas, efectos climatológicos. Le gusta la arqueología, la ecología, hacer experimentos biológicos y la cría de animales. Gusta de coleccionar objetos naturales.

7. Lógica matemática. Quien tiene este tipo de inteligencia comprende sin dificultad símbolos, números y formas geométricas. Gusta de investigar y deducir por lógica las cosas. Se le facilita armar rompecabezas, descifrar códigos o programar computadoras.

8. Interpersonal. Quien posee esta inteligencia crea empatía de inmediato con las personas y se relaciona bien al trabajar en equipo. Tiene el don de identificar e intuir los estados emocionales de otras personas, lo cual le permite comunicarse bien con ellas y motivarlas. Con frecuencia se convierte en el líder de su grupo.

Es muy importante que cada niño, o cada adulto, reconozca cuáles son sus inteligencias más altas para encauzarlas con talento. Esto lo ayudará a conocerse y aceptarse mejor; además lo estimulará y desarrollará las más débiles de ellas.

Porque está plenamente comprobado que aprendemos un 20% si leemos algo, un 30% si lo escuchamos, un 40% si lo vemos, un 50% si lo decimos, un 60% si lo tocamos y un 90% si lo vemos, lo escuchamos, lo decimos y lo hacemos. ¡Qué oportunidad de mejorarnos!

Un maestro comprometido:

- Facilita el proceso de aprendizaje al tomar en cuenta a cada uno de sus alumnos con sus diferentes habilidades, intereses y ritmos personales: los estudiosos, los inquietos, los lentos y los cumplidos, tal como son, no como le gustaría que fueran.
- Es un motivador para que el alumno sea el protagonista de su propio aprendizaje y sea capaz de buscar respuestas y cuestionar. Lo enseña a encontrar el *por qué* y el *para qué* de lo que aprende.
- Promueve una dinámica de trabajo, de orden y de aprendizaje para que los alumnos interactúen con autonomía, y se les facilite cumplir las normas de convivencia de su grupo.
- Es claro y preciso. Marca límites.
- Tiene una paciencia infinita. Habrá cosas que tendrá que repetir y repetir. ¿Cuántas veces?, se pregunta uno.
- Favorece el respeto a través de un lenguaje adecuado y actitudes amables. No dice, ni permite decir, palabras hirientes o burlas.
- Sabe escuchar. Es consciente de que los alumnos tienen mucho que decir y no siempre cuentan con alguien que los escuche. Es abierto a la réplica, porque sabe que los tiempos en que el profesor era el dueño de la palabra ya pasaron.
- Enseña a sus alumnos a responsabilizarse de sus actos. Los ayuda a comprender que todo acto tiene una consecuencia.
- Fomenta el autodominio invitando a controlar los impulsos y a reconocer lo que hay detrás de la agresividad.
- Resuelve conflictos, dedicándoles tiempo y paciencia.

- Toma el error como una oportunidad de aprendizaje.
- Rescata los aspectos positivos de las personas, la familia, la escuela y el país. Es propositivo.
- Hace conscientes a sus alumnos de la responsabilidad que todos tenemos para construir un mundo mejor.
- Trabaja para formar personas íntegras.
- Establece una relación de respeto y comprensión con los padres de familia.
- Sabe que la mejor manera de enseñar es con el ejemplo.

LA RELACIÓN DE LOS PAPÁS CON LA ESCUELA

La educación es al hombre lo que el molde al barro: le da forma.

JAIME BALMES

Los padres de familia quizá no siempre estamos de acuerdo con todo lo que sucede en la escuela. Sin embargo, nunca hablemos mal de ella frente a nuestros hijos: si ellos ven que sus papás critican duramente al maestro o al director, es muy probable que hagan lo mismo con las autoridades escolares.

Es como aventar piedras en nuestro mismo tejado.

Imagínense cómo será la actitud del niño hacia su maestra, cuando en su casa sus papás siempre comentan que es una inepta. Sea inepta o no, el niño así la considerará. Difícilmente la va a respetar, ya que sabrá que, haga lo que haga, sus papás lo apoyarán a él.

Cuando tengamos un punto que discutir con el maestro o el director, hay que hacerlo en privado.

Lo importante es que el niño sienta, y nosotros comprendamos, que familia y escuela son una mancuerna, un equipo con el mismo objetivo: formar seres humanos íntegros.

Por eso es esencial asegurarnos que los valores que fomenta el colegio coincidan con los que enseñamos en la casa, para que nuestros hijos no se desconcierten al escuchar mensajes opuestos.

¿Hasta dónde participar en el colegio?

Los papás podemos participar directamente en las actividades del colegio mediante nuestros hijos.

Seguramente se nos presentará la oportunidad de realizar muchas cosas en favor de la institución. Desde acompañar a los alumnos en una salida, organizar la kermés, la fiesta de fin de año, la junta de vocales, el servicio social, colectas, competencias deportivas y demás, hasta apoyar en el área profesional dando asesorías o haciendo presentaciones a maestros o alumnos.

Cuando los niños cursan el kinder o la primaria, les encanta que los papás participemos. Les fascina vernos llegar al colegio y les da orgullo saber que su mamá es la vocal y el papá está presente en todos los festivales y partidos de futbol. Nuestra presencia y compañía les proporciona seguridad.

Sin embargo, cuando llegan a la adolescencia, en la secundaria y la preparatoria, lo último que quieren es ver es a sus papás en el colegio, porque ya están abocados a la conquista de su espacio y su independencia. Es más, les da una pena espantosa.

Hay que retirarnos discretamente y, al mismo tiempo, seguir presentes de una manera velada para mantenernos al tanto de todo lo que sucede con ellos.

Aunque la relación con el colegio cambie a través de los años, es mejor hacer un binomio fuerte casa-escuela que redundará en estudiantes más sanos, más preparados y más seguros de sí mismos.

A los papás nos toca

- Ser puntuales al dejar y al recoger a los niños y en las entrevistas y demás eventos que los invita el colegio.
- Asistir a las juntas de padres de familia y participar en ellas.
- Cuidar la presentación de nuestros hijos. La forma como van arreglados al colegio habla de la atención que les ponemos los papás. Lo mismo sucede con los útiles y con el refrigerio que llevan.
- Cuando llegan a la adolescencia, una de las formas de mostrar su independencia es por vía del arreglo personal. Hay que comprenderlos y marcar un límite sólo en casos extremos.

- Establecer reglas en la casa en cuanto a dinero y permisos se refiere. Esto hace que sean más dóciles en la disciplina dentro del colegio.
- Vigilar que hagan bien su tarea, siempre y cuando el niño sienta que la obligación es de él, no de sus papás.
- Avisar por teléfono cuando el niño o la niña falten a la escuela y, al día siguiente, mandar un recado escrito al profesor.
- Hasta para el recado más sencillo que enviemos hay que utilizar una hoja en buen estado, escribir con pluma, poner la fecha, firmar con el nombre completo y el del hijo. No es recomendable, de ningún modo, escribir nuestra nota en la hoja arrancada de un cuaderno del niño y con el lápiz que encontramos a la mano.

Las razones para competir van más allá que el ganar.

Anónimo

Papás, deportes y eventos escolares

El deporte es una de las actividades más importantes en la educación de los alumnos.

Representa un medio de superación, crecimiento personal y grupal. Practicándolo nuestros hijos liberan energía; además les ofrece la oportunidad de destacar en situaciones diferentes a las que viven en su salón de clases.

Los padres de familia: ¿entrenadores, espectadores o críticos deportivos?

En los partidos de futbol del colegio algunos papás se apasionan tanto que olvidan que su comportamiento está siendo ejemplo para sus hijos. Se convierten en entrenadores que desde las rejas aconsejan a su hijo a gritos para que realice jugadas inusitadas. Parece que se les olvida que están en un juego escolar de niños y reaccionan como si fuera el mundial. Además de las exclamaciones de ánimo, entusiasmo y exigencia dirigidas a su hijo, le gritan al árbitro una serie de apasionados descalificativos que sólo logran apenar al niño, haciéndolo jugar peor. Los adultos se pelean entre ellos y discuten en la cancha. Alzan la voz y llegan a decir groserías, aunque parezca increíble. Las mamás no se quedan atrás. Entre porra y porra llueven las agresiones sin sentido contra el colegio rival. Los niños aprenden lo que ven.

Hagamos que el deporte del colegio sea:
- Un medio para convivir con nuestros hijos.
- Una oportunidad de reforzar sus habilidades, actitudes y valores.
- Un apoyo de nosotros para el colegio, al acompañar, motivar y transportar alumnos.
- Un espacio de convivencia y diversión con otras familias.

En los eventos escolares:
- Hay que llegar temprano y ser prudentes al tomarle fotos o video a nuestros hijos. Asimismo, tratemos de no tapar a los de atrás, ni meternos dentro del escenario, ni junto al padre, en caso de que se trate de la primera comunión o la confirmación.
- Si vemos que otro papá le va a tomar fotos a su hijo, no nos atravesemos.
- Hay que guardar silencio mientras presenciamos todo el festival, aunque nuestro hijo ya haya salido y nos parezca muy aburrido lo que continúa.
- Podemos apartar un número razonable de lugares, de ningún modo toda la fila, y esto mientras no empiece el evento. Una vez que se inicia, tendremos que cederlos.
- Hay que ser discretos en las porras a nuestros hijos. Pueden tener el efecto contrario y, en lugar de halagarlos, provocarles pena.

Largo es el camino de la enseñanza por medio de teorías; breve y eficaz por medio de ejemplos.

ANÓNIMO

Con los vecinos

Nunca voy a olvidar el día que me mudé. Estaba agotada, metiendo cosas a mi nueva casa, cuando de repente una señora muy mona llegó con sándwiches y refrescos. ¡Era mi vecina que nos daba la bienvenida! Me sentí muy bien y se lo agradecí en el alma. Si todos fuéramos así con los demás, este mundo sería distinto. Su actitud me dio la certeza de que iba a contar con una muy buena compañía en mi nuevo vecindario. De hecho, nos hicimos las mejores amigas.

La cortesía entre vecinos es vital. Todos, en alguna ocasión y por diferentes motivos, hemos recurrido a ellos. Llevar una buena relación con los que viven cerca de nosotros nos hará la vida mucho más sencilla y agradable.

Contar con un buen vecino merece ser valorado y, por supuesto, correspondido.

Aunque no seamos íntimos amigos, procuremos vivir en un ambiente de respeto, tolerancia y diálogo.

CASA NUEVA... VIDA NUEVA

Cambiarnos de casa o departamento significa mucho trabajo, muchas ilusiones, y requiere de un gran sentido de adaptación por parte de todos.

Los vecinos siempre estarán a la expectativa para ver quiénes son los nuevos ocupantes. Hagamos lo posible por iniciar la relación con el pie derecho.

Algunas recomendaciones:

- Intentemos presentarnos lo más pronto posible con las personas del alrededor. Podemos incluso tocar a su puerta y saludarlas. El tiempo dirá si nos hacemos amigos o no.
- Una vez instalados, podemos invitar a los vecinos a tomar una taza de café para ponernos a sus órdenes. Es increíble también cómo pueden pasar los años y muchas ocasiones no conocemos en un sentido más cercano a los vecinos. Aunque la amistad no se llegue a dar, por lo menos se da la buena relación.
- Si por algún motivo un vecino no nos cae muy bien, recordemos que "lo cortés no quita lo valiente". Un buenos días o un ¿cómo le va?, siempre se agradecen.
- Si algo nos molesta de sus hijos, cómo dejan estacionado el coche o cómo las hojas secas de su árbol ensucian nuestro patio, lo mejor es decirlo de manera cordial. Así tendremos muchas posibilidades más de que se solucionen los problemas.
- Cuando un extranjero llegue a vivir a la casa o departamento de al lado, ofrezcámosle nuestra ayuda. Seguramente conoce poca gente y lo va a agradecer infinitamente.

DEPARTAMENTOS Y CONDOMINIOS

Vivir en edificio o condominio horizontal nos obliga a compartir áreas comunes con otras personas: escaleras, pasillos, elevadores y, en algunos casos, también jardín, estacionamiento y hasta alberca, salón de fiestas o gimnasio.

Esta convivencia resulta delicada, por lo que debemos esmerarnos porque haya un clima de absoluto respeto.

Vivir en edificio o condominio horizontal tiene muchas ventajas, tales como la seguridad y, en algunos casos, la reducción del costo de vida.

Las reuniones de vecinos son asuntos a los que por lo general nos da mucha flojera asistir. Sin embargo, hay que hacerlo. La única manera de que las cosas mejoren es a través de la comunicación, el apoyo y el compromiso. En estas juntas debemos tener paciencia para escuchar, intervenir sólo en el momento adecuado, ir directo al grano para no perder el tiempo y conservar siempre la calma en los instantes de tensión.

- Hay que estar abiertos a las opiniones de los demás y aceptar de buena gana las decisiones de la mayoría.
- Paguemos puntualmente las cuotas de mantenimiento y vigilancia. Este asunto de las cuotas es el principal problema entre condóminos. Por desgracia, nunca falta el vecino que rehusa pagar la cuota acordada. Esto por supuesto causa muchos conflictos, amén de que los renuentes quedan señalados con un sinnúmero de calificativos negativos. Recordemos que el mundo es muy pequeño y nunca sabe uno dónde puede cobrarse esa cuenta pendiente. Si la razón no es la morosidad, sino estar pasando por una época difícil, lo mejor es decirlo honestamente y ver entre todos cómo se puede solucionar.

UN BUEN VECINO

Para ser un buen vecino, existen algunos puntos básicos que todos conocemos y quizá no siempre llevamos a la práctica. Por eso pensé que valdría la pena recordarlos:

El ruido

- El radio y el televisor deben estar a un volumen decente. Aunque pensemos que la música está buenísima, no es prudente imponérsela a nuestros vecinos. La acústica del lugar en que vivimos tiene mucho que ver. Un aparato colocado en el piso, sobre todo si no se tiene alfombra, seguro molestará a los que viven abajo.
- Si tocamos un instrumento musical o intentamos hacerlo, hay que practicar en horas propicias, ni a las siete de la mañana ni a las diez de la noche y, por supuesto, con las ventanas cerradas, a menos que toquemos como el mismísimo Bach.
- Es alucinante tener un vecino que toca el claxon para todo; para que le abran la puerta, para llamar a su gente, para avisar que ya se va o que ya llegó, que está contento, que olvidó

su teléfono y demás, ¿no cree usted? Lo prudente es evitar el ruido y bajarnos del coche.

- Si no queremos que los vecinos se enteren con lujo de detalles de los asuntos familiares, controlemos el volumen de nuestra voz. Sobretodo en las casas dúplex o departamentos con paredes que parecen de papel.

No es muy agradable escuchar los gritos del vecino al llamar a sus hijos, a la muchacha o a su esposa. Una amiga que reconoce ser medio gritona me contó que, un día, al salir de su casa, su vecina le dijo: "Hola, hace tiempo que no te oigo, pensé que estabas de viaje". ¡Se murió de la pena! Se dio cuenta de que, en vez de decirle hace tiempo que no te "veo", la vecina utilizó la palabra "oigo".

- Si tenemos alarma en la casa o en el coche seamos cuidadosos. La mayoría de las veces se disparan por error y no es nada agradable oírlas. Sobre todo a las tres de la mañana.

Los desvelados

- Si regresamos tarde de un "pachangón", procuremos no traernos la fiesta con nosotros: las carcajadas, los portazos y los gritos despiertan a los vecinos. Quienes nos escuchen por primera vez lo comprenderán y hasta podrá darles risa o envidia. Sin embargo, a la segunda ya les darán ganas de matarnos. Respetemos el sueño de los demás.
- Cuando al regresar a casa nos damos cuenta que olvidamos la llave, no gritemos "¡Lupeee!" a voz en cuello para que ella nos abra. Es mejor llamar por teléfono.
- Si somos noctámbulos y nos gusta dar cenas o fiestas hasta muy noche, consideremos a nuestros vecinos con respecto al volumen de la música. Por una que otra vez no pasa nada.

Si planeamos una gran fiesta, es conveniente avisar a los vecinos con anticipación para que se preparen, aunque sea mentalmente, o tengan la oportunidad de irse a la última función de cine, o de fin de semana a Tombuctú.

Al día siguiente, sería muy buen detalle enviarles aunque sea una flor con una tarjetita que diga "gracias por su comprensión" o "espero no haber causado muchas molestias", o algo así.

- Cuando los amigos se despiden, contemos la última historia en el interior del departamento o casa, y no en el descanso de la escalera o en la banqueta. Si lo hacemos, que sea en volumen bajo.
- Si por alguna razón no puede dormir y vive en un departamento de ésos en los que todo se escucha, evite caminar de un lado a otro, porque si no le va a contagiar el insomnio al vecino de abajo. ¿Qué culpa tiene él?

¿Dónde me estaciono?

¿Le ha tocado que quiere salir de su casa y no puede porque un coche bloquea su puerta? Puede uno llegar a matar.

No nos estacionemos ni por equivocación en la entrada de un vecino. Pero, de veras, ni por un segundo. Y cuando tengamos visitas estemos pendientes de que ninguna de ellas llegue a bloquear un garaje ajeno. Si hacemos una fiesta, busquemos soluciones que no afecten a quienes viven a nuestro alrededor.

Una vez a mi amiga Concha le sucedió que, de salida a su trabajo, un coche tapaba la entrada de su casa. Tocó la puerta del vecino. Efectivamente, era de alguien que los había ido a visitar. Se enojó, pero pensó que el problema estaba resuelto: lo moverían y se podría ir. Pero, ¡oh sorpresa!, el dueño del coche no se encontraba ahí porque había ido a su casa a buscar el duplicado de las llaves que había dejado pegadas. Está de más decirles cómo le fue a Concha ese día en el trabajo.

- En caso de que vivamos en un edificio de departamentos o condominio horizontal, pidamos a nuestros amigos que no ocupen los cajones de estacionamiento numerados. Éstos le corresponden a los condominios. Podemos ponernos de acuerdo con el conserje o administrador del edificio para usar los lugares de visitas, o para que nos reserve algunos de los que no se utilicen.

Mascotas

Si usted es amante de los animales y en su casa conviven dos perros, un *hamster*, tres gatos, un hurón y cuatro pericos, y si además su hijo colecciona iguanas y viven en una zona residencial, su vida debe ser alegre y divertida, sin embargo no debe ser muy agradable para los vecinos.

Los animales son preciosos, pero debemos cuidar que se mantengan dentro de las lindes de nuestra propia casa, tanto física como sonoramente, para evitar molestias.

No olvidemos que el ladrido del perro del vecino puede ser tan desagradable como el que nos gruñe ferozmente cada vez que pasamos cerca. Si tenemos perro, debemos enseñarle desde cachorro que no se ladra nada más porque sí.

Si nuestro querido perro es especialmente efusivo y cariñoso, estemos pendientes que no se le lance a las visitas porque se pueden pegar un susto pavoroso.

Hay dueños que hablan de sus perros como si fueran sus hijos, incluso duermen con ellos, pero tengamos en cuenta que no a todos les parecen tan graciosos.

• Cuando saquemos a pasear al perro, llevemos una bolsa de plástico con el fin de dejar limpio el lugar si ensucian la banqueta. En muchos países, quien no recoge las deyecciones de su mascota se hace merecedor a una multa considerable. Por supuesto, hay que ponerles correa cuando los sacamos a pasear, ya que pueden dar un gran susto a los niños y a los que no son tan niños también.

• Si se trata de un gato, en los supermercados y tiendas de animales venden bolsas de arena tratada con desodorante, para que haga ahí sus necesidades.

• Cuando salgamos de viaje no le encarguemos nuestro adorable perro ni a la vecina ni a la cuñada, y mucho menos a la suegra, que a lo mejor por evitar un conflicto aceptan cuidarlo, pero tenga por seguro que les caerá de la patada. Si nos invitan una tarde a una casa, no nos presentemos con nuestro perro. Si el otro no tiene uno es porque no le gustan y no está acostumbrado a que el perro tire los vasos de la sala con la cola, se pelee con los flecos de la alfombra o se coma los canapés de la cocina.

• En cuanto a los gatos, a muchas personas les disgustan, así que si tenemos uno en casa y viene una visita a vernos, tengamos cuidado de dejarlo encerrado en un cuarto.

158

- Si a nuestro hijo ya le entró la etapa de tener peces y lo ilusionó hacerse de una pecera, hagámoslo consciente de que si no les tiene cuidados especiales como cambiarles el agua y alimentarlos se mueren.
- En cuanto a *hamsters* y pajaritos, lo único que podemos hacer con ellos, que permanecen encerrados, es darles de comer y mantener su jaula limpia.

Nuestro exterior

Cuando uno transita por el rumbo donde vive, da mucho gusto ver que las calles están limpias, comprobar que un vecino pintó su fachada, que otro quizá puso varias macetas llenas de flores en su balcón, o que la delegación mandó arreglar la calle que tenía mucho tiempo deteriorada. ¡Cómo lo agradece uno! Porque mejorar la colonia donde habitamos, nos beneficia a todos.

Por lo tanto es importante:
- Mantener la fachada bien pintada; las banquetas y jardineras limpias y en buen estado. Si su barda se convierte en lugar preferido por los "grafiteros", una buena solución es poner hiedra. Así no tendrá que pintar a cada rato o padecer los garabatos trazados con aerosol.
- Si tiene la oportunidad de construir su casa y en la colonia ya hay un marcado estilo de construcción, trate de que su casa se adecue a él.
- Si puede y le gusta, decore su entrada con algún detalle, según las fiestas del año. Una vecina nuestra es famosa por hacerlo, y es un placer pasar por su casa, que ya se convirtió en toda una tradición. En septiembre pone una gran bandera; el día de muertos, calaveras; en diciembre, nochebuenas, y así sucesivamente. Son detalles que contagian el espíritu o la alegría de la fiesta.

Por las ventanas
- Estéticamente no es agradable ver la ropa tendida en los balcones o en las ventanas; es más, se ve horrible.

- Cuando se rieguen las macetas en el balcón o la ventana, hay que calcular bien el agua que se necesita, para que no escurra y salpique a las personas que pasan abajo.

Los niños

- Si, durante un juego, por accidente la pelota va a parar a la casa de al lado, hay que enseñarle a nuestros hijos a pedirla con cortesía y dar las gracias cuando la devuelvan.
- Si por accidente uno de nuestros hijos rompe un vidrio del vecino, lo correcto es que vaya a pedir perdón. Al momento debemos pagar por el accidente, y ofrecerse a conseguir al vidriero, para causar las menores molestias. Ya cada papá decidirá si le cobra parte del costo a su hijo o no.
- En un departamento, evitemos que los niños jueguen con aventones, luchas o armen su nuevo juguete a martillazos, justo encima de la recámara de los vecinos.
- En caso de que los departamentos no compartan jardín, los pasillos nunca son un buen sustituto para que los niños corran.

Los árboles y otras cosas

- Si en su jardín tiene un árbol de grandes ramas y éstas caen sobre el terreno del vecino, sería conveniente consultarlo para saber si no lo molestan. En caso de que así sea, estamos obligados a cortarlas. Incluso él tiene derecho a quitarlas, ya que están dentro de su propiedad.
- De igual forma sucede si alguna varilla, tejado o cualquier otra parte de la construcción de nuestra casa invade su terreno.
- Si una fuga de agua provoca humedad en la casa contigua, nuestro vecino puede pedirnos que lo solucionemos, y tendremos que hacerlo.

Arreglos

Siempre hay pequeños trabajos que hacer en las casas, como colgar un cuadro, cortar el pasto o fijar un mueble. Si pensamos llevarlos a cabo durante el domingo, procuremos que no sea muy temprano ni muy tarde, para no despertar a los vecinos con el ruido del taladro o los martillazos. También intentemos realizar el trabajo lo más rápido posible.

¿Piensa remodelar?

Las remodelaciones son difíciles para los dueños de la casa e infernales para los vecinos, ya que ambas partes se llenarán de polvo y ruido durante varios meses.

Si va a remodelar, primero hay que sacar la licencia de construcción para que no nos clausuren la obra. Avise a sus vecinos con anticipación, ofrézcales disculpas de antemano por las inconveniencias y envíeles flores, chocolates o un pastel durante la obra, o al terminar ésta.

Si por error...

- Si por error el cartero nos deja alguna revista, periódico o el paquete de un vecino, debemos entregarlos intocados.
- Si se trata de recibos de luz, teléfono, agua o del impuesto predial, hay que hacerlo de inmediato.

¿Qué cree que le pasó a un amigo? En su calle, el número de su casa se repetía. Cuando se iba a casar estaba muy sorprendido de los escasos regalos que le llegaban. Resultó que el vecino con el mismo número exterior recibió la mitad y ¡no le había dicho nada ni se los había entregado! ¿Lo puede creer? Nunca falta alguien así.

Pasamos por aquí y...

Es muy tentador tocar el timbre al pasar por la casa de los vecinos que conocemos muy bien. Si escuchamos que hay música, imaginamos que es a causa de una reunión o una fiesta y nos dan ganas de incorporarnos.

Pero así como podemos ser bienvenidos, también puede suceder que nuestros vecinos estén con sus amigos de la prepa, contando anécdotas y hablando de personajes que no conocemos. Lo único que lograría nuestra llegada, en este caso, sería enfriar la reunión. No venimos al caso.

Evitémoslo. Por más confianza que sintamos hacia nuestros amigos-vecinos. Todos, alguna vez, hemos organizado una reunión a la que dejamos de invitar a algunas personas. Eso no quiere decir que nos caigan mal. Simplemente se trata de grupos diferentes.

Mas si usted tiene un vecino que no ha leído esto y le llega de sorpresa, no le quedará otra que recibirlo con una sonrisa, ponerle más agua a la sopa y cruzar los dedos para que se integre bien al grupo.

Pedir prestado
La cercanía de los vecinos nos invita a pedirles prestado algo cuando de pronto se nos ofrece. No hay ningún problema si se trata de cosas sencillas, como una taza de azúcar, cervezas o un libro. Sin embargo, si lo que usted necesita es algo más caro, o cosas personales como un vestido, o un utensilio eléctrico, una vajilla, un mueble, o dinero, el asunto se vuelve más delicado. Recordemos que, si lo pedido no se regresa de inmediato, en perfecto estado y con un regalito acompañado de una tarjeta cariñosa, la amistad puede verse seriamente afectada.

Para no poner en peligro sus buenas relaciones con los vecinos, le sugiero evitarlo.

LA CONVIVENCIA

- Entre vecinos, es conveniente tener los números telefónicos de los más cercanos por si se ofrece algo.
- Si nos llaman a participar en una comisión de vigilancia, limpieza, seguridad, uso de suelo u otra por el estilo, intentemos darnos un tiempo para ayudar. Sólo entre todos podemos mejorar nuestro país.
- Ofrezcamos nuestro apoyo, en especial si nos enteramos de que un vecino está enfermo o tiene algún problema en el que podemos ayudar. Si la enfermedad es grave, evitemos al máximo el ruido de música, fiestas y niños.
- Cuando nuestros vecinos se encuentren de luto, no hagamos demostraciones ruidosas de alegría. Enviémosles algo de comer, por ejemplo pan dulce para cenar, que les haga sentir nuestro apoyo.

Cualquier detalle que se tenga con los vecinos ayudará a hacer la vida cotidiana más amable y llevadera.

Las escaleras

- Cooperemos para que siempre estén limpias. Evitemos dejar basura o colillas tiradas.
- Si nos encontramos con una persona que sube o baja cargando algo grande o pesado, hay que cederle el paso.
- Si viene una persona mayor, dejémosla pasar primero y cedámosle el lado del barandal. También dejemos el paso a los que llevan prisa.

El descanso de la escalera no es el mejor lugar para fumar o platicar. Mejor hagámoslo fuera del edificio o dentro del departamento.

LO BÁSICO

- Cuando se mude a una nueva casa o departamento, preséntese con sus vecinos.
- Somos responsables de que nuestras mascotas no sean una molestia para los que viven a nuestro alrededor.
- Nunca estacionemos un coche en la entrada de una casa.
- Enseñemos a los niños a respetar todo lo concerniente a los vecinos.
- Participemos en las juntas de vecinos y cooperemos con ellos.
- Seamos prudentes con los ruidos de día y de noche.
- Cuando pidamos algo prestado, hay que devolverlo en buen estado y lo más rápido posible.
- Mantengamos limpias las escaleras.
- Cedamos el paso si vemos que alguien viene cargando algo pesado.

El elevador

En lugares tan estrechos como el elevador, nuestro espacio vital se reduce, por lo que la prudencia es muy necesaria.

- Cae muy bien una persona que al subir al elevador dice buenos días o buenas tardes, y al bajarse dice con permiso, o algún comentario amable. Sobre todo si se trata de un vecino con el que topamos con frecuencia.

- Antes de abordar el elevador hay que permitir que las personas que están adentro salgan.
- Si ya estamos dentro y alguien se acerca a abordar, detengamos el elevador para que pueda darle alcance, aunque nuestra tentación de cerrar la puerta sea muy fuerte. Cómo agradecemos cuando tenemos prisa y alguien lo detiene impidiendo que las puertas se nos cierren en la nariz.
- Si alguien en silla de ruedas, o con muchos paquetes, espera junto con nosotros el elevador, debemos darle prioridad. Si queda espacio, subimos; si no, esperamos el siguiente viaje.
- Si el elevador viene lleno, no obliguemos a los demás a hacernos un lugar; resulta muy incómodo para todos.
- Si nosotros estamos dentro y vemos que hay espacio para otros, hay que pegarnos a la pared a fin de que puedan entrar.

La cortesía

- Si una mujer va a tomar el elevador, los hombres le cederán el paso. Como también lo harán las mujeres cuando se trate de una persona de edad avanzada o alguien con necesidades especiales.
- Si nos toca frente al tablero, marquemos el número de piso al que se dirigen los demás.
- Si de pronto nos dan ganas de toser o estornudar dentro del elevador, siempre hay que taparnos la boca.
- Nunca, pero nunca, se fuma dentro de un elevador.
- Por consideración a los demás, hay que hablar en voz baja.
- A todo niño se le ocurre alguna vez marcar todos los pisos del elevador al mismo tiempo y salir de él corriendo. Si nos toca caer en la trampa, ni modo. Lo mejor es salir en la primera parada para tomar otro.

  Si sabemos que un hijo nuestro es el autor de la broma, hay que explicarle que el asunto no resulta tan gracioso y convencerlo de que no lo vuelva a hacer.
- Recordemos que en caso de algún incendio o temblor debemos bajar por las escaleras, no por el elevador.

Transportes

Caminante, no hay camino, se hace camino al andar.

ANTONIO MACHADO

*L*os caminos nos pueden contar la historia del mundo. Carreteras, pistas, rieles, rutas marítimas y aéreas han hecho nuestra vida mucho más sencilla y productiva.

Todos los días se crean nuevos diseños, medidas de seguridad, formas para mejorar la comodidad y tecnología.

Muy pronto, los coches del agente 007 serán una realidad; los aviones pasarán a la historia, como sucedió con el globo aerostático, y el tren bala se convertirá en leyenda.

Sin embargo, la esencia del transportarse, del moverse, del poder ir de aquí para allá, sigue siendo la misma. Y dentro de esta esencia surge y vive todos los días un valor indiscutible: la cortesía.

EL AUTOMÓVIL

En cuanto se toca el tema de conducir un coche todo el mundo piensa que maneja perfecto y que los torpes somos siempre los demás.

Tener un coche no significa sólo poder pagarlo, sino estar conscientes de que, al ponernos al volante, adquirimos el compromiso de conocer y aplicar los derechos y las obligaciones que vienen con "el paquete".

¡Peligro al volante!

¿Recuerda las famosas caricaturas de Walt Disney, en las que Tribilín, al estar frente al volante, transforma por completo su personalidad? Bueno, pues no sólo le pasa a él: todos hemos topado con personas muy lindas y amables que al conducir un coche se vuelven irreconocibles. ¿Acaso también nosotros?

Vivimos tan deprisa, que ya no tenemos paciencia ni con los que "dominguean" en domingo. Ni hablar de una señora mayor que, pegada al volante, conduce a dos por hora. O de la típica carcacha que bloquea el camino. ¡Nos desesperan!

No sé si se trate de algún síndrome de las grandes ciudades de este país, pero la compulsión se apodera de nosotros. En cuanto se pone la luz verde, somos los primeros en arrancar. Hacemos hasta lo imposible por impedirle al otro el paso, cortamos carriles y manejamos defensa con defensa, echamos las luces, tocamos el claxon y lanzamos exclamaciones no muy apropiadas. Para, al final, llegar al lugar a donde nos dirigíamos y adoptar nuevamente nuestra personalidad "decente".

Pues, ¿cómo es eso? Bien dice el refrán inglés: "¿Quiere usted comprobar si alguien es un caballero? Póngalo al volante".

Si ya tiene usted licencia de conductor, estoy segura de que conoce lo que a continuación le voy a presentar y, además, lo practica. Sin embargo, valdría la pena recordar algunos detalles.

La convivencia entre todos sería más fácil si en nuestra vida aplicáramos más el "haz a los demás sólo lo que te gustaría que te hicieran a ti". Principalmente en lo que concierne a la vialidad.

¿Dónde me estaciono?
Lo primero que podemos considerar es no resolver nuestros problemas creando otros para los demás. Por eso habría que evitar:
- Pararse en doble o triple fila.
- Dejar el coche en medio de dos cajones de estacionamiento.
- Maniobrar el coche como si estuviéramos en cámara lenta, mientras todos los coches esperan detrás de nosotros.
- Obstruir la entrada de una casa o un edificio. ¿Cómo se siente salir a toda prisa y encontrar un coche que nos impide movernos? Uno, con desesperación, pregunta de quién es, hasta que aparece un personaje que dice: "Ay, perdón, sólo

me bajé a entregar esto, pero no me abrían". ¡Dan ganas de matarlo! ¿O no? Pues cuando usted piense en bloquear una salida, imagínese que es el otro. No lo haga.

- Ocupar un lugar asignado a personas con necesidades especiales o los sitios marcados con nombres o números de placa específicos.
- Invadir la zona reservada para los peatones o estacionar el coche sobre la banqueta.
- Arrebatarle el lugar a otro conductor o meternos en sentido contrario en los estacionamientos para llegar primero.
- Al salir de un estacionamiento de paga, llevemos la cuota lista y el comprobante a la mano: es muy incómodo esperar a que la persona que va delante de nosotros encuentre finalmente el boleto.
- Si por mala suerte o distracción le pegamos a un coche al estacionarnos, dejemos nuestra tarjeta para que nuestro seguro pague por el error. ¡Le aseguro que el dueño del coche no lo va a creer! Sin embargo, qué lección de decencia aprenderíamos al encontrarla nosotros, ¿no cree?

Al dejar a los niños en la escuela:
Con las prisas comunes de la mañana hay que organizarse para agilizar las cosas. Así que evitemos:

- Persignar y besar al niño durante tres horas antes de que se baje del auto.
- Traer las loncheras y las mochilas en la cajuela del coche, y no a la mano.
- Meternos en sentido contrario para llegar a la puerta más rápido, provocando un verdadero nudo vial.
- Dejar el coche en doble fila para acompañar al niño.

Al recogerlo, hay que evitar:

- Ver los dibujos o trabajos del niño con toda calma dentro del coche antes de arrancar.
- Detenernos a platicar con otras señoras de coche a coche.
- Varios colegios han instituido el sistema de recoger al niño a través de la misma circulación de los coches, de manera que,

al llegar a la entrada, el personal del colegio abre las puertas de los coches para que los niños salgan rápido. Funciona muy bien.

* Otra solución es organizar rondas entre las personas que viven en la misma área, o inscribir al niño en el servicio de transporte de la escuela. En algunos colegios ya es obligatorio.

La cortesía al volante

Cada día aumenta en nuestro país el número de automóviles y, por lo tanto, el tránsito y el tiempo que pasamos dentro de ellos. Es posible sacar muy buen provecho de esta situación: además de "armarnos de paciencia", podemos escuchar casetes de algún tema que nos interese, un curso de idiomas o buena música.

Mientras tanto:

* Es muy importante que nos organicemos para provocar menos tráfico. Por ejemplo, pasando por un compañero de oficina que viva cerca, tratando de realizar nuestras compras en un solo viaje.
* Durante un embotellamiento, no gastemos inútilmente nuestra energía al tocar el claxon, ni presionemos a los de enfrente con las luces. Como nosotros, todos desean salir rápido y desesperándonos sólo empeoramos la situación.
* Si queremos incorporarnos a otro carril, hagamos una seña para solicitar permiso de pasar. El 98 por ciento de las veces, según mi experiencia, nos cederán el paso amablemente, aunque nunca faltará el gruñón que lo impida; seguro está amargado.
* Evitemos pararnos de improviso y pongamos la direccional para señalar la vuelta. A veces olvidamos que la cortesía al volante es un factor indispensable para llegar vivos a nuestro destino.
* En un cruce de calles tratemos de alternar el paso. Primero, un carro de un lado, y luego, del otro. ¿Se imagina qué fácil sería? Sí podemos hacerlo.

La prudencia

Como escribiera mi amigo Alejandro Cortés para el periódico *El norte*: todos los días nos cruzamos con miles de rostros anónimos, despersonalizados, desconocidos. Lo triste es que solemos tratarnos así, como si no fuéramos personas de carne y hueso. Manejar ha de requerir, por tanto, no sólo la capacidad económica para comprar un coche, la tenencia, la licencia y los gastos para mantenerlo en buen estado, sino un profundo respeto a los demás, que se ha de aprender desde la infancia, siendo los padres quienes pongan el ejemplo a sus hijos.

- Si cometemos una falta o realizamos una maniobra incorrecta, debemos disculparnos con un gesto de la mano. Del mismo modo, con un leve toque del claxon podemos dar las gracias a quien nos cedió el paso.
- Si alguien se le cierra, piense que no se trata de algo personal, dado que ustedes no se conocen y el otro quizás lo hizo por distracción.
- Si nos topamos con un chofer de microbús agresivo o de malhumor, no reaccionemos igual que él. Primero, porque empeoramos la situación; y segundo, porque de seguro tendremos todas las de perder.
- Las personas que suelen transitar acompañados de sus guardaespaldas deben platicar con ellos respecto de cómo comportarse. En ocasiones lo hacen con mucha prepotencia, y esta actitud de quien habla mal es del protegido.

Con los peatones

- Circular a pie en las grandes ciudades de este país puede ser un acto heroico. Al conducir habría que tratar a los que van a pie con la cortesía del más fuerte ante el más débil.
- Como automovilistas, hay que cederles el paso al cruzar la calle, no invadir la zona reservada para el uso de peatones y pasar despacio por los charcos para no mojarlos (cual malvado en las caricaturas).
- Si tenemos que frenar repentinamente a causa de un distraído peatón ¿para qué gritarle algo? Le aseguro que con el susto basta.

- Todos sabemos que detrás de la pelota siempre viene un niño. Así que, al verla, hay que frenar de inmediato.

De los peatones

Si como peatones queremos llegar vivos a nuestro destino, sería conveniente:
- No atravesar fuera de las zonas marcadas para cruzar.
- Esperar que los semáforos se pongan en rojo y los coches se hayan detenido. Es muy arriesgado cruzar esquivando coches.
- Agradecer con una inclinación de cabeza o una sonrisa el gesto del conductor que nos cede el paso. Al pedirlo, hagamos contacto visual para asegurarnos de que nos vio.
- Utilizar los puentes peatonales. El otro día me tocó ver a un peatón saltar los setos y cruzar la avenida Reforma arriesgando su vida, mientras un perro cruzaba tranquilamente por el puente peatonal. ¿No resulta irónico?

¿Me llevas?

Cuando una persona se sube a un coche ajeno tiene que ser muy prudente y cuidar los siguientes detalles:
- Para cualquier conductor es muy desagradable llevar un pasajero que le da consejos o critica su manera de manejar.
- A muchas personas, como a Pablo, mi esposo, les molesta que el copiloto (en este caso yo) haga lo siguiente: lanzar exclamaciones innecesarias tipo ¡iii!, como avisando que va a chocar o a raspar el coche; realizar el ademán de meter el freno con el pie mientras la mano izquierda se aferra al techo del coche y la derecha entierra las uñas en el descansabrazo de la puerta.

   También detesta escuchar expresiones como: "¿Por qué no preguntas cómo llegar?", "estaciónate aquí", o "bájale a la velocidad". Con cara de furia se vuelve para decirme: "¿quieres manejar tú?" Así que no lo haga.
- Podemos señalar por cuál calle ir o qué camino escoger sólo cuando el conductor nos lo pregunte.
- Procuremos no subir a un coche con la hamburguesa, los tacos o el refresco en la mano. Creo que son escasos quienes

corren el riesgo de que se manchen las vestiduras o su coche quede oliendo a taquería.

- Si son varios los pasajeros, seamos de los que ceden el mejor lugar. El sitio de honor es junto al conductor. Ahí viajará la persona de mayor edad, alguien que requiera mayor espacio, la persona más cercana al que maneja o la más importante. El peor lugar, en caso de "carro completo", es el asiento de en medio en la parte de atrás. Seamos de los que nos ofrezcamos a ocuparlo.
- El lugar de los niños en los coches es en el asiento de atrás, cuando menos hasta los 12 años, y siempre con cinturón puesto. Si trae bebés, por seguridad utilice las sillas especiales, son mucho más seguras que llevarlos en brazos. Desde pequeños hay que enseñarles a no brincar ni gritar, ya que distraen al que maneja. También hay que evitar que saquen las manos o la cabeza por la ventana.
- El que va al volante decide. Como pasajeros, si deseamos cambiarle, subirle o bajarle al radio, o encender el aire acondicionado, primero hay que pedirle permiso al conductor.
- Las personas que fuman deben ser prudentes al subirse a un coche ajeno. Si el aire acondicionado se encuentra funcionando significa que las ventanas deben estar cerradas o se van a cerrar. Por lo tanto, no es conveniente prender cigarros.
- Aun con el aire circulando, existen muchas personas a las que les molesta que su coche quede oliendo a cigarro.
- Nunca dejemos un pañuelo desechable usado, basura o un chicle sin papel en el cenicero. También hay que evitar tirar basura por la ventana, aunque sea material reciclable. Al bajarnos del coche buscaremos un basurero para deshacernos de ella.
- Cuando alguien acuerda pasar por nosotros, es necesario ser puntuales y estar listos y, si se puede, en la puerta.
- Cuando una persona nos da un "aventón" procuremos que no se desvíe mucho de su ruta. Tampoco seamos de los que piden un favor del tipo: "Ya que vamos por aquí, ¿te importaría pararte en el banco? No me tardo". O: "¿Vas al sur? Es que no traigo coche". Si no le tenemos confianza de "herma-

nos" a la persona no es aconsejable hacerlo. Cuando a mí me lo ha preguntado gente que ni conozco, me cae pésimo.

- Hay que ser considerados con el tamaño de nuestro equipaje. Si vamos de pasajeros invitados a un viaje, evitemos salir con una maleta más grande que la cajuela.
- Si alguien nos hace el favor de darnos un "aventón", o pasar por nuestros hijos con frecuencia, es obligatorio tener un buen detalle con él o ella en su cumpleaños, su santo o en fin de año.

"Dime cómo es tu coche... y te diré quién eres"

El coche es más que un medio de transporte. Revela muchas cosas, como la personalidad, la situación económica, la edad, la higiene y los intereses de quien lo escogió.

Recuerdo un curso de mercadotecnia que tomé. El maestro nos hizo enumerar las razones por las cuales compraríamos un auto. Se mencionaron cosas como el precio, el color, el modelo, la potencia, los interiores, el tamaño, etcétera. Al agotar las razones, el maestro nos hizo ver que a nadie se le había ocurrido la principal razón: nos transporta a donde queramos.

El coche se ha convertido en un símbolo de estatus. Es un medidor tangible del éxito personal. Es por eso que muchas empresas incluyen un auto entre sus prestaciones. El seguro de gastos médicos, la caja de ahorro y el bono sobre resultados son excelentes. Sin embargo, no se pueden lucir ni llevar al club los domingos.

Al visitar alguna pequeña ciudad o pueblo de nuestro país y ver las grandes *pickups* importadas, de inmediato sabemos quién trabajó en el otro lado y pudo ahorrar para lucir su compra ante vecinos y familiares. Las compañías automotrices han captado este fenómeno muy bien, y es precisamente lo que explotan.

- "Lo que revela..."

Muchas veces nos dejamos llevar por la moda, como en el caso de las camionetas de tracción. Diseñadas para ser manejadas en terrenos arduos y pedregosos, como el campo, sin embargo, están de moda en las calles pavimentadas de las ciudades.

En general, podríamos decir que quien maneja un Volkswa-
gen es una persona joven, trabajadora, que está iniciando su
carrera profesional. Una camioneta Suburban pertenece a una
familia numerosa que gusta de salir los fines de semana. Un Che-
vy o un Beetle son de un adolescente o de una persona que se
compró el vehículo con el producto de su trabajo.

Los accesorios

Así como al entrar en la casa u oficina de una persona nos damos cuenta de su personalidad por los cuadros, muebles y
adornos, lo mismo sucede con los accesorios de un coche. Si
cuenta con alarma y aditamentos en contra de robo, podemos
adivinar que el dueño es un poco aprensivo, vive en una gran
ciudad o ya le robaron una vez su coche.

Si lleva adornos en las antenas, sabemos que se trata de un
taxista muy folclórico y con sentido del humor. Si los tapetes
están al revés, se trata de una persona en extremo cuidadosa.

Si del espejo retrovisor cuelgan adornos, como zapatitos o un
rosario, el dueño es alguien que quizá tiene miedo de manejar
o es padre de familia. Si el dueño es joven y posee un sistema
de sonido impresionante que va dejando el "bum bum" por
donde pasa, entonces se trata de un *junior* que quiere llamar
la atención.

Si lleva *racks* o ganchos para montar bicicletas, esquíes o
maletas, podemos deducir que el propietario es una persona
deportista, amante de la naturaleza, que tiene familia y casa de
campo. Si los asientos están cubiertos por forros de plástico, el
dueño es una persona perfeccionista y ordenada hasta la enfermedad; el hecho de que se suba un niño comiendo helado es
algo que lo puede infartar.

El estado del automóvil

Muchas veces, la manera en que una persona cuida su auto
nos da una idea de sus prioridades. Existen personas para las
cuales no hay nada más importante que su vehículo: lo ence-
ran cada mes, miden semanalmente la presión de las llantas,
limpian personalmente el motor y son incapaces de dejarlo en
manos de un *valet parking*.

Si planean ir a algún sitio, de antemano averiguan si ellos mismos lo podrán estacionar. De no ser así, se van en taxi. Casi siempre las personas de este tipo son igualmente escrupulosas en su manera de vestir. Son ordenadas y les preocupa cómo los ven los demás.

Por otro lado, quien posee un coche siempre sucio, que con frecuencia tiene escrito "lávame" sobre el polvo, generalmente es una persona distraída, muy ocupada, es un genio cibernético, intelectual o le importa muy poco la mugre y el qué dirán.

- El coche es una extensión de nuestra casa y, como conductores, somos los anfitriones.
- Mantengamos nuestro coche en buen estado. Antes que nada, limpio y ordenado. Da mala impresión subir a un coche donde no hay lugar para sentarse por la cantidad de cosas regadas dentro de él, o que parezca que no lo han lavado en meses.
- Cómo subir y bajar de un coche.

¡No hay duda de que el estilo de una persona se nota al entrar y salir de un coche! Los grandes artistas y personalidades lo saben y lo ensayan. Subir es fácil; bajar con estilo resulta un poco más complicado, sobre todo para las mujeres. ¿Qué hacer?

Para subir: primero introduzca una pierna al coche, siéntese y luego incorpore la otra. No se le vaya ocurrir meter la cabeza y la pierna al mismo tiempo. El espectáculo que presenta a quien le detiene la puerta no es muy correcto. Aunque él probablemente quede complacido.

Para bajar: gire su cuerpo hasta quedar de frente a la puerta. Saque primero el pie más próximo a la puerta y apóyelo en el piso con firmeza. Cuando lo haga, que su actitud no parezca estudiada, sino muy natural. Como si toda la vida lo hubiese hecho así. Después, con la cabeza agachada, saque el cuerpo y la otra pierna. Nunca salga de espaldas: además de ser peligroso, resulta algo ridículo.

- La cosa se complica si una mujer trata de subir a una camioneta tipo Suburban, sobre todo si viste falda y tacones. En esos casos, trate de hacer lo anterior, pero si no es posible, súbase como mejor pueda.

- Al subir o bajar evitemos expresar todo tipo de quejas, gemidos que sólo revelan nuestra edad y nuestra poca condición física.

Un poco de cortesía

- Un hombre caballeroso abre la puerta a la mujer desde el exterior del coche. De la misma manera, la ayuda a bajar del auto (por esto la mujer debe cooperar y esperar a que él lo haga).
- Si venimos con personas de edad, niños o alguien que necesite ayuda, debemos ofrecernos a proporcionársela de inmediato.
- Al pasar por alguna persona, no hay que llamarla con el claxon para que salga. Es de mejor educación bajarse del coche y tocar el timbre. Por atención y seguridad, al dejar a una persona en su casa esperemos hasta que entre. Esto se aplica a los hombres, las mujeres y, sobre todo, a los niños.
- El que maneja es responsable de la seguridad de sus pasajeros, por lo que debe pedirles que se coloquen el cinturón de seguridad.
- Si usted se considera un o una "Fittipaldi" en acción, tenga presente que no a todo el mundo le gustan las emociones fuertes.
- Es bueno preguntar si las ventanillas, el aire acondicionado o la calefacción están al gusto de todos. Así como existen pasajeros claustrofóbicos, hay unos que se congelan con un poco de aire y otros que no aguantan la calefacción.
- La cortesía también se aplica en lo referente a la música del coche. Hay que preguntar a los demás qué prefieren oír y en qué volumen. Si vamos con jóvenes nos tocará resignarnos al volumen y la estación, por el bien de la convivencia.
- A los jóvenes les encanta la música a todo lo que da, nada más normal. Sin embargo, si estamos con alguien más es bueno concientizarlos de que no siempre pueden escucharla al volumen que desean.

- Si fuma, seguro sabrá que es necesario limpiar a diario el cenicero de su coche para evitar que el olor se impregne. Asimismo, hay que evitar sacudir las cenizas del cigarro por la ventanilla o arrojar a la calle las colillas aún encendidas. Si va más o menos rápido, es probable que la colilla encendida vuelva a entrar al coche. Ya me ha tocado verlo.
- Como mujeres, ¡no nos maquillemos en el coche! Lo menos grave que nos puede suceder es batirnos en un enfrenón. Y lo peor... un buen accidente.
- El coche es una vitrina donde todo mundo nos ve. Por lo tanto, hay que evitar hacer cosas "privadas" dentro de él, como limpiarse la nariz, exprimirse los barritos en el espejo retrovisor o tener escenas pasionales en los altos.
- Si por desgracia chocamos, hay que mantener el control y la calma.

En momentos como éstos es cuando surge el estilo (si lo hay) y se nota la educación de las personas.

"Si toma... no maneje"

Esta frase publicitaria y la de "el alcohol no combina con el volante" son muy ciertas. Cuando no estamos en condiciones de manejar, lo inteligente y seguro es entregarle las llaves del coche a quien sí posee sus cinco sentidos.

Es mejor designar al conductor de antemano y confiar en su compromiso.

En caso de que usted sea el que se encuentra en sus cinco sentidos, evite que un amigo o compañero de trabajo maneje en estado de ebriedad. Es indispensable enseñar esto a los adolescentes. A fuerza de escucharlo, y de ver el ejemplo en su casa, algún día les caerá el veinte.

En México subestimamos el peligro que implica manejar tras haber ingerido alcohol (existen estadísticas impresionantes: hoy por hoy, el automóvil es el medio de transporte más peligroso y el que mayor número de muertes provoca).

"Vámonos por carretera"

Además de estar seguros de que nuestro coche está en muy buenas condiciones, consideremos algunos aspectos de seguridad:

- Antes que nada, abrochémonos los cinturones. Si viajamos con niños estos deben ir atrás por seguridad; hasta los tres o cuatro años deberán ir en la sillita especial para bebés.
- Si a una persona le gusta manejar despacio, se debe mantener siempre en el carril derecho, de lo contrario puede ser tan peligroso como manejar más rápido. El carril izquierdo es sólo para rebasar.
- En los viajes largos por carretera es recomendable pararse de vez en cuando a descansar y estirar las piernas. Cada cual tiene su ritmo y sabe cuándo necesita hacerlo.
- Las luces altas pueden deslumbrar a los demás. Un buen detalle es bajarlas cuando el coche contrario se acerca.
- Se debe mantener una distancia razonable entre los coches.
- Hay que evitar estacionarse en una curva. Si el coche se descompone, lo mejor es buscar un tramo recto y poner todas las señales para indicar a los demás nuestra posición.
- Si no somos corredores de Fórmula 1, es mejor evitar las "carreritas" y "arrancones" entre amigos.
- La carretera es ideal para platicar, conocerse, oír música, disfrutarse, cantar y jugar. Hay juegos muy divertidos con los que el tiempo se va más rápido, especialmente para los niños. Existen muchos libros e ideas al respecto.

    Recuerdo que mi papá nos ponía a sumar los números de las placas de los coches o a identificar sus marcas. Se puede jugar "¡basta!" en voz alta, adivinar caricaturas o aquel juego de "fui al mercado y compré", en el que cada quien va diciendo lo que agrega a la lista y todos lo aprenden de memoria. Es excelente ejercicio de retención.

- Viajar en coche cansa y adormece. Ofrezcamos nuestra ayuda a quien la necesite en algunos tramos. Si vamos de pasajeros, provoquemos una plática interesante para que no se duerma el conductor; y evitemos dormirnos todos los acompañantes al mismo tiempo.

- Al viajar por carretera es muy probable encontrar un coche descompuesto. Si es posible y lo consideramos seguro, ofrezcamos ayuda o llamemos a alguien para que lo haga.
- Si vemos un accidente, nuestra ayuda puede salvar una vida. Tenemos que actuar, aunque nuestra primera reacción sea de temor.
- Siempre llevemos un botiquín de primeros auxilios, una llanta de refacción y un extinguidor en la cajuela.

En resumen:
- Estacionemos el coche pensando en los demás.
- En medio de un embotellamiento, tengamos paciencia. Hay muchas maneras de entretenerse.
- Hay que evitar tocar el claxon sin motivo, gritar y agredir, verbalmente o con señas, a los demás conductores. La verdad es que sólo sirve para alterar los nervios de todos.
- Seamos amables y tolerantes con los otros automovilistas.
- Respetemos a los peatones.
- Seamos un copiloto cooperador y agradable.
- No conduzcamos con exceso de velocidad ni manejemos cuando hemos tomado alcohol.
- Seamos atentos y considerados con los pasajeros. El coche es la extensión de nuestra casa.
- Seamos solidarios en la carretera.

EL AUTOBÚS

El autobús es uno de los medios para viajar más utilizados, en razón de su precio y su comodidad. Los autobuses son cada vez más seguros, más amplios y cuentan con todo: baños, entretenimiento en video, música y refrigerios.

Veamos algunas recomendaciones para disfrutar de trayectos más placenteros para todos:
- Ser puntual, para evitar perder el camión o retrasar a otros.
- El pasajero tiene la obligación de mostrarse educado con el conductor y los demás pasajeros. Tratar, por todos los medios, de no molestar a los que viajan en el mismo autobús.

- Cuidar la presentación personal, sin dejar por esto de usar ropa y zapatos cómodos, ya que prácticamente hay que permanecer sentado todo el tiempo.
- Ofrecer ayuda si notamos que alguien la necesita.
- Ocupar sólo el espacio que nos corresponde, tanto con nuestro cuerpo como con nuestro equipaje.
- Dar propina a los maleteros.
- Comprar lo que se necesite antes de abordar el autobús, para evitar pedir permiso de salir a cada rato.
- Estar seguro de ocupar el lugar correspondiente. Los asientos están numerados.
- Moverse rápido por el pasillo, cuidando de no golpear con la bolsa o la maleta de mano a los pasajeros.
- Por seguridad, el chofer no puede hablar con los pasajeros mientras conduce. Procuraremos no hacerle preguntas ni conversación.
- Si el chofer conduce el autobús con exceso de velocidad, o usted se da cuenta de que va manejando de manera anormal, anote el número de la unidad y la hora, y en cuanto llegue a su destino repórtelo con algún superior. Si de plano le parece una locura su forma de conducir, hágaselo saber a él mismo en el momento, de una manera cortés pero firme.
- Al igual que en otros transportes, es importante tener cuidado con las ventanillas. Poner atención en no incomodar con el aire, y abrirlas y cerrarlas con el consentimiento del vecino. Lo mismo hay que hacer con respecto a la calefacción.
- Llevar alimentos que no sean muy aromáticos: el autobús es un lugar cerrado.
- Depositar la basura en el lugar apropiado, no debajo del asiento, ¡y mucho menos tirarla por las ventanillas!
- Si nuestro compañero de asiento insiste en sostener una plática y nosotros preferimos hacer otra cosa, podemos sacar un libro para que note nuestro deseo de leer o digámosle amablemente que deseamos descansar un rato.
- Al entablar plática con alguien desconocido, es mejor no dar información muy personal o de negocios. Uno nunca sabe con quién está tratando.

179

- Si el autobús realiza una parada para que bajemos a estirar un poco las piernas, o para comprar algo de comida, respetemos el tiempo que el chofer indica.
- Enseñemos a los niños y a los adolescentes a comportarse adecuadamente dentro del autobús y a ser considerados con los demás.
- Al usar el baño, tenemos la obligación de dejarlo en perfectas condiciones, listo para que otra persona pueda ocuparlo.
- Si por accidente importunamos a otra persona, de inmediato ofrezcamos una disculpa.
- El chofer, por su parte, debe ser muy amable con todos y estar consciente de la gran responsabilidad que tiene.

EL AVIÓN

Ya sea por vacaciones o trabajo, viajar en avión se vuelve cada día más común, y las tarifas y paquetes que ofrecen las líneas aéreas lo facilitan.

Para viajar se necesita, además de otras cosas, una infinita paciencia. Esta debe comenzar al hacer la cola para documentar el equipaje y obtener el pase de abordar. Suele suceder que hay un solo señor atendiendo en el mostrador cuya cola puede dar vuelta al aeropuerto mientras que en los mostradores restantes no hay quien atienda.

En ocasiones el avión se retrasa sin alguna explicación. Para estos momentos llevar un libro, revista o el periódico es indispensable. El celular es para hacer las llamadas pendientes y los más sofisticados llevarán su computadora.

Boletos, tarifas y detalles

Lo más conveniente es comprar los boletos con anticipación, en alguna agencia de viajes o en las oficinas de las líneas aéreas. También podemos hacerlo directamente en el aeropuerto, pero para eso hay que llegar mucho más temprano.
- Existen distintas clases: la clase preferente, primera, o como cada aerolínea la llame, la *bussiness class* y la clase turista. Sin

embargo, dentro de la clase turista hay una amplia gama de tarifas que dependerán de la anticipación con la que compremos nuestro boleto. Al hacerlo estemos seguros de entender las restricciones del mismo. Existen boletos que si no se usan se pierden automáticamente (no reembolsables), hay otros que no pueden aplicarse a otra línea aérea (no endosables), y muchas tarifas que sólo permiten cambios con un cargo adicional. Si nos fijamos, y preguntamos al comprar nuestros boletos, evitaremos malos entendidos.

- Los infantes (bebés de hasta dos años de edad) viajan gratis; sin embargo, es necesario documentarlos.
- Los niños de hasta 12 años pagan el 67 por ciento.
- También existen tarifas especiales para jóvenes y personas de la tercera edad. Nos conviene conocerlas.
- En cuanto tengamos nuestro boleto, es importante revisarlo, asegurándonos que nuestro vuelo sale el día y a la hora que deseamos. Los errores humanos pueden causarnos algunos problemas.

El aeropuerto

- Se debe llegar con puntualidad. Lo ideal es una hora antes de la salida en vuelos nacionales y dos horas antes en los internacionales. Cuando alguien viaja en primera o *bussiness* puede presentarse más tarde.
- Seamos generosos con las propinas de los maleteros. El otro día me tocó ver a un pobre maletero romperse la espalda con cinco cajas y maletas que traía una familia completa. Al terminar de acomodar, con gran esfuerzo, cada uno de los bultos en la cajuela del coche, el señor sacó de su bolsa la espléndida cantidad de cinco pesos. Como yo estaba esperando que vinieran por mí, pude ver la cara de decepción del hombre.

  El estándar internacional es darle el equivalente a un dólar por maleta.

  Nada más piense cuánto nos costaría pagar al quiropráctico si las cargáramos nosotros.

- En los aeropuertos la gente por lo general anda acelerada. Aprendamos a movernos con rapidez y eficacia para no detener a los demás.

- Si por alguna razón nuestro vuelo está retrasado o, en el peor de los casos, sobrevendido, en forma decente expresemos nuestra queja a la persona indicada. La mayoría de las veces, quien se encuentra en el mostrador no tiene la culpa.

  En estos casos, la línea aérea deberá responder a sus clientes de distintas maneras. Una puede ser pagando la comida y el hospedaje de los pasajeros, o entregándoles una cantidad en efectivo. Es comprensible que perder el tiempo o vivir la injusticia de no poder subirnos a un avión con un boleto ya pagado nos provoque una furia tremenda; sin embargo, hasta en estos casos nuestra educación debe ganar.

Documentación
- Lleguemos al mostrador con nuestros papeles listos: pasaportes, formas migratorias debidamente llenas y boletos de avión a la mano. Nunca está de más preguntar si ya tenemos lugares asignados, y si son los que reservamos. De no ser así, es el momento de pedir el cambio, que sólo nos lo aceptarán si hay disponibilidad de espacio.
- También es el momento de asegurarnos que las millas que hemos recorrido hayan sido ingresadas a nuestra cuenta (en caso de estar inscritos en el programa).
- No olvidemos que en la mayoría de los vuelos está prohibido fumar.
- Cuando nos regresen el boleto, hay que revisar que sólo hayan tomado el cupón correspondiente a este tramo del viaje. Si por error arrancan otro, es probable que tengamos que volver a pagar.

Equipaje
- No viaje con cinco maletas como si se fuera a cambiar de residencia. Resulta poco práctico y no es de viajeros con experiencia.
- Todos sabemos que las maletas grandes se documentan. No intentemos pasar por chica una que no quepa en los compartimentos de arriba o debajo del asiento. Al hacerlo, sólo paralizaríamos el abordaje de la gente, lo que causa muchas incomodidades.

- Por lo general está permitido llevar dos maletas de alrededor de 25 kilos. El cobro por exceso de equipaje es muy alto, así que más vale organizarnos.
- Es muy importante marcar el equipaje con nuestro nombre, teléfono y dirección, tanto por fuera como en la parte interior, por si llegara a perderse.
- Si su maleta es negra, como la de muchos, es recomendable ponerle un listón o algo para distinguirla. Nunca piense que sus maletas son únicas e irrepetibles, aunque las haya comprado en el lugar más recóndito del planeta.

Todos hemos oído historias de terror, y a la vez muy cómicas, acerca de maletas confundidas. Ya me ha pasado y es horrible.

- No olvidemos quitar las etiquetas de otros destinos a los que hemos viajado. Por su causa nuestras maletas pueden aparecer en el extremo opuesto de donde vamos.
- Usemos las etiquetas de "frágil", "sobrepeso", etcétera, cuando sean necesarias.
- Es muy importante no meter en las maletas que vamos a documentar papeles importantes, objetos frágiles o de valor, cámaras o computadoras, y mucho menos medicinas. Todo eso debe ir en una maleta de mano.
- Para evitar incidentes con el equipaje de mano, no llevemos navajas, juguetes o bastones de golf que pueden resultar amenazantes.
- Evitemos subir al avión cargados de bultos y bolsas. El espacio es reducido y todos queremos poner algo en los compartimentos de equipaje, arriba de nuestros lugares.
- Hay gente que pierde la cabeza en el *duty free*. Compran de todo sin tomar en cuenta el volumen que ocupa y el peso. Además sería interesante ver en realidad cuánto nos ahorramos. Lo ideal es comprar algo en el último aeropuerto del viaje para no cargar innecesariamente.

Viajar cómodos

Es muy importante vestirnos con ropa cómoda para el avión. No tenemos que ir muy arreglados, pero sí presentables. En viajes largos es recomendable llevar un suéter ligero, porque a veces es muy intenso el aire acondicionado de la cabina. Si viajamos de saco, es mejor quitárnoslo, extenderlo arriba para que no se arrugue y sustituirlo por un suéter.

Es bueno llevar en la maleta de mano un cepillo; y, las mujeres, algo de maquillaje y loción para bajar presentables.

Las largas horas de vuelo no son una excusa válida para llegar mal presentados a nuestro destino. Cuando arribemos, cada uno de nosotros es representante de nuestro país.

Abordaje

1. Hagámoslo a tiempo. En orden.
2. Avisemos a la línea aérea si requerimos alguna ayuda especial.
3. Dentro del avión, tratemos de acomodarnos rápidamente, sin bloquear el pasillo.
4. Pongamos nuestras cosas en el compartimento superior, cuidando no maltratar las de los demás, por ejemplo colocando un bulto pesado sobre el saco de otra persona. Si a usted le sucede, pida con mucha amabilidad que lo muevan.
5. Si por equivocación su asiento se vendió duplicado y cuando llega ya hay alguien en él, pida ayuda al sobrecargo. Si el cupo del avión está completo y no es posible realizar el cambio como usted quiere, trate de ser comprensivo y ocupar el lugar que le otorguen. Una vez me sucedió que en mi lugar estaba sentada una señora a la que le mostré, con toda amabilidad, mi boleto. De inmediato accedió a levantarse y, ya que me senté, un amigo con el que viajábamos me dijo: "Gaby, acabas de levantar a la esposa del próximo presidente de México. Sí, era Paloma de De la Madrid, con la pena..."

Durante el vuelo

Por nuestra seguridad y conveniencia es importante hacer caso de las siguientes indicaciones:

• Apagar los teléfonos celulares, computadoras y radiolocalizadores. Abrocharse el cinturón de seguridad. Mantener el respaldo en posición vertical. Conocer la ubicación de las puertas de emergencia, los salvavidas, el oxígeno y otros artículos necesarios.

- La principal tarea de los sobrecargos es cuidar la seguridad de los pasajeros. Evitemos pedirles cosas banales.
- Si vamos en uno de los pocos vuelos en los que todavía se puede fumar, respetemos las señales de "no fumar" durante el aterrizaje y el despegue. Ni de broma se nos ocurra fumar en los baños: cuentan con detectores de humo y nos ganaríamos una enorme multa, además de la pena de que todo el avión se entere.
- Cuando se encienda la señal, o el capitán anuncie que se atravesará una zona de turbulencia, permanezcamos sentados con el cinturón de seguridad abrochado.

El espacio vital
Lo esencial en el avión:
- Si vamos a leer el periódico, tengamos cuidado de no extender las dos hojas como si estuviéramos solos.
- Al sentarnos, acomodemos nuestras cosas, sacando aquello que vamos a usar. Es horrible cuando el de junto no para de moverse.
- Reclinemos nuestro asiento con cuidado. Seamos considerados con la persona de atrás. Sobre todo si la persona es enorme, está embarazada o trae a un bebé en brazos.
- Cuando una persona se levante a saludar a alguien dentro del avión, evite recargarse en el respaldo de otro pasajero.
- Si nos toca la ventana y pasan una película, bajemos la cortinilla. Ya me tocó en una ocasión ver a dos señores muy serios y elegantes literalmente llegar a los golpes porque uno de ellos se rehusaba a bajar la cortinilla. Mejor continuar leyendo con la luz de arriba, que caer en ridículos como éstos.
- Si se duerme, procure no recargarse en el hombro de su vecino ni en su sillón. Tampoco deje la cara vuelta hacia él. En una ocasión me tocó al lado un señor que roncó con la cara hacia mí durante todo el vuelo. Por más que hice ruidos, no despertó, y fue muy incómodo.

- Si le toca un vecino platicador y usted quiere leer, o simplemente no desea conversar, pásele el periódico. O piense en alguna excusa y dígasela con amabilidad. O colóquese unos audífonos y santo remedio.
- Recuerde que, en un vuelo, es de mal gusto quitarse los zapatos y mover los dedos entumecidos de los pies como si quisiéramos tocar con ellos el piano. No estamos en la sala de nuestra casa, sino en un lugar público.

Los baños

Dentro de un avión hay mucha gente y pocos baños. Es cuestión de prudencia ser breves y dejarlos limpios.

Para quienes sienten con frecuencia la necesidad de ir al baño es aconsejable pedir un asiento de pasillo para no molestar a los pasajeros cada vez que quieren levantarse. Lo cual puede ocurrir cuando estén dormidos o comiendo con la mesita desplegada y una taza de café caliente. Además la molestia es doble, porque los volvemos a importunar al regreso.

Cuando las mujeres necesitemos peinarnos o maquillarnos, debemos hacerlo siempre dentro del baño y de manera rápida. Nunca nos pongamos *spray* de pelo o perfume con atomizador, ya que es una imprudencia. Hay que saber también que está prohibido utilizar barniz de uñas dentro del avión.

Si necesita cambiar a su bebé, es mejor no hacerlo sobre el asiento: dentro del baño existen instalaciones especiales.

¿Gusta comer?

Las líneas mexicanas cada día se esmeran más en la comida que nos sirven. Pero enfrentarse a la cantidad de golosinas, divisiones, paquetes y comida sin que se nos caigan los plásticos al suelo tiene su chiste.

Primero hay que destapar el paquete del plato principal y colocar la tapa de aluminio debajo del mismo paquete. La bolsita de los cubiertos, la sal y la pimienta deberán ponerse en el mismo lugar.

Las tapaderas del postre y de la ensalada también deberán ponerse debajo del recipiente respectivo. El vaso con refresco lo ponemos dentro de la taza de café hasta que los sobrecargos ofrezcan café.

Asimismo, puede pedir con anticipación comida vegetariana o *kosher* (comida especial judía) si es que así lo desea.

- Cuando los sobrecargos estén sirviendo las charolas, evite pararse al baño; aunque esté delgado causa muchas molestias.
- A la hora de comer hay que enderezar el asiento por consideración con el de atrás.
- Si preferimos dormir y no comer, podemos avisar al sobrecargo para que nos dejen descansar.
- En las alturas hay que cuidar el consumo de alcohol, pues tiende a subirse a la cabeza más fácilmente. La ociosidad o el miedo pueden hacernos tomar de más, y no es lo ideal, aunque en muchos vuelos las bebidas sean gratis.
- Se ha comprobado en distintos estudios que, para evitar el *jet lag* (malestar causado por volar y por los cambios de horario), lo mejor es comer frutas y verduras, y beber mucha agua, evitando el alcohol.

Acerca de sus temores:

Viaje tranquilo y relájese. El porcentaje actual de accidentes de aviación es mínimo, en comparación con el de cualquier otro transporte.

Las bolsas de aire son provocadas por los cambios de temperatura en las corrientes de aire. No conllevan mayor peligro. Imagínese que son como baches en el pavimento. Sólo permanezca en su asiento, con el cinturón abrochado.

El mareo se da más a causa de la propia preocupación que de la realidad. No piense en él, haga el respaldo de su asiento para atrás y disfrute de la vista del cielo, las nubes y la tranquilidad del vuelo.

En ocasiones le puede pasar como a mí: una vez me tocó de vecina una señora joven que me confesó tenerle pánico a los viajes en avión. Me advirtió de antemano que a lo mejor se aferraba a mi brazo o a mi mano (lo cual hizo con frecuencia). Platicamos todo el vuelo. Y después, al encontrármela por casualidad en un par de ocasiones, ambas nos acordamos con gusto de la forma en que nos conocimos.

Si nos toca un vecino nervioso, lo mejor es tranquilizarlo y nunca contarle historias de accidentes, ni burlarnos de su miedo. Si usted es el asustado, el control es fundamental.

En caso de una emergencia real, lo mejor es mantener la calma y obedecer las indicaciones de la tripulación.

Los niños y el avión

Pocas cosas son tan emocionantes para un niño como viajar en avión. Y pocas cosas son tan latosas para un adulto como un niño inquieto y emocionado en el asiento de atrás.

Los papás debemos evitar que:
- El niño juegue con la mesita. Que se pare en los asientos para mover los botones de la luz y el aire acondicionado. Que grite o corra por el pasillo o, incluso peor, que golpee o jalonee el asiento de adelante.
- En viajes largos hay que ingeniárnosla para entretener a los niños. Los libros, los cuadernos de dibujo, los rompecabezas o las papitas, resultan una buena opción. Cuando son más grandes, la película ayuda.
- Seamos comprensivos si pertenecemos al grupo de pasajeros que no llevan niños. Cuando se aproxima el aterrizaje, pueden dolerles oídos fácilmente a causa de la inflamación, y es natural que lloren. No veamos a la mamá con ojos de furia. Pensemos que la pobre ya está pasando un mal rato. Una buena forma de solucionarlo es hacer que mastique un chicle o que bostece. Si es bebé, dele un biberón.

Al llegar

- Dejemos nuestro asiento en orden, sin basura, con la cobija doblada en su lugar (no en la maleta).
- Cuando lo autoricen, salgamos con orden y rapidez. Hay que recordar que, por mucha prisa que tengamos, primero salen los de adelante.

- Un "adiós" y un "gracias" a los sobrecargos concluirá de manera correcta nuestro viaje.

LO BÁSICO

- Seamos puntuales. Papeles listos y en orden. No lleguemos al aeropuerto derrapando.
- Sigamos las indicaciones. Nuestra seguridad va de por medio.
- Identifiquemos perfectamente el equipaje.
- Respetemos el espacio vital. Seamos serviciales y tolerantes.
- Cuidado con el alcohol.
- Mantengamos a los niños bajo control.
- En caso de peligro: calma y atención a las indicaciones.
- Dejemos nuestro asiento en orden.

¡TAXI... TAXI!

Los taxis resultan una muy buena opción cuando no contamos con un coche.

Es un hecho que hay muchos taxistas honestos, confiables y hasta divertidos. Lástima que últimamente las circunstancias nos obliguen a ser desconfiados. Usemos nuestro instinto para saber qué hacer y cuándo. A continuación, algunas sugerencias:

- Es mejor usar taxis de sitio o radiotaxis: son más seguros, aunque también un poco más caros.
- Al subir, saludemos amablemente al chofer y cerremos la puerta con cuidado, sin azotarla.
- Demos la dirección exacta con claridad. Si el recorrido es complicado y conocemos bien la ruta, podemos sugerir por dónde ir.
- La obligación del taxista es llevarnos por el camino más corto; sin embargo, no siempre lo conoce, o al menos así nos lo puede hacer creer.
- Es conveniente llevar cambio para facilitar el pago.
- Al bajar, hay que asegurarnos de no dejar ninguna de nuestras cosas.

- Es importante fijarnos en el tarjetón con el nombre del chofer y el número del taxi. Quizá sea bueno anotarlo discretamente, por seguridad.
- Asimismo, anotemos las placas cuando un familiar o un amigo suban a un taxi.
- Si está lloviendo y usted coincide con otra persona "cazando" un taxi en la calle, lo correcto no es arrebatárselo sino tratar de llegar a un acuerdo (la verdad, es difícil, pero si usted ve que la persona es mayor o se trata de una mujer con niños o embarazada, su conciencia le dirá que no hay de otra: debe cederlo).

No es desconfianza... sólo precaución

- A veces nos tocan choferes muy platicadores, en esos casos es preferible no hablar con ellos de cosas personales ni comunicarles nuestros planes.

De hecho, el chofer no tiene que saber nuestro nombre ni si vivimos o no en ese lugar; como tampoco ningún sitio donde localizarnos.

Si vamos con otra persona, hay que cuidar también nuestra conversación. No es conveniente hablar de nuestros negocios, amigos o parientes y menos de los lugares donde ellos viven.

La precaución, rara vez comete error.

CONFUCIO

- Si el conductor del taxi inicia la conversación, contestemos con decencia y amabilidad, pero mantengamos la plática lo más impersonal posible.
- Si no deseamos conversar, bastará con contestarle de manera seria, y se dará cuenta de que no tenemos deseos de platicar.

Hay quienes toman el taxi como un confesionario o como el diván del sicoanalista. Según los taxistas, en tan sólo unos cuantos minutos pueden llegar a conocer la vida y obra de un pasajero.

Por supuesto que también sucede lo contrario. En una ocasión, al abordar un taxi, el chofer comenzó a contarme acerca de su matrimonio. Hablaba tanto, que yo sólo podía contestarle con monosílabos; en los treinta minutos que duró el viaje me enteré de todos sus problemas con la esposa. Y ni qué hacer.

Como pasajeros

Como pasajeros, debemos respetar a nuestro conductor:

- Si queremos fumar, primero preguntémosle si está permitido.
- Si el chofer fuma y nos molesta el humo se lo podemos decir en forma educada. Igual si se trata de la estación o el volumen del radio.
- Asimismo, si pensamos que va muy rápido, hay que pedirle con seguridad que modere la velocidad. ¿Quién quiere morir en un taxi?
- Si nos acompañan niños, cuidemos que vayan quietos.
- Dejemos el taxi limpio, sin basura.
- Al despedirnos, demos las gracias y, asumiendo que el chofer fue amable y nos llevó por el camino más corto, dejémosle una propina del 10 al 15 por ciento de la tarifa. Si llevamos equipaje, un poco más.
- Si el chofer no trae taxímetro, de seguro ya incluyó su propina en el cobro, así que no es necesario dejarla.

El servicio

Una vez me subí a un taxi que me impresionó por lo siguiente:

- El chofer estaba pulcro y bien vestido.
- Traía el periódico del día y algunas revistas.
- Una rosa de seda atorada de alguna forma.
- Me preguntó qué ruta prefería.

¡No lo podía creer! Me dio mucho gusto ver cómo, con un poco de imaginación, todos podemos dar un mejor servicio. Por supuesto que le dejé una buena propina y los dos quedamos muy contentos.

EN EL TREN

En 1830, en Europa se empezó a utilizar el ferrocarril como medio de transporte y, 50 años después, se introdujo el confort. Los coches-cama forman parte de los trenes desde 1880 y el vagón restaurante desde 1890.

En la primera década del siglo XX, los ferrocarriles alemanes comenzaron a utilizar los vagones más cómodos, bonitos y limpios.

Hoy en día nos sorprende el impresionante tren bala de Japón, los trenes rápidos en Europa y el Eurostar, que en pocas horas cruza bajo el mar para unir Inglaterra y Francia a través del Canal de la Mancha.

En México no contamos con una amplia red ferroviaria y desapareció el servicio de coches-camas que cubría los trayectos entre el DF, Guadalajara y el Pacífico, Monterrey, Veracruz y Mérida.

Así que son pocos los viajes que hacemos en tren. Sin embargo, hay excursiones preciosas por la Barranca del Cobre, en Chihuahua, donde el trayecto más largo es de cinco horas.

Si viajamos a Europa, los trenes son cómodos, puntuales y cuentan con paquetes muy atractivos, como el *Europass*, que nos permite viajar a muchas ciudades con tarifas muy bajas. Generalmente hay dos clases: primera y segunda.

- En época de verano la "segunda" es la más solicitada por estudiantes que, por supuesto, son los más divertidos y probablemente los más ruidosos también. El resto del año es muy tranquilo.
- Como las paradas que hacen son muy breves, hay que empacar ligero. Por lo general existe poca ayuda para cargar, subir y bajar las maletas.
- Los trenes cuentan con vagones de fumadores. De todas maneras, es cortés preguntar a los demás pasajeros si no les importa que uno fume.
- Como en todos los lugares cerrados, es prudente no comer cosas con olores fuertes y mantener limpio nuestro lugar.

- Hay que respetar el espacio y poner nuestro equipaje solamente donde nos corresponde.
- Algunos trenes cuentan con camarotes donde se puede pasar la noche con privacía y comodidad.
- Otros tienen vagones con literas, en los que tendremos que convivir con distintos pasajeros. En ese caso es importante observar las reglas de convivencia, limpieza y discreción, además de cruzar los dedos para que nos toque un vecino prudente y que no ronque.

La noche
Las noches en ferrocarril rara vez son reparadoras. Por lo tanto, hay que procurar respetar el descanso de los demás. Así que no hablemos en voz alta ni platiquemos con alguien hasta altas horas de la noche.
- Evitemos las idas y venidas de un camarote a otro.
- Por la mañana hay que darnos una peinada y presentarnos ante los otros lo más arreglados que podamos.
- Al llegar, no dejemos restos de nuestra presencia en el tren.

Algunos tips para viajar en tren:
1. Pregunte el tipo de tren en que va a viajar y qué instalaciones tiene.
2. Si cuenta con primera y segunda clase.
3. Infórmese acerca del trayecto, las paradas y los horarios.
4. Llegue con tiempo para subir tranquilamente su equipaje y procure que éste sea ligero.
5. Pregunte por el *Europass* y los paquetes especiales.
6. Es mejor viajar en el compartimento sentado de cara hacia la dirección que lleva el tren.
7. Si nos dormimos, procuremos por todos los medios no molestar con nuestra cabeza, brazos o pies a los vecinos de asiento.
8. En caso de que carezca de aire acondicionado, la ventilación del compartimento será decisión de todos.
9. Sea claro, pero educado, al hacerle saber a sus vecinos si quiere platicar o no. Hay personas que prefieren viajar en silencio.

10. Es mejor ir al baño para maquillarnos o peinarnos.
11. Si nos dan ganas de estirarnos, hay que hacerlo lo más discretamente posible; y al bostezar, tapémonos la boca con discreción.
12. Música, sólo con audífonos.

Niños

Los niños son inquietos. Cuando viajemos con ellos debemos planear cómo entretenerlos.sentados. Juegos, algo de comer y de tomar.

Cuando estén hartos, se pueden distraer con una caminata por los pasillos de uno a otro extremo del tren.

TRANSPORTES COLECTIVOS URBANOS

Tanto por tierra como por mar, la cortesía no ha de variar.

PROVERBIO PERSA

Los transportes colectivos casi siempre van llenos y no siempre podemos viajar cómodamente en ellos. Sin embargo, no nos queda otra opción que tratar de ser lo más tolerantes posible.

- Subiremos a los transportes públicos con la mayor rapidez y en orden. Hay que llevar el dinero del pasaje o boleto de abordar preparado, para no entorpecer el camino de los demás, y procurar no molestar o golpear con nuestros paquetes, bolsas, mochilas o paraguas a nadie.
- Evitemos los bultos o paquetes de gran tamaño en cualquier transporte público, a excepción de los taxis.
- Cuanto más largo sea el trayecto, más pacientes tendremos que ser. Podemos aprovechar para leer, escuchar un casete o adelantar trabajo.
- Hay que ceder el asiento cuando se trate de alguien con muletas, una señora embarazada, una persona de edad avanzada, un enfermo o una señora con un niño pequeño. De otra manera podemos quedarnos sentados (aun los hombres) sin sentir culpa.

Niños

Enseñemos a los niños a no molestar a otros pasajeros. A evitar que golpeen a alguien con sus mochilas o que jueguen con el timbre, que se empujen o que jalen la palanca del metro.

- Cuidado con las mochilas que cargan en la espalda. Se pueden atorar con las puertas del metro o del camión.
- Al salir del metro hay que tomarlos bien de la mano para que no los arrastre la multitud.
- En cuanto a comer, es mejor enseñarles que no lo hagan en los transportes públicos. Si de plano se les antoja mucho, procuremos que tengan cuidado de no manchar a los vecinos ni dejar sucio su lugar.
- Hay que enseñarles, desde chicos, que no deben rayar las paredes ni maltratar el asiento.

Plática

Hablemos en un tono de voz moderado y evitemos groserías o comentarios desagradables.

Podemos establecer una conversación con la persona de al lado, siempre que no olvidemos la discreción. Si notamos que no le agrada nuestro acercamiento, debemos ser prudentes y dar por terminado el encuentro.

De igual manera, seamos educados para cortar una conversación que no nos interesa.

El espacio vital

Por lo general, la gente se vuelve agresiva cuando le falta espacio.

- Si el camión, el metro o el microbús en el que viaja se encuentra lleno, no extienda el periódico para leerlo.
- No está permitido fumar. Ni llevar animales, excepto perros lazarillos.
- La ventanilla se comparte. Hay que preguntar a nuestro vecino si está de acuerdo en abrirla o cerrarla.
- Ocupemos sólo nuestro espacio y no estiremos las piernas. Alguien se puede tropezar.
- Los robos son muy comunes. Cuidemos nuestras cosas.

- Cuando, por un movimiento inesperado o impulsados por el tumulto, caemos encima del vecino o lo pisamos, es necesario ofrecerle una disculpa.
- Si alguien tiene un defecto físico o nos llama la atención por su vestido o peinado estrafalario, no debemos quedárnosle viendo. Muchas personas se sienten provocadas con el menor detalle y pueden reaccionar violentamente.
- En algunas estaciones del metro, en México, se reservan lugares para cada sexo. Si usted es mujer, conviene que utilice la sección que le corresponde.
- Por último, cuando suba al transporte público una persona en estado de ebriedad o con síntomas de haber consumido alguna droga, procuremos mantenernos lejos de ella.

¡Bajaaan!

Cuando vaya a bajar, prepárese con anticipación. Si se encuentra lejos de la puerta, acérquese con tiempo y pida permiso para pasar.

Si un hombre va con una mujer, le abrirá paso entre la gente y la tomará de la mano para ayudarle a bajar. Hombres y mujeres ayudarán a los niños y a la gente mayor.

Hagamos caso del letrero que se encuentra en todas y cada una de las puertas: "Antes de entrar, deje salir". Esto se aplica a un elevador, al metro o a un camión, para evitar que el momento de abandonar el vehículo se convierta en un juego de futbol americano.

Aunque vayamos tarde para alcanzar el metro, evitemos hacer zigzag entre las personas que van por las escaleras o entre los niños que se aferran con una mano al barandal y con la otra a su mamá. Es mejor levantarse temprano.

LO BÁSICO

- Respetar los lugares designados para personas con necesidades especiales.
- Ceder el lugar cuando sea necesario.

- Ofrecer disculpas siempre que se golpee, se pise o se incomode a alguna persona por accidente.
- Anticipar la bajada de cualquier transporte.
- Respetar las filas.
- Enseñar a los hijos a utilizar adecuadamente el servicio de transporte, cualquiera que sea.
- Ser atentos y serviciales con los que necesitan ayuda.
- Cuidar nuestras pertenencias.

La cortesía en la calle

*La compostura del hombre es la fachada
del alma.*

BALTASAR GRACIÁN

Cuando visitamos una ciudad, el estado de sus calles y la conducta de su gente en ellas nos indican en gran medida el grado de civilización y desarrollo que tiene: ¿qué tan limpia y ordenada se ve?, ¿cuál es la actitud de los automovilistas hacia el peatón? ¿En qué estado se encuentran las señales de tránsito y los anuncios con los nombres de las calles?, y todas las cosas relacionadas con su aspecto.

Estar en la calle exige entrar en contacto con muchas personas, por lo que nuestro comportamiento debe ser lo más cordial posible; al mostramos prudentes y educados, seremos bien recibidos en cualquier ciudad del mundo.

NUESTRA APARIENCIA

Al salir a la calle nos arreglamos no sólo por lucir mejor o protegernos de la variación del clima sino también porque es una señal de respeto hacia los demás.

Una cosa es vestir cómodos, en forma casual e informal; y otra muy distinta es salir en "fachas", sin bañar, sin rasurar o en tubos. ¡Es agresión visual!

Al mezclarnos con la multitud, tendemos a escudarnos en el anonimato y, en ocasiones, olvidamos nuestra buena educación. Detalles como ofrecer una disculpa a quien hemos pisado sin intención, pasar con el coche cuidadosamente encima de un charco para no salpicar al pobre peatón o ceder el paso, a veces nos parece poco importante. Sin embargo, cómo agradecemos cuando alguien tiene esas atenciones hacia nosotros. Simplemente el día se aligera.

Como cada vez somos más habitantes en las ciudades, observar ciertas normas al caminar por la calle nos facilitará la vida a todos.

Por ejemplo:

- Cuando por la banqueta camina mucha gente es conveniente respetar los sentidos de circulación.
- Si caminamos por la calle tres o más personas juntas, hay que procurar no hacerlo en una misma línea, ocupando toda la acera.
- Si alguien tiene mucha prisa y quiere avanzar, cedámosle el paso de inmediato.
- Si por accidente alguien nos da un pisotón o nos empuja, aceptemos amablemente la disculpa si es que la ofrece. En caso de que no lo haga, no le demos importancia.
- Cuando llueva tengamos cuidado al abrir el paraguas, y al caminar con él en la calle, para no picarle un ojo a alguien.
- Si salimos a pasear con el perro, es mejor llevarlo con correa; si es medio bravo, con bozal. Hay muchas personas y niños a quienes provocan pavor los perros, aunque como sus dueños sepamos que no hacen nada.
- No me gusta ser tajante con las sugerencias; sin embargo, hay dos cosas que nunca, pero nunca, debemos hacer: Escupir o tirar basura en la calle. Sobran las explicaciones. ¿No cree usted?
- Cuando por la calle nos encontremos a alguien, bastará con hacer un gesto breve y cortés de saludo. Un simple hola o adiós con la mano. Si nos detenemos a platicar, tratemos de hacerlo en una orilla, para no entorpecer el paso de los demás.
- Si dos personas se encuentran detenidas, platicando, y tenemos que atravesar en medio de ellos, pidamos permiso para hacerlo y demos las gracias.
- En la calle el hombre es quien debe saludar a la mujer, el joven al adulto, el adulto al anciano y el joven a la joven.
- Cuando notemos que un conocido o conocida, por alguna razón personal, evita saludarnos, hay que respetar su deci-

sión. Quizá vaya desarreglado, lleve prisa o esté con alguien cuya compañía se pueda prestar a una confusión. Uno nunca sabe; sin embargo, de inmediato lo notamos. No lo tomemos como asunto personal.

LA BANQUETA

¿De dónde viene la costumbre de ceder a las mujeres el interior de la banqueta?

En la edad media las casas se agrupaban sin orden. Las calles eran vías rudimentarias cuyas orillas se inclinaban hacia el centro, formando un arroyo por el que corrían el agua de lluvia y los desperdicios. Los peatones discutían, y hasta llegaban a los golpes, con tal de no caminar por ese rudimentario desagüe. Como forma de cortesía, poco a poco la parte que quedaba cerca de las casas fue siendo reservada para el paso de la gente importante y de las damas, mientras que la gente humilde debía conformarse con el arroyo.

Cuando las primeras banquetas hicieron su aparición, se quedó la costumbre de ceder el interior de ellas a las mujeres y a las personas que necesitan protección. Costumbre que sigue vigente hasta nuestros días.

Creo que ahora esta costumbre responde más a la actitud de protegernos a las mujeres de varias cosas, como que un motociclista pase y nos arrebate la bolsa, o un coche nos pueda salpicar con el agua de un charco. Cualquiera que sea el motivo, realmente se agradece un acto de caballerosidad como éste.

- Si un hombre va a cruzar la calle con una mujer, aunque no sea su pareja, por cortesía le ofrecerá el brazo o tomará el de ella para atravesar.
- Si un hombre va por la banqueta y en dirección contraria viene una mujer, le cederá el lado de la pared.

"Perdón, joven, ¿sabe usted dónde queda...?"
- Si alguien se acerca a pedirnos cualquier informe, cooperemos de buena gana. Ahora que si le vemos cara o aspecto dudoso, lo mejor es decir "disculpe" y seguir caminando.

- Si no sabemos la respuesta, reconozcámoslo rápido y abiertamente. Jamás proporcionemos información falsa o equivocada. ¿Por qué nos cuesta tanto trabajo a los mexicanos decir "no sé"? Me ha tocado gente que antes me manda al otro lado de la ciudad, que reconocer que no sabe la respuesta a mi pregunta.
- Enseñemos a los niños a ser autosuficientes en la calle. Es indispensable que se aprendan cuanto antes su dirección, su teléfono y el nombre completo de sus papás.
- Platiquemos con ellos para que, en caso de que se pierdan, sepan qué hacer y qué no hacer. Por ejemplo: que no hablen con extraños, no sigan a los desconocidos, ni acepten "aventones". Para nosotros los adultos es algo lógico; para ellos, todavía no.
- Si vamos acompañados por niños pequeños, es prudente tomarlos siempre de la mano, caminar un poco más despacio y enseñarles a respetar las señales de tránsito.

Situaciones especiales
- Si vemos que hay un hombre tirado en la calle, pensemos que es un enfermo. Si nos es imposible ayudarlo, cuando menos tengámosle consideración y respeto. No sabemos los motivos que lo llevaron a esa situación.
- Si notamos que alguien viene bajo los efectos del alcohol o de alguna droga, es mejor hacernos a un lado. Actuemos del mismo modo con alguien agresivo o ante un pleito callejero.
- La gente que pide limosna es una realidad ante la que no siempre sabemos cómo reaccionar. La decisión de dar o no dar es muy personal. Si hemos decidido que lo mejor es no ayudar, digámoslo con amabilidad. Lo mismo aplica con los limpiadores de parabrisas y quienes realizan malabares en los semáforos. Si decidimos ayudar, hay que tener cuidado de sacar y dar el dinero discretamente.
- En caso de presenciar un accidente, sólo nos acercaremos si podemos ayudar en algo. Más ayuda el que no estorba. Si vamos con niños evitemos, con nuestra actitud tranquila y serena, despertar en ellos el morbo.

- Como mujeres, de vez en cuando recibimos "un piropo" que alguien grita desde lejos. En ocasiones son muy ingeniosos y simpáticos. Otras veces son desagradables y vulgares. Cualquiera que sea el caso, lo mejor es seguir caminando como si nada, y disimular la risa o la ofensa.

LO BÁSICO

- La calle es de todos.
- Salgamos a la calle bien presentados.
- Cuando por accidente molestemos a alguien, ofrezcamos amablemente disculpas.
- Ayudemos a quienes muestran limitaciones físicas y a las personas de edad avanzada.
- A las mujeres y personas de edad avanzada, cedámosles en la banqueta el lado opuesto a la calle.
- Enseñemos a los niños a andar por las calles y a entender las señales de tránsito.

"HAY QUE FORMARSE..."

Casi todos los días tenemos que formarnos para algo: en el cine, en el restaurante, para entrar al estacionamiento, a la gasolinera, al baño, a la delegación, en el banco, en la escuela, en el estadio, en un concierto, en el museo, en la feria, en la tienda de autoservicio, en el aeropuerto, para subir al camión, para entrar a la discoteca. La lista podría continuar y continuar... Hacer filas no siempre es agradable, pero es inevitable.

- Cuando, después de llevar mucho tiempo esperando turno, alguien pretende meterse frente a nosotros, la primera reacción, bastante lógica, es de enojo. Sin embargo, ganaremos más si nos acercamos a la persona y le pedimos amablemente que se forme hasta atrás.
- En caso de que nos pidan el favor de meterse delante de nosotros en la fila, tratándose de una persona mayor, con una

necesidad especial o con una razón válida ante todos, podemos hacer una excepción.

- Si nos encontramos a un amigo, es muy tentador pedirle que "nos meta". Evitemos hacerlo. Si el amigo es el que nos lo pide, con toda la pena sugiero negarnos. Creo que es injusto para los de atrás y el amigo lo comprenderá.

- Las filas son una prueba de nuestra paciencia: hay ocasiones en que la persona que atiende no es muy rápida o eficiente; a veces nos cierran el mostrador justo cuando estamos a punto de llegar. Lo mejor es tomarlo con filosofía y buen humor.

- Primero que nada, imaginemos estar como en la escuela, donde tomamos distancia para evitar encimarnos al de enfrente o apachurrar al de atrás.

- Al estar en la cola, hay que evitar movernos mucho: además de que podemos pisar al vecino, es algo que enerva a cualquiera.

- En las filas es mejor no fumar.

- Cuando nos acompañan niños en la fila, es comprensible que se aburran y se inquieten. Tratemos en lo posible de mantenerlos tranquilos y pedirles que no corran o jueguen entre la gente.

- Si alguien en la cola nos pide guardarle o apartarle su lugar, ayudémoslo. Seguramente esta persona ha tenido algún imprevisto. A todos nos puede pasar.

- Si alguien nos aparta el lugar, regresemos pronto. Es poco considerado dejar que otro haga la fila por nosotros.

- Cuando se trata de un grupo o una familia, es mejor que se formen todos o casi todos. Esto evitará malentendidos y sorpresas para los que esperan.

- En los lugares donde las filas están marcadas como "laberintos" con cordones, demos la vuelta como lo marcan.

- Durante la espera, preparemos todo para tenerlo listo cuando llegue nuestro turno: en el cine, la película y el horario decididos; en el estacionamiento, el boleto y el pago a la mano; en los trámites burocráticos, los papeles completos; y así sucesivamente. Lo importante es que estemos conscientes de no hacer esperar a los demás.

- En muchas ocasiones nos evitaríamos hacer grandes colas si tramitamos a tiempo los papeles, permisos o lo que sea. Las filas eternas se hacen siempre en los últimos días antes de que terminen los plazos.
- Cuando en la fila tengamos equipaje debemos quedarnos ahí. Es una imprudencia que otros tengan que mover nuestras cosas. Si las llevamos en un carrito, hay que medir bien la distancia con el de enfrente. Un golpe en la parte de atrás de los tobillos no es nada agradable.
- Cuando la cola es de coches, de nada sirve tocar el claxon como desesperados. Lo único que logramos es alterar más los nervios de todos.

En espectáculos

En los conciertos, partidos de futbol y otros eventos donde hay multitudes, es aún más importante respetar el orden de las filas, por seguridad.

Si alguien pretende colarse o empujar, puede provocar un pleito en cualquier instante. En esta clase de eventos, la emoción del momento puede hacer perder la cordura a más de uno. Seamos precavidos.

En las discotecas o "antros"

Es interesante observar que las filas, en este caso, no siempre garantizan la entrada al lugar.

Al principio, los jóvenes se forman para entrar. Conforme va pasando el tiempo, la cola se convierte en amontonamiento. Ya nadie sabe quién llegó primero y con quién, y mucho menos si alguien se coló.

Todos gritan "Juan, somos seis...", "Isael, ¿te acuerdas de mí...", hasta que el poderoso portero decide quién entra y quién no. Así es y ¡es parte de la diversión!

En las gasolineras

Las colas para cargar gasolina tienen por lo general una sola dirección, con el fin de facilitar la entrada y la salida de los coches, y generalmente están bien señalizadas. Da gusto ver cómo cada vez es menos frecuente ver a un "vivo" que se avienta en sentido contrario. Y dan ganas de matar a quien, una vez que terminó de cargar gasolina, pide tranquilamente que le revisen las llantas, el agua y el aceite, mientras diez coches lo esperan atrás. También a quien le traen el cambio y, lejos de moverse, acomoda cada moneda en su cartera con toda la calma del mundo.

Lo prudente es que, siempre que estemos en una fila, hagamos todo lo que está de nuestra parte para agilizar las cosas.

LO BÁSICO

- Tomemos distancia.
- Jamás pretendamos colarnos.
- Si alguna persona de edad avanzada o un enfermo necesita adelantarse en la fila, inmediatamente permitámosle pasar.
- Cada cual debe ganar su lugar y hacerse responsable de él.
- Cuando se trate de realizar algún trámite o pago, hay que llegar preparado, no buscar las cosas en el último momento.
- Realicemos cualquier trámite u obligación a tiempo, para evitar filas de horas.
- En los espectáculos masivos es muy importante llegar con anticipación y mantener completo orden.
- En el supermercado, ayudemos a quien sólo va a pagar un artículo.
- En las filas de los estacionamientos, no contaminemos el medio ambiente con acelerones o claxonazos.
- Enseñemos a nuestros hijos a comportarse y a convivir en una fila, es algo que tendrán que hacer en muchos momentos de su vida.
- Evitemos fumar en las filas.

LAS GROSERÍAS...

Decir una grosería puede ser sedativo, curativo, analgésico, descriptivo y desahogante. Las tradicionales normas de educación nos las prohíben; sin embargo, bien dicha, y en el momento oportuno, puede ser la excepción.

Nuestro lenguaje tiene un gran número de malas palabras, tal vez por el ingenio del mexicano, del español y de los que hablamos esta lengua. Incluso muchas de las groserías las encontramos en el *Diccionario de la Real Academia Española*, al cual el primer uso que le dimos fue buscar su significado.

Aunque varios de nuestros grandes escritores y actores las utilizan con toda naturalidad, cuando los improperios se usan para todo y como sustituto de calificativos es signo de pobreza de vocabulario. Es más fácil exclamar: "Es un imbécil" (por ponerlo leve), que saber usar una descripción inteligente como la que mi amigo Germán Dehesa sustituye con "padece de orfandad neuronal", que alcanza la belleza de la rotundidad.

¿Por qué decimos groserías?

De niños las decimos para sentirnos grandes, para impresionar, por lo general motivados por el ejemplo de un mayor al cual admiramos. De adolescentes las utilizamos como una señal hacia el mundo de que somos independientes, libres, que nos rebelamos contra lo establecido y las normas que a nuestro parecer son anticuadas. De adultos, las decimos en ocasiones para vernos "relajados", "modernos", "sin prejuicios". Otras, para mitigar un dolor o para desahogar un coraje.

Antes, las groserías pertenecían al mundo masculino. Esto ha cambiado. Ahora las mujeres hablamos peor que los hombres. Quizá por nuestro afán de igualdad, no sólo les hemos copiado esto tan poco imitable, sino que los hemos superado. Basta escuchar la conversación entre dos lindas jovencitas, en apariencia muy monas y muy decentes, para comprobarlo. ¡Uno se va de espaldas! En comparación, los oriundos de Alvarado, Veracruz, son como el mismísimo Cervantes. Así es, y considero que el fenómeno es incontenible.

Entre los hombres es frecuente escuchar las groserías en sus reuniones, comidas o en el trabajo. Las normas de educación no han cambiado ni cambiarán en este sentido; entonces, ¿se considera mal educada una persona que dice malas palabras? La respuesta, hoy en día, radica en cuándo, dónde, cómo y con quién se digan.

Partamos de que hay a quien le queda decir groserías y hay a quien no. Por alguna extraña razón, la misma mala palabra que en una persona se escucha graciosa, en otra se oye forzada, sin gracia y vulgar.

Cuándo: hay de momentos a momentos. No es lo mismo soltar una grosería dentro del coche, cuando alguien nos hace la mala jugada de echarse en reversa para ganarnos el lugar de estacionamiento, que decirla en una mesa formal en la cual nos acaban de presentar a los comensales.

Asimismo, cuando con mucha prisa corremos hacia el elevador y el vecino, habiéndonos visto, cierra la puerta en nuestra nariz y para colmo sube al piso quince. Esto es diferente que decir sapos y tepocatas en la asamblea de padres de familia de sexto año de primaria del colegio.

Debemos procurar que soltar maldiciones no se incorpore a nuestro vocabulario aunque no lleven la intención de ofender a nadie. También hay un sinfín de situaciones en que la tensión o el estrés nos hacen perder los estribos. De no estar solos, fijémonos muy bien quién es nuestro acompañante.

Con quién: nunca delante de jefes o superiores, así estemos en los peores momentos de nuestra vida. Tampoco delante de nuestros papás (se infartan). Jamás enfrente de los niños, ya que las copiarán al instante y las repetirán en el momento menos apropiado. Al recibir el regaño, el niño reclamará con razón, "si mi tía lo dice".

Es de caballero no decir malas palabras en presencia de una mujer, menos si ella es mayor de edad, es su posible suegra, su empleada o su compañera de trabajo. Como mujer, nunca frente al "galán" que le acaban de presentar, nunca a gritos en la entrada de una discoteca, aunque se encuentre a su amigo o amiga del alma. Tampoco con el novio, ya que si es ella la que rompe la barrera del respeto, lo lógico es que él también la ignore.

Podríamos decir que fuera del círculo de amigas íntimas y de la misma edad, no es bien visto que las mujeres tengamos vocabulario de cargador.

Hay quienes, ya sin darse cuenta, usan estribillos que sugieren las primeras letras de la grosería y con ella anteceden cada frase que dicen: "sí, cab...", "no maanches", "uta". Habría que irlas controlando, ya que seguro saldrán en el momento menos deseado.

Cómo: hay diferencia entre grosería e insulto, así como el tono y la intención con el que se digan. Un jefe que grita y utiliza groserías para hablarle a un empleado, lejos de verse como autoridad, revela su ínfimo tamaño y nula educación. Los insultos personales o la blasfemia en ningún caso están bien vistos ni aceptados.

Tampoco hay que exagerar su uso, hay quienes de cuatro palabras que dicen, tres son groserías y eso siempre cansa. Evitar decirlas en un enojo, especialmente con nuestra pareja. Para terminar, de ser posible, respetemos a la madre de los otros, y dejemos a los difuntos en paz. ¿No cree usted?

"EL CHICLE"

No hay nada más desagradable que nos toque junto a nosotros, ya sea en una reunión, en el avión, y no digamos en un concierto, un especialista en producir sonidos muy variados al masticar un chicle, en hacer globitos acompañados del consabido estallido que en ocasiones salpica, o escuchar el vaivén de la goma pasando de un lado a otro de su boca.

En el volumen I de *El arte de convivir*, tocamos el tema de "ladrones del carisma". Mencionamos la carcajada con la boca abierta, el estornudo sin pañuelo, el "frijolazo", entre muchos otros. El chicle merece un capítulo especial, ya que se coloca entre los favoritos y principales "ladrones de carisma". Sin importar que tan atractiva, bien vestida, que tan lujoso sea el coche, la casa, las joyas, de una persona, si ésta mastica chicle en público, le pasa lo que al príncipe... se convierte automáticamente en rana.

Reconozco que es una de las golosinas más populares del mundo, que hay chicles con un sabor delicioso, y que en ocasiones cuando nos sentimos con mal aliento, puede ser un gran aliado. En estos incómodos casos es preferible recurrir discretamente a una pastilla de menta, la cual da el mismo alivio.

Reconozco también que para los que intentan dejar el cigarro, el chicle puede ser un raro sustituto que entretiene la ansiedad. Así mismo, que puede calmar o distraer los nervios o entretenernos mientras permanecemos aburridas horas estancados en el tránsito. Sin embargo, hay que saber distinguir cuando se puede masticar chicle y cuando no.

En cualquier caso, se debe mantener la boca cerrada como si estuviéramos comiendo filete frente a un príncipe (aunque estemos solos). Para nadie es agradable ver cómo una persona ejercita la mandíbula como máquina, y ve la goma en acción acompañada de la lengua que sobresale de vez en cuando. Por supuesto el chicle jamás debe acompañar situaciones como: bodas, bautizos, primeras comuniones, ni adentro ni afuera de la iglesia, tampoco en ninguna fiesta ni de día ni de noche, ya que seguro saldremos en la película o en las fotos con la boca abierta y el chicle saludando.

En el gimnasio al que asisto, hay una señora muy guapa que invariablemente todos los días mastica chicle desde que llega hasta que se va... (no sé como no se cansa). Además de que su belleza se opaca enormemente, no la hace verse muy elegante que digamos, y ya se le conoce como la "señora del chicle".

En los jóvenes es más aceptable masticar chicle que en personas mayores, quienes a veces piensan que el chicle las hará verse más juveniles o más sexys, o más lo que sea, (conclusión equivocada). Ahora que sí se trata de un o una joven que va a conocer a alguien del sexo opuesto o algún familiar de ellos, como su mamá o su papá, es mejor que se trague la goma de mascar, o se la peque arriba del paladar y le salga una voz medio rara, a que cause una pésima primera impresión. En los niños, creo que no hay uno que no haya pasado por la experiencia de tener que cortarle el pedazo de pelo, por tener un chicle pegado imposible de quitar.

Los expertos en nutrición afirman que masticar chicle estimula la secreción de jugos gástricos; el sistema digestivo se prepara a recibir la comida que nunca llega, así que resulta muy ácido para el estomago.

Cuenta la historia que los mexicas masticaban chicle, y que las mujeres y jóvenes indígenas tenían el hábito de utilizarlo para limpiarse los dientes. Esté era extraído por los antiguos mayas del látex del árbol del chicozapote. Fue en la segunda mitad del siglo xix, que James Adams, de origen estadunidense, quien al notar que Santa Anna mascaba pequeños trozos de chicle natural tuvo la idea de lanzar al mercado estadunidense, pedacitos de chicle con saborizantes y azúcar en forma de bolitas. El éxito fue inmediato.

En el trabajo, sale de sobra decir, no hay nada que pueda tirar abajo una posible venta, como el hecho de que un vendedor acompañe con el rumiar de una vaca pastando su arenga de ventas, aunque sea muy discreto al masticar. O bien, que al llegar a una tienda con el deseo de comprar algo, nos encontremos con la señorita sentada en un banco masticando el sabroso chicle e indiferente a nosotros. A estas personas se les debería llamar "asesinos de ventas"(pero esa es otra historia).

En el trabajo pocas cosas pueden crispar los nervios de muchos directores como llamar a un empleado a su oficina, y que éste, al llegar, acompañe las palabras: "En qué puedo servirle" (o lo que usted quiera), con el masticar de un chicle.

A menos que una persona sea investigadora, científica y trabaje sola en un laboratorio o en el campo, sea escritor y nadie la vea, o sea un cibernauta solitario, o vaya al cine entre semana a la función de las once, puede masticar chicle sin ningún problema. Si por el contrario, es sobrecargo, mesero, dependienta en una tienda, médico, abogado, asesor en finanzas, decoradora, etcétera... jamás de los jamases debe masticar chicle.

Podríamos concluir, que como todo en la vida, el chicle tiene su momento y debe disfrutarse con discreción y prudencia.

Pensándolo bien, hay algo peor que masticar chicle en donde no se debe... y esto es ¡escupirlo en la calle, por la ventanilla del coche, o pegarlo debajo de las mesas! ¿No cree usted?

EL CELULAR

El teléfono celular se ha convertido en un artículo de primera necesidad para muchos de nosotros. Sin embargo, puede llegar a representar una imprudencia, si permitimos que domine nuestras vidas.

Seguramente le ha ocurrido que, al estar comiendo en un restaurante, escucha sonar un celular, y otro, y otro. Esto se ha convertido en parte de nuestra vida cotidiana.

Lo "divertido" es que todos indagan si el que suena es el propio. ¿Qué hacíamos antes sin celular? Por lo menos comíamos más tranquilos. Si la llamada esperada es de vida o muerte, podemos tener el celular prendido en un lugar discreto; no se debe poner sobre la mesa. Lo correcto sería dejar el teléfono en el coche; o bien, apagarlo.

- El tiempo de la comida debe ser de descanso y convivencia. Si suena el teléfono constantemente, la conversación se interrumpe y es una descortesía para nuestros acompañantes.
- Manejar, poner atención para no chocar y hablar por teléfono al mismo tiempo es privilegio de algunos. En la actualidad está prohibido usar el teléfono mientras manejamos. Si la autoridad nos sorprende, nos pondrá una multa. Hay un aparato llamado "manos libres", que nos permite al resto de los mortales hacer todo lo anterior.
- Hay que apagar el celular cuando estamos en la oficina de algún cliente, médico o amigo. Es poco prudente contestar llamadas. El que visitamos nos está dando parte de su tiempo, lo que es muy valioso. Lo mejor en estos casos es contar con un buzón de llamadas para escuchar después los recados.
- El servicio del celular no es nada barato. Nos percatamos de ello cuando llega la cuenta o compramos tarjetas y vemos lo poco que duran; así, que hay que ser breves. Bien dicen que el teléfono se hizo para acortar distancias, no para alargar conversaciones.
- Si el teléfono suena, saca de concentración a todos los que están cerca, especialmente cuando nos encontramos en un concierto, en misa o en una junta de trabajo. Hay que apagarlo.

- Si esperamos una llamada importante, lo más prudente sería quedarnos cerca de la puerta para poder atenderla. Así molestaremos menos a los demás.
- A muchas personas les desagrada prestar su celular. Por esta razón lo mejor es que seamos precavidos y llevemos el propio con una pila extra, o bien que traigamos una tarjeta de teléfono público. En caso de que alguien nos lo preste por no contar con lo anterior, seamos lo más breves que podamos.
- Si le es necesario hacer uso del celular en un lugar público, preocúpese por moderar el volumen de su voz, si no quiere que todo mundo se entere de lo que habla.

¿Dónde lo llevo?

El lugar adecuado para llevarlo es dentro del portafolios o en la bolsa. Si el hombre lo usa, puede ponerlo en el cinturón por la parte de atrás. Si el celular es chiquito, la bolsa de la camisa es un buen lugar para contenerlo.

La idea es que seamos lo suficientemente discretos. Se ve mal que una persona entre a todos lados con el celular en la mano o lo coloque en un lugar ostentoso. En las mujeres no luce bien colgarlo en la correa de la bolsa.

"Apague su celular, por favor..."

- En juntas de trabajo, en la oficina o en la escuela de los hijos.
- En la iglesia.
- En el museo.
- En el cine.
- En el teatro.
- En los conciertos.
- En una conferencia o clase.
- En la visita a un enfermo, ya sea en su casa o en el cuarto del hospital.

VAMOS AL CINE

Ir al cine es algo maravilloso. Las películas nos transportan a un mundo de sentimientos, emociones y aventuras. Es aislarnos

213

por unas horas de la realidad y meternos en un mundo de fantasía. Todo lo que nos rodea debe cooperar para que el desprendimiento de la realidad sea total.

Para hacernos, y hacer a los demás, la película más disfrutable, tomemos en cuenta:

La puntualidad
Llegar con anticipación facilita todo: comprar los boletos, ver la película que queremos, encontrar un buen lugar dónde sentarnos juntos, comprar el refresco y los dulces con calma.

Afortunadamente, ya existen cines que cuentan con el servicio de reservaciones y con sólo una llamada nuestros boletos están asegurados.

Antes de que la película comience:
- Apaguemos nuestro celular, bíper o radiolocalizador. ¿Qué tal que, justo en lo más interesante de la película, suena un teléfono, el dueño tarda en encontrarlo y ¡contesta!? Para colmo, sigue con la llamada en lugar de cortar rápido o se levanta estorbando a todos al salir. Luego, por supuesto, regresa muy quitado de la pena y hace que la gente nuevamente se incomode al volver a su lugar. ¿Le ha pasado?
- Evitemos apartar asientos. Esto es aceptable cuando alguien ha ido al baño o a comprar algo; pero si los lugares son para amigos que aún no llegan, piense que es poco sensato y una descortesía hacia las personas que ya están ahí.
- Es un buen detalle cambiarnos de lugar, o recorrernos, para que otras personas puedan sentarse juntas. Evitemos dejar asientos aislados vacíos.
- Si llevamos bolsa o nos quitamos el suéter o el saco, hay que acomodarlos en las piernas, no los pongamos en el asiento de al lado, a menos que la sala esté poco concurrida.

En la sala:
- Si la película ya comenzó, acomodémonos rápidamente y en silencio. Si por accidente pisamos o molestamos a alguien, ofrezcamos una disculpa.

214

- Tratemos de nunca ser de los que llegan gritando: "Pablito, ¿dónde estás?"
- Besos, abrazos y apapachos... mejor en otro lado.
- Procuremos ir al baño antes de que empiece la película. Es molesto que alguien pida permiso de pasar justo en lo más interesante de la historia.
- Al comer las palomitas o abrir los chocolates, hagamos el menor ruido posible.
- Dejemos los comentarios para el final de la película. Hay quienes hacen conjeturas acerca de la trama en voz alta, o ya la vieron y platican la siguiente escena, o, lo que es peor, ¡el final! Si su compañero no entiende la historia, no se la platique, ni le dé explicaciones; ni modo, tendrá que esperarse a que acabe. Si le toca atrás un grupo de adolescentes, le sugiero cambiarse de lugar.

   En pocas palabras: en el cine, silencio.
- El brazo del asiento que nos corresponde es el de la derecha. No vaya a ser como un señor que me tocó al lado y se apoderó materialmente del asiento

Al salir
Tiremos la basura en los botes correspondientes, no la dejemos en el piso ni debajo del asiento. ¡Cómo da gusto ver que nos estamos educando más: la mayoría de la gente ya lo hace!

Los niños
Es importante enseñar a los niños, desde pequeños, a comportarse bien en el cine. Asunto que será difícil si la película no les interesa o no la entienden. Por este motivo, hay que llevarlos a ver películas apropiadas.

Lo que deben aprender:
- No golpear con los pies el asiento de enfrente.
- No hablar en voz alta. Cuando tengan alguna duda, respondámosla muy quedito, para que ellos usen ese mismo nivel de voz.
- A comer los dulces sin hacer ruido con el papel.
- A tirar la basura a la salida de la sala.

Lo básico

- Lleguemos al cine con anticipación.
- Apaguemos celular y radiolocalizador.
- El silencio es oro.
- Besos y abrazos, mejor en otro lado.
- Recordemos tirar la basura en su lugar.
- Enseñemos a los niños cómo comportarse.

Un concierto y el teatro

Asistir a una buena obra de teatro, o a un concierto, es una de las mejores maneras de entretenernos o cultivarnos. El contacto directo con los artistas, con los actores y sus personajes, provoca ambientes y sensaciones únicas.

Esta maravillosa experiencia puede convertirse en una verdadera pesadilla si entre nosotros, los asistentes, falta un elemento esencial: la cortesía.

Veamos algunos detalles a cuidar:

- Lleguemos puntuales, antes de la primera llamada. Si llegamos tarde a los conciertos de música clásica o a la ópera, nos harán esperar amablemente afuera hasta que comience el segundo acto, para no distraer a nadie. Si bien nos va, podremos verlo desde la pequeña pantalla de un monitor.
- Al entrar para acomodarnos, tengamos los boletos a la mano y una propina para la acomodadora. Una vez en nuestros lugares, evitemos salir y entrar a media obra (hay que ir al baño primero).
- Si notamos que alguien ocupa nuestros asientos, lo correcto es que la acomodadora sea quien se lo haga notar, no nosotros.
- Al pasar a nuestros asientos, debemos pedir permiso y caminar de espaldas a las personas sentadas. Si por accidente les damos un pisotón, demos disculpas de inmediato. Si usted es hombre y le piden permiso para pasar, un gesto caballeroso es ponerse de pie. Las mujeres y las personas mayores sólo encogemos las piernas.

216

- Uno de los grandes tormentos que podemos tener es que, ya iniciado el espectáculo, escuchemos a nuestras espaldas un susurro explicando paso a paso lo que sucede en el escenario. Uno empieza a voltear discretamente para ver si entienden el mensaje, y los susurrantes jamás se dan por aludidos. ¿Qué hacer? De plano, con toda amabilidad, hay que volverse y pedirles que por favor no hablen.

- Otro tormento es cuando nos toca un entusiasta conocedor que, desde el asiento trasero, tararea todo el tiempo la música, o cuando nos sentamos al lado de otro director de orquesta que lleva el compás y dirige a los músicos desde su sitio.

- El que suene un celular ya ni se menciona. Es una pena que, durante un festival del centro histórico que tuvimos en la ciudad de México, los extranjeros que nos visitaron se quejaran de la cantidad de veces que sonaron teléfonos celulares. ¿De qué manera podrán entender esas personas que es una falta de respeto a todos? ¡No se diga cuando se atreven a contestarlo y a hablar!

- Si decidimos comer cacahuates, pasitas u otra golosina empacada en celofán, abramos la bolsita antes de entrar y evitemos hacer ruidos al comer, si no queremos ser odiados por todos a nuestro alrededor.

- Si llevamos abrigos, sacos o suéteres en la mano y la sala está llena, debemos acomodarlos sobre nuestras piernas.

- Hay que estar conscientes de que, al sentarnos, nos corresponde apoyarnos en un sólo descansabrazos. Si nos sentamos en las butacas que están a la izquierda del pasillo central, nos toca el lado derecho. A los ocupantes que están sentados del lado derecho del pasillo, les toca el lado izquierdo. No los dos.

Los aplausos:
- Es importante aprender cuándo aplaudir en óperas y conciertos de música clásica. Si uno no sabe qué hacer, es mejor seguir el dicho: "a donde fueres, haz lo que vieres". Debemos aplaudir la entrada de los artistas al escenario, la del director de orquesta y a los músicos en su arribo al pozo.

- En estos conciertos, se aplaude entre un número y otro. Nunca en medio de una partitura, la cual, al contener un espacio de silencio, puede hacernos creer, a quienes no somos muy conocedores, que ya acabó. Creo que todos los que asistimos por primera vez a un concierto de música clásica nos hemos llevado la sorpresa. De pronto escuchamos algunos aplausos distraídos, entre ellos el nuestro, cuando ya es demasiado tarde para disimular nuestra incultura.

  El director nos hará saber, por medio de los acordes (por lo general triunfales), cuando la obra musical terminó; entonces es momento de aplaudir. En ocasiones los músicos se levantan para agradecer con una inclinación al público. Cuando vuelven a sentarse y toman sus instrumentos, todo debe quedar en silencio en espera de la señal del director de orquesta.

- Cuando al cantante le sale un "gallo", o un artista se equivoca en la ejecución del número, lo correcto es actuar como si nada, y guardar silencio. El reclamo del público se hará sentir en los aplausos del final.

- Al término del concierto es recomendable esperar, ya que generalmente se ofrecen los llamados *encore*, que en francés significa otra vez, que se dan por la intensidad y duración de los aplausos cuando el desempeño del artista o de la orquesta fue extraordinario. Se pueden dar varios *encore*.

- Abandonar la sala antes de que termine la obra es una falta de respeto para los actores y los vecinos. Evitemos hacerlo, a menos que sea a causa de algo verdaderamente importante o la obra esté ¡malísima! Ahí sí, con la pena, pero ni modo. De ser así, procuremos no ponernos el saco de pie, frente a nuestros asientos, ya que corremos el riesgo de morir antes de haber salido.

- Si el concierto fue excepcionalmente bueno seamos generosos y aplaudamos de pie. Esta es la mejor recompensa que cualquier artista se puede llevar.

Los niños

Enseñémosle a nuestros hijos cómo comportarse en un teatro. Principalmente, haciéndoles entender la importancia del silencio durante la obra, de llegar a tiempo y ser atentos con los otros espectadores y los actores.

Tomemos en cuenta la edad del niño para seleccionar la obra. Si en el cine es molesto escucharlos llorar o hablar, en el teatro esta situación se torna muy incómoda.

¿Qué ponerse?

- La formalidad en el vestir para asistir al teatro hoy en día ha disminuido. Sin embargo, tampoco hay que ir totalmente desarreglados. Nadie nos querrá invitar otra vez.
- Para los conciertos de música clásica o la ópera nos sentiremos mejor si vestimos de manera formal. Los hombres de traje y las mujeres con un traje sastre de colores discretos o un vestido con suéter o saco encima. En la actualidad ya no es necesario ir de esmoquin o de largo, como en algún tiempo se usó. Quizás en casos excepcionales, cuando la magnitud del evento lo requiera. Esta situación suele darse en eventos organizados con el fin de obtener fondos para obras de caridad.
- Siempre es conveniente informarnos acerca del lugar al que vamos a asistir, el tipo de concierto que presenciaremos y la hora del evento. El horario también influirá en nuestro arreglo personal: las noches siempre requieren un poco más de formalidad que las tardes.

Para los hombres:
Si la función es entre semana, bien puede ir con el mismo traje del día (si es que lo usa), o puede sustituir el saco por un suéter o una chamarra.

Si la función se presenta en un teatro elegante, como el Palacio de Bellas Artes, se sentirá mejor si va de traje oscuro. Puede no usar corbata y está bien. Puede vestirse todo de negro y también lucirá de manera apropiada.

Para las mujeres:
Un traje pantalón con saco en tonos oscuros siempre se verá adecuado, tanto para un evento en Bellas Artes como para ir a cualquier otro teatro.

A partir de estas prendas básicas, usted puede volver su atuendo un poco más formal, o menos formal, dependiendo del caso. Ya sea con accesorios, y sustituyendo el saco por un juego de suéteres o chamarra, o bien cambiando los pantalones por un vestido. La creatividad e imaginación son importantes; sin embargo, evitemos ir sobrevestidas. Los vestidos tipo coctel no son apropiados.

FUNDAMENTAL...

- Comprar los boletos con anticipación.
- Antes de entrar a la sala, procuremos ir al baño o tomar algo.
- Estemos seguros de que nos hemos sentado en el lugar correspondiente.
- Seamos moderados y, a menos que vayamos a una obra de teatro popular o cómica, no estallemos en risotadas o en un ataque de aplausos.
- No esperemos hasta la tercera llamada para ocupar nuestro asiento.
- Aguardemos a que la obra termine para salir.
- Enseñemos a nuestros hijos la manera correcta de comportarse y disfrutar una obra de teatro.
- Vayamos siempre arreglados a cualquier teatro.

CONCIERTOS AL AIRE LIBRE

A estos conciertos van multitudes, por lo que es importante llegar con la suficiente anticipación. Planeemos bien el tiempo que nos llevará trasladarnos y estacionar el coche, así como la distancia que tendremos que caminar hasta llegar a nuestro lugar.

- En los conciertos de rock o de cantantes populares, lo apropiado es vestir totalmente sport y cómodo, sobre todo cuando se llevan a cabo en lugares abiertos, como por ejemplo: estadios, auditorios al aire libre, explanadas.
- En estos eventos debemos ser cuidadosos y evitar cualquier clase de alborotos. La excitación del momento nos hace le-

vantarnos del asiento, bailar y cantar. Estemos pendientes de que, al hacerlo, no molestemos a los vecinos.

• Si en el momento de la salida queremos evitar el tumulto, es recomendable salir algunos minutos antes de que termine la función o esperar a que se despeje un poco el lugar.

En caso de emergencia
En caso de tener que salir todos al mismo tiempo por alguna razón, es importante lo siguiente:

• Controlar las reacciones de pánico. Más vale que permanezcamos tranquilos y actuemos serenamente.

• En lo posible, establezcamos un orden en la evacuación del lugar. En estos casos debemos dar prioridad a los niños y a las mujeres embarazadas. Después, a mujeres en general y a personas de la tercera edad.

VAMOS AL MUSEO

Siempre será disfrutable asistir a un buen museo o a una buena exposición. Es una excelente manera de convivir, nos da la oportunidad de aprender mil cosas, despertar nuestra sensibilidad y enriquecernos. Además, nos transporta a otros lugares y épocas.

• En los museos existen guías en persona o grabadoras que nos conducen a través del recorrido, dando explicaciones de lo que encontraremos en el lugar. Contratar su servicio nos hará entender y apreciar mejor todo. Vale la pena.

Cuando decidamos unirnos a un grupo con guía, deberemos ser lo más ordenados que podamos, permanecer atentos a las instrucciones y guardar silencio para que los demás puedan escuchar las explicaciones. Evitemos adelantarnos o quedarnos hasta atrás.

• Las obras de arte se deben ver a distancia razonable. Si nos paramos a veinte centímetros, no estaremos apreciándola en su totalidad, amén de que le taparemos la visibilidad a todos.

• Si acudimos al museo en grupo o de manera independiente, procuremos no detenernos mucho tiempo contemplando una pieza o una obra, sobre todo si consiste en un cuadro pequeño. Seamos conscientes de que los demás también desean apreciarla.

- Apaguemos el celular y guardemos el mayor silencio posible.
- Si nos encantó o nos chocó una obra, moderemos nuestros comentarios o esperemos a salir para expresarlos libremente.
- Si vamos solos y no contratamos guía, no es correcto que nos peguemos disimuladamente al grupo que sí cuenta con él para escuchar sus explicaciones gratis. Al guía y a los que sí pagaron les cae mal. En esos casos, lo mejor es acercarse al guía, pedirle permiso para unirse al grupo y después darle una propina. Me ha tocado verlo y es muy bien aceptado por todos.
- Obviamente no podemos tocar nada, ni pasar a las áreas que se encuentran acordonadas. Respetemos las disposiciones de cualquier lugar que visitemos, lo mismo que las restricciones de los guardias encargados de vigilar el lugar.
- Por lo general se prohíbe entrar con bolsas grandes, cámara fotográfica o de video. Esto se deja en el guardarropa.

Los niños y jóvenes en el museo

Si somos papás, es importante inculcar en nuestros hijos la costumbre de visitar museos. Sin embargo, no los saturemos, para que les tomen el gusto. Visitemos una o dos salas con el fin de que aprecien las obras sin aburrirse, y después llevémoslos a comer algo que les guste para que asocien positivamente la experiencia.

- Es importante evitar que griten o corran por las salas de exhibición.
- Es muy común que en sus escuelas les dejen alguna tarea que tenga que ver con la visita a un museo. Si el niño aún es pequeño, habrá que acompañarlo y ayudarlo en su investigación; también será una muy buena oportunidad para despertarle el gusto por el arte y enseñarlo a comportarse.

Si ya puede ir con sus compañeros o algún hermano mayor, nos toca hacerle algunas recomendaciones:

- Aconséjele que, si tiene que copiar alguna información, lo haga lo más rápido que pueda. Por lo general no les permiten sentarse en el suelo.

- Que no hable en voz alta ni que un compañero le dicte a todo volumen lo que debe escribir, o viceversa.

Generalmente, cuando van con sus compañeros no se portan muy tranquilos que digamos; si alguna autoridad del museo les llama la atención o les pide que se tranquilicen, recomiéndeles que obedezcan.

CORRIDA DE TOROS

Después de haber comido rico en algún restaurante cercano, una buena tarde soleada en compañía de los amigos resulta ideal para ir a los toros. Cuando asistamos a una corrida, hay que ir bien vestidos, pero evitar la ropa delicada que se manche o se arrugue fácil.

Conviene que lleguemos puntuales, pues los asientos son numerados y un retraso puede molestar a quienes ya están ahí, al pasar junto a ellos para llegar a nuestro lugar.

Mientras se lleva a cabo la faena, hay que guardar silencio absoluto. Si somos principiantes y tenemos dudas de por qué pasa esto o lo otro, no se nos ocurra preguntarle al experto de junto cuando la faena se esté llevando a cabo. Una vez que acabó, podemos platicar, aplaudir o chiflar y pararnos. Evitemos gritar "ole" si no estamos seguros de que el torero lo merece. Es mejor observar e ir aprendiendo poco a poco.

Durante la corrida es muy divertido escuchar los comentarios ingeniosos que de pronto brotan, por lo general del lado de sol.

En la plaza es muy común que los señores fumen, especialmente puro. Es el lugar apropiado para hacerlo. Sólo hay que cuidar que no moleste a los vecinos.

Si usted pertenece a Greenpeace, o es un ecologista de hueso colorado, evite asistir a los toros. Si quiere quedar bien con alguien y decide que invitarlo o invitarla a una tarde de toros es lo ideal, primero sondee el terreno.

Sanitarios públicos

Cuentan que Henry Ford, al visitar sus agencias de coches, antes de revisar los libros y las ventas pasaba a ver los baños del lugar. En ellos se ve el grado de civilidad y educación tanto de quien proporciona el servicio como de quien los usa.

Lo indispensable en un sanitario público:
- Debe estar limpio siempre. Es necesario que la persona encargada lo revise varias veces durante su turno, para asegurarse de su limpieza y de que no falte nada.
- Debe haber agua, jabón, papel sanitario, basurero en cada w.c., papel para secarse las manos o secadores de aire caliente y un espejo. (No es higiénico tener toallas de tela en un lugar donde muchos se secarán las manos.)
- Se ha puesto de moda instalar sistemas automáticos en los sanitarios y lavamanos en algunos lugares. Creo que a todos nos ha tocado comprobar que no siempre funcionan. Son convenientes siempre y cuando tengan una forma manual alternativa de usarlos.
- Al usuario le corresponde dejar todo limpio después de utilizarlo. Lavarse las manos con agua y jabón siempre, y tirar el papel con que se secó las manos en el bote de basura.
- El papel sanitario, por el contrario, no se debe tirar en el bote de basura sino en el mismo w.c. Quizá las antiguas instalaciones así lo requerían, más las que se utilizan hoy en día no lo justifican y es muy antihigiénico. Lo que sí se debe tirar en el bote de basura son las toallas sanitarias, muy bien envueltas.
- Si nos lavamos los dientes, hay que tener la delicadeza de enjuagar muy bien el lavabo.
- En un baño público hay que cuidar los comentarios en voz alta. Nunca se sabe quién puede estar escuchando del otro lado de la puerta.
- Si nos toca una señorita o señor encargado de la limpieza de los baños, por lo general tienen un platito para que les pongamos una propina. La decisión de dejarle o no es personal. Sin embargo, hay quienes verdaderamente se la merecen por

todos los detalles de atención que tienen con nosotros, además de tener el lugar albeando de limpio.

"ALGUIEN ESTÁ EN EL HOSPITAL"

*A los amigos se les conoce en la cárcel
y en la enfermedad.*

REFRÁN

Visitar a un enfermo en el hospital es un acto de amistad y solidaridad. Aunque no siempre es fácil: ante una situación delicada, muchas veces no sabemos qué decir o qué hacer. Sin embargo, en momentos así se refleja nuestra calidad humana, inteligencia y tacto.

Tanto el enfermo como su familia siempre recordarán con simpatía ese gesto amable de haber invertido parte de nuestro tiempo en una visita. No olvidemos que, cuando somos los enfermos, agradecemos mucho cualquier detalle que se tenga con nosotros.

Atenciones hacia el enfermo

* Antes de visitar a un enfermo en el hospital, investiguemos con los familiares el día y la hora adecuadas para hacerlo. Sobre todo si se trata de alguien que se encuentra delicado. Las horas prudentes de visita son entre las nueve de la mañana y las siete de la noche. Asimismo, seamos prudentes con las llamadas telefónicas. El tiempo de permanencia no debe exceder de quince minutos a media hora.
* Nuestra presencia le debe dar tranquilidad y un rato de alegría al enfermo. Su cuarto no es lugar de reunión social. Así que procuremos no estar más de dos personas en el cuarto y hablar siempre en voz baja.
* Platiquemos sobre temas agradables y sencillos. La intención de nuestra visita es hacer pasar al enfermo un rato ameno y que olvide por un momento su enfermedad.
* No cometamos la imprudencia de platicar acerca de enfermedades, o sobre aquella persona que se encontraba enferma

de lo mismo y ¡murió o sanó de milagro! Ninguno de los dos comentarios es atinado. En algunos momentos de la visita podemos guardar silencio, no es necesario llenar los huecos con palabrería que no viene al caso.

- Evitemos reprocharle al enfermo lo mal que cuidaba su salud o los excesos a que se entregaba y son causa de su enfermedad, tampoco es conveniente recomendarle medicinas, hierbas o remedios caseros. No es el momento.
- Cuando nos reunimos varias visitas en el cuarto del enfermo y alguien nos lo indica, hay que salirnos. Igualmente si vemos que llega el doctor a revisar al paciente. O si la enfermera le va a hacer alguna curación o limpieza.
- Para cualquier enfermo, el hecho de estar en el hospital es todo un acontecimiento y tal vez desee platicar acerca de su enfermedad u operación. Dejémosle todos los reflectores, él quiere que lo escuchemos con toda atención.
- Si notamos que le cansa hablar, evitemos que lo haga. Asimismo, si lo notamos molesto, es el momento de despedirnos para que descanse.
- Tengamos especial cuidado en no sentarnos en la cama del enfermo: invadiríamos su espacio vital. Sin embargo, el contacto físico es muy importante en esos momentos; tomémoslo de la mano o acariciémosle la cabeza.
- En el cuarto del enfermo no hablemos por teléfono, ni utilicemos su baño, como tampoco nos dediquemos a ver la televisión o nos apoderemos del control remoto.
- Si tenemos alguna enfermedad como gripa o catarro, lo mejor será posponer la visita y llamar por teléfono para enterarnos de su salud.
- Si durante el tiempo que permanecemos en la habitación con él, notamos que el suero se acaba, avisemos a la enfermera.
- Durante la visita, evitemos ver el reloj a cada rato.
- Si el enfermo es de nuestra familia, siempre que nos dirijamos a las enfermeras, doctores y demás personal, hay que hacerlo de manera educada y tranquila. "Cortesía llama cortesía", dice el proverbio japonés.
- Si alguno de los servicios del personal llegara a ser deficiente, es mejor hacérselo ver a solas y no en presencia del enfer-

mo, no le ayuda nada. Como tampoco ayuda criticar al médico o el tratamiento frente a él.

- Es buena idea obsequiarle al enfermo revistas, libros o algún pequeño regalo que le ayude a pasar el tiempo. No llevemos alimentos, a menos que estemos seguros de que los puede comer. Recordemos que en algunos hospitales no dejan pasar flores.
- Ofrezcamos nuestra ayuda en los asuntos privados o de trabajo que haya dejado pendientes por la enfermedad.
- Evitemos usar los pasillos para platicar, es mejor hacerlo en la cafetería o en las salitas especiales para ello. Además, los enfermos con frecuencia los usan para caminar, y necesitan espacio y tranquilidad. Al caminar por ellos hablemos en voz baja. El otro día me tocó ver que, en uno de los cuartos vecinos al nuestro, había una nueva mamá y había tantas visitas que de plano sacaron dos sillas para platicar en el pasillo porque adentro ya no cabían. Eso es una imprudencia para los enfermos cercanos que quieren descansar.
- No llevemos niños a un hospital, a menos que al enfermo le dé gusto verlos, y sólo un ratito. Evitemos que corran por los pasillos.
- Si en la visita se encuentra con un viejo amigo, procure no platicar todo el tiempo con él, ignorando al enfermo.
- Si en la puerta dice "no se aceptan visitas", puede pasar por debajo una notita con un saludo cariñoso.
- Si el enfermo se encuentra muy delicado, evitemos llegar con cara de tragedia o de velorio. Recordemos que la esperanza y el sentido del humor son grandes medicinas.
- Si el enfermo necesita descansar, pidamos a la operadora que no pase las llamadas al cuarto. Aunque se agradece el interés de amigos y familiares, el constante sonar del teléfono molesta al paciente.

Los otros enfermos
- Si la persona que visitamos se encuentra en cuarto compartido, saludemos y despidámonos siempre del compañero que le tocó al lado. Es correcto de vez en cuando comentar algo con él.

- Si de momento el vecino de cama se queda solo y vemos que necesita algo, ofrezcamos nuestra ayuda.

- Si, desafortunadamente, somos nosotros los enfermos, es recomendable evitar quejarnos sobremanera, gritar o llorar fuerte en cuartos compartidos o salas de recuperación. Hasta en esos momentos la educación y la clase son importantes. Hay un dicho que dice: "la queja degrada al hombre". Además, poco ayudamos con nuestros quejidos a los demás enfermos.

La relación entre paciente, médico y enfermeras

- Como enfermo, hay que obedecer si el médico prohíbe las visitas.

- Si deseamos saber los resultados de algún examen o por qué de una medicina, preguntémosle directamente al médico y no a la enfermera. Ellas están para ayudarnos y atendernos, y muchas veces no están autorizadas a informar sobre nuestro estado de salud o el porqué de las medicinas. Respetemos su trabajo y agradezcamos siempre sus atenciones.

- El médico o la doctora tienen un especial interés en lo que se refiere a nuestra salud, lo cual es meramente profesional y así debemos tomarlo. Un médico joven, una bonita doctora o una agradable enfermera –sobre todo si nos aliviaron– despiertan distintos sentimientos en cada paciente. Yo recuerdo que, después de tener a cada uno de mis hijos, me sentía enamorada de mi ginecólogo y me lo quería llevar a mi casa junto con mi esposo. El agradecimiento es tan grande que nos podemos confundir.

Lo básico:

- Antes de visitar a un enfermo, investiguemos el día y la hora adecuados para hacerlo.
- Que la plática con un enfermo sea sólo de asuntos agradables.
- Cuando el doctor o la enfermera nos pida que salgamos de la habitación, hay que hacerlo de inmediato.

- Evitemos reprochar al enfermo la poca atención que pone en su salud, como también recomendarle medicamentos o aconsejarle remedios caseros.
- Si notamos cansado al enfermo, retirémonos para que descanse.
- Es un gesto amable llevarle algún obsequio al enfermo.
- Tengamos consideración y atenciones para el compañero de cuarto de nuestro amigo o familiar enfermo.
- Hay que ser breve en las visitas.

CORTESÍA EN CURSOS, TALLERES Y CONFERENCIAS

A todos nos ha tocado vivir la experiencia de estar en una clase o conferencia en la cual quisiéramos absorber todo lo que dice el maestro. Sin embargo, hay algunos detalles que lo impiden, como:

- Que un alumno tome la palabra en exceso. Hay gente que parece que prefiere escucharse a sí misma que al maestro. Lo mejor es hacer preguntas breves y concisas.
- Si una persona fuma, es mejor que se siente en un lugar donde el humo moleste lo menos posible a los demás.
- Evitar hacer comentarios personales al maestro, pues reducen el tiempo de clase y aburren a los demás. En esos casos es mejor preguntarle después, en privado.
- Tampoco es conveniente comentar con los vecinos en voz alta algo mientras el maestro sigue dando la clase. Distrae mucho y se pierde el hilo de lo que se está diciendo.
- Si faltó un día de clase y una amiga le presta sus apuntes, regréseselos de inmediato.
- Si llegamos tarde a la clase o conferencia, es imprudente, en ese momento, pedirle al vecino o compañero que nos ponga al tanto de lo que ya se dijo.

La última despedida

Morir es retirarse, hacerse a un lado,
ocultarse un momento, estarse quieto,
pasar el aire de una orilla a nado y
estar en todas partes en secreto.

Jaime Sabines

En las familias hay acontecimientos felices, pero también llegan los dolorosos, como el fallecimiento de un ser querido.

Son instantes de sufrimiento en los que especialmente se aprecian las muestras de cariño y solidaridad de parte de los amigos, familiares y conocidos.

Ante la noticia del fallecimiento de una persona querida, es lógico que queramos dar el pésame a los familiares y demostrarles nuestro dolor y afecto. Conviene hacerlo en el momento oportuno y respetar su intimidad.

Evitemos también que los más allegados al que se ha ido repitan una y otra vez las circunstancias del fallecimiento. El mayor consuelo que podemos darles en esos momentos es rezar por la persona fallecida y asistir al funeral, a las misas o a lo que se organice.

Perder a un ser querido es de las experiencias más dolorosas que podemos vivir. Nosotros mismos no sabemos cómo reaccionar. Buscamos estar solos y, al mismo tiempo, necesitamos apoyo y compañía. Hay ciertas actitudes que hacen menos amargo el trago de la despedida, y ciertos deberes que irremediablemente habrá que atender. Es aquí cuando el apoyo de un buen amigo o familiar resulta fundamental.

Estar preparado

No se puede mirar de frente ni el sol ni
la muerte.

La Rochefoucauld

- Por más que los queramos evadir, es importante anticiparnos a estos acontecimientos. No está de más prever una cripta familiar o un sepulcro, y guardar los papeles referentes a él en orden. Mejor incluso si alguien de confianza sabe dónde están.

- Un deceso tiene que comunicarse al registro civil en el lugar donde ocurre, en un lapso de 24 horas. De esta tarea se puede encargar un familiar o una persona cercana a la familia.
- El médico de la familia, o el asignado por las autoridades en caso de muerte no natural, firmará una acta en la que se certifique que todo ha sido legal.

Una vez comprobado médicamente el deceso, la agencia de inhumaciones empieza a trabajar. El entierro generalmente no puede efectuarse antes de 24 horas, salvo en casos excepcionales.

Si la muerte ocurre en el extranjero, la declaración tiene que hacerse ante la autoridad local y el consulado correspondiente.

- La familia fija la fecha, hora, lugar y clase de inhumación.
- Un amigo muy cercano o un familiar puede ayudar en la elección de la ropa del difunto, el ataúd, las flores, la capilla y todos los trámites en general.

Cómo avisar

- A los parientes cercanos y amigos íntimos se les puede participar por teléfono. Los compañeros de trabajo se enteran cuando la familia del fallecido habla a la empresa y la noticia circula entre ellos.
- La esquela en el periódico informa a un mayor número de personas.
- Si se trata de alguien famoso, los diferentes medios de comunicación se encargarán de difundir la noticia.

Cómo vestir

Es curioso ver cómo en cada cultura se establecen diferentes costumbres funerarias.

- En China siempre se ha usado ropa de color blanco, porque significa felicidad y prosperidad en el otro mundo.
- Los gitanos acostumbraban vestirse de rojo en los funerales, porque ese color simboliza para ellos vida y energía. También

los celtas vinculaban el rojo con la muerte, pero como signo de inminente desastre.

- Los musulmanes creen que las almas de los justos adquieren forma de aves blancas. Esta idea se extendió por Europa en la edad media y, durante siglos, los allegados de un difunto se vistieron de blanco.

En occidente es nuestra costumbre que las personas que guardan luto por lo general vistan colores oscuros y de manera formal.

La velación

La decisión del lugar y el tiempo de velación la toman los familiares. Hay quienes acostumbran hacerlo en la casa y quienes prefieren una agencia funeraria. Asimismo, hay quienes velan toda la noche y otros que prefieren cerrar la capilla para tomarse un merecido descanso de unas horas antes del entierro o la incineración.

- Ofrezcamos nuestra compañía y consuelo, no solamente con palabras, sino también con acciones.
- En estas circunstancias nuestro comportamiento tiene que ser lo más discreto posible. Hablemos en voz baja y guardemos una actitud seria. La presencia del dolor de los demás es muy respetable. Si hemos pasado por estos momentos tan difíciles, entenderemos lo que se siente.
- Los velorios provocan encuentros con gente que hace tiempo no veíamos. Es importante que nos limitemos a un simple saludo y dejemos la plática y los abrazos efusivos para después y, por supuesto, en otro sitio.
- Al dar el pésame, procuremos otorgar consuelo y cariño con palabras que surjan del corazón. Evitemos las frases cliché. Es muy importante tener tacto y ser breves. Si no nos nace decir nada, un simple abrazo y un fuerte apretón de manos pueden resultar mejor que las palabras.
- Hay que tener cuidado de lo que decimos. Por ejemplo, un "qué bueno que ya descansó, porque estaba sufriendo mucho", no siempre es bien recibido. No es pertinente decir

cosas como: "de este golpe nunca te repones" o "verás que ya nada es igual". Aunque le suene increíble, hay gente así de imprudente. En ocasiones ayuda más nuestro silencio.

- Es importante permanecer cerca de la familia mientras nos necesiten. Sin embargo, hay que saber retirarnos a tiempo.
- Los parientes, amigos y miembros del equipo de trabajo pueden enviar una corona de flores a manera de homenaje, y publicar una esquela.
- La familia agradece las atenciones en el momento, o unos días después; ya sea si se llevan a cabo personalmente, por teléfono, con una nota enviada por correo o a través de una publicación en el periódico.

Los últimos momentos
- Asistir a un entierro no sólo es un acto social, sino también un acto de amistad y apoyo hacia el fallecido y su familia. En estas circunstancias debemos tener todas las consideraciones y símbolos de respeto hacia ellos.
- Algunas personas prefieren incinerar el cuerpo. A este acto sólo van los familiares muy cercanos. En caso de ser católicos, después se celebra una misa para depositar las cenizas. A ella asiste un mayor número de familiares, amigos y compañeros de trabajo. Con la misa se cierra la despedida de cariño y solidaridad.

Una visita para dar el pésame
- Antes de visitar a alguien para darle el pésame, es conveniente hablar por teléfono para saber el día y la hora en que sería prudente hacerlo.
- La visita debe ser breve. Podemos llegar con una charola de pan dulce o unas flores, a manera de detalle.
- Hay que procurar ser discretos en nuestra conversación y forma de vestir.
- Recordemos que una manera de apoyar a los deudos es escucharlos con atención, de manera que se sientan comprendidos.
- Cuando no tenemos mucha confianza con la familia, pero queremos darle el pésame por el afecto que le teníamos a la

persona fallecida, no es necesario hacer una visita; podemos asistir a una misa o dejar una tarjeta nuestra con algunas palabras cariñosas.

El luto

- Guardar luto se ha tornado una decisión muy personal. Ya no es como antes, que se acostumbraba vestir de negro por largas temporadas. Ahora hay quien prefiere no vestirse de negro ni un solo día, y es muy respetable.
- El luto también tiene que ver con la participación en la vida social. Hay quienes no tienen el ánimo de ir a reuniones, mucho menos a fiestas, hasta que pasa un tiempo prudente para reintegrarse a las actividades normales.

El apoyo

> *La muerte no es una cosa tan grave, el dolor sí.*
>
> ANDRÉ MALRAUX

Una vez pasadas las ceremonias de despedida, es cuando se presenta la época más pesada para la familia cercana. Es importante seguir en contacto con ella y ofrecerle nuestro apoyo. Llamarlos por teléfono, invitarlos a cenar, simplemente verlos, estar con ellos y ofrecerles un cálido abrazo de todo corazón.

Cuando se cumpla el aniversario de la muerte, o el cumpleaños de quien se fue, podemos hablar por teléfono o mandar una nota a sus familiares. Con este gesto les diremos que estamos con ellos, recordamos a la persona fallecida y los queremos.

Tengamos presente la primera Navidad, o fecha importante en que el ser querido faltará, para ofrecer una señal de apoyo. En estas ocasiones, unas líneas que digan algo como "sabemos que esta Navidad será difícil para ustedes, los tenemos en nuestro corazón", serán reconfortantes.

Ceremonias judías

Los judíos acostumbran enterrar a sus muertos lo antes posible. La brevedad es considerada un signo de respeto.

En la congregación ortodoxa, los ataúdes son de madera. No se permiten flores. En su lugar, los familiares y amigos hacen algún donativo en nombre de quien falleció.

Al entierro por lo general sólo asisten las personas muy cercanas. Junto a la tumba se recita el *Kaddish*, y los hombres lanzan un puñado de tierra al ataúd. La gente se queda junto a la tumba hasta que la cubren.

Shiva: Los familiares permanecen en sus casas siete días, pasado el entierro (*shiva* quiere decir siete, en hebreo). Los vecinos les llevan comida y los deudos no tienen contacto con el mundo exterior. Acostumbran también sentarse en el suelo durante los primeros días, como símbolo de cercanía con la tierra en que depositaron a su ser querido.

En las tardes, los amigos y familiares muy cercanos van a visitarlos y realizan un servicio religioso. Es preferible no llegar ni llamar a las horas de las comidas. La duración prudente de la visita es alrededor de media hora.

Esta visita se lleva a cabo para acompañar a los que sufren; por lo tanto, la actitud debe ser discreta y la conversación en voz baja.

Los judíos menos conservadores aceptan flores en los velorios y los ataúdes están más decorados. Celebran un breve servicio religioso con un rabino en su casa, justo después del entierro. Permanecen en sus hogares de uno a tres días, sin reuniones y sin ir a trabajar. En las noches encienden las velas del *Sabbath* y el mayor de la familia dice una bendición.

LUGARES SAGRADOS

No hay dos individuos en la tierra que tengan la misma idea de Dios.

PAUL HENRI HOLBACH

El estudio de las religiones es fascinante. Conocer sus valores y tradiciones enriquece y ayuda a comprender al ser humano en sus diferentes creencias.

Existen varios motivos por los cuales visitamos los lugares sagrados: iglesias, templos, mezquitas, sinagogas. Podemos ir por devoción, para cumplir un compromiso o por cultura y turismo. Conozcamos algunas costumbres:

Servicios budistas

Se llevan a cabo en templos y pueden durar entre una y dos horas. Algunos son de meditación, en silencio, y otros incluyen el sermón de un monje. Generalmente hay cantos e incienso. Los fieles visten ropa cómoda para meditar y se sientan sobre cojines en el piso.

Si visitamos estos templos como turistas, es necesario quitarnos los zapatos y guardar absoluto silencio. Es mejor preguntar si se permite tomar fotografías.

Mezquitas

Los musulmanes rezan cinco veces al día en una mezquita o en donde se encuentren, siempre orientados hacia La Meca, en Arabia Saudita, lugar en que se encuentra el recinto sagrado llamado la Kaaba y la mezquita que la circunda. Antes de rezar, se lavan manos y pies como símbolo de limpieza del cuerpo y el espíritu.

Los visitantes se sientan aparte de los fieles, en una alfombra en el piso.

En las mezquitas también es necesario quitarse los zapatos y vestir con ropa que cubra los hombros y las rodillas.

Servicios judíos

Los servicios se llevan a cabo los viernes por la tarde, cuando empieza el *Sabbath*, y los sábados por la mañana.

Los visitantes se sientan respetando la separación entre hombres y mujeres en los templos ortodoxos.

En la mayoría de las sinagogas los hombres usan el *yamulke* (pequeño solideo) en la cabeza. Siempre hay *yamulkes* en la entrada.

En todas las ceremonias hay que pararse cuando lo hace la congregación. Rezar no es obligatorio.

Iglesias protestantes

Los servicios se realizan los domingos por la mañana. Son muy parecidos a las misas católicas, sólo que con más cantos y mayor duración.

En algunas iglesias protestantes se reserva un lugar especial para los niños.

Existen impresos con el contenido del servicio y las indicaciones generales.

Los visitantes que no son protestantes no tienen la obligación de rezar, arrodillarse o cantar si no lo desean. Simplemente pueden quedarse en las filas de atrás, en silencio.

Misas católicas

Fe es la virtud que nos hace sentir el calor del hogar mientras cortamos la leña.

MIGUEL DE CERVANTES

Las misas de obligación para los católicos se celebran los sábados por la tarde-noche, los domingos y durante las fiestas de guardar. En muchas iglesias se celebra misa todos los días.

Durante el sacramento de la Eucaristía, los fieles rezan, cantan y participan. En algunos momentos están de pie, en otros se sientan o se hincan. Si un visitante de otra religión desea estar en una misa, lo recomendable es que siga los movimientos de los fieles. Puede unirse a las oraciones, mas no comulgar.

Al llegar el domingo, las personas se dirigen a la iglesia, donde escuchan la palabra de Dios, oran juntos y juntos celebran la Eucaristía para recordar la pasión, la resurrección y la gloria de Jesús, y dan gracias a Dios. Es un acto de fe. Eucaristía significa "acción de gracias".

La duración de la misa es de 30 a 50 minutos. Depende del sermón del sacerdote.

Observaciones:

• Hay que entrar a la iglesia haciendo el menor ruido posible. Especialmente con los tacones.

- Cuando vamos a comulgar, lo prudente es levantarnos en orden y permitir que las filas primeras salgan y, posteriormente, las de atrás.
- Cuando regresamos de comulgar, lo correcto es hacerlo con devoción y no mirar para ver a quién conocemos.
- Si nos damos cuenta de que la persona tras de nosotros continúa arrodillada rezando, para darle espacio hay que tener la cortesía de no apoyarnos en el respaldo de la banca.
- Dada la cercanía de las personas, es prudente taparse la boca con un pañuelo en caso de toser o estornudar.
- Si vamos con niños chiquitos y algunos empiezan a llorar, lo prudente es salir de inmediato.

El lugar donde uno nace es la envoltura del alma.
El templo donde uno reza es parte del alma misma.

HILAIRE BELLOC

Cualquiera que sea el lugar sagrado que visitemos, tendremos cuidado en comportarnos de la mejor manera, sin importar cuáles sean nuestras creencias religiosas.

Nuestro comportamiento
- Debemos ser puntuales en los actos religiosos.
- Si llegamos con retraso, lo mejor será quedarnos en los lugares de atrás. No es cortés apartar lugares o ganar el asiento a otra persona que se ha levantado por unos momentos.
- Al entrar a un lugar sagrado es importante guardar silencio y asegurarnos de apagar el celular para no interrumpir las oraciones.
- Procuremos caminar sin hacer ruido.
- Recemos en voz baja, o en silencio, para que los otros fieles puedan concentrarse en sus oraciones.
- Si vemos a algún conocido, podemos saludarlo con un movimiento de cabeza, una seña discreta con la mano o una sonrisa. Debemos esperar a la salida para platicar.
- Es de educación ceder nuestro asiento a personas mayores.

- Hay que procurar no salir antes de que termine la ceremonia, para no interrumpirla. En caso de ser indispensable, tratemos de molestar lo menos posible.
- Procuremos no llevar niños muy pequeños a un templo, ya que fácilmente se aburren y comienzan a inquietarse.
- Es esencial en la educación religiosa de los hijos enseñarles la importancia de saber comportarse en los lugares sagrados y respetar a todo aquel que tenga una religión diferente a la suya.
- En caso de que entremos a un templo religioso en calidad de turistas, hay que estar atentos a las indicaciones de tomar o no tomar fotos, con o sin *flash*.

Comida internacional, restaurantes y otras cosas

Cada vez se vuelve más frecuente comer en restaurantes. El hecho de compartir la mesa con nuestra pareja, familia, compañeros de trabajo o amigos es, en sí, un acto de acercamiento. Significa romper con la rutina para encontrar un espacio y conversar a gusto, sin interrupciones.

Al elegir el restaurante hay que considerar lo siguiente:
- Nuestro presupuesto y el de los demás.
- El ambiente que buscamos, de acuerdo con la persona o las personas con quienes vamos: puede ser relajado, animado, romántico, elegante y de otros tipos.
- El tipo de comida: sea mexicana, italiana, china, francesa; trátese de tacos, pizza y demás variantes.

TE INVITO A COMER

- Si usted invita, hágaselo saber de antemano a sus acompañantes y escoja el lugar.
- Para comidas o cenas formales, es prudente invitar a los demás con una semana de anticipación y confirmar el día anterior.
- Debemos ser muy claros al dar las señales del restaurante: lugar, hora y cómo llegar a él.
- Si por alguna razón nos vemos obligados a cancelar, avisemos a los demás personalmente y con la mayor anticipación posible.

- Evitemos sugerir un restaurante cuyos precios estén fuera del alcance de algunos. En caso de que no conozcamos bien a las personas que nos acompañarán, lo prudente sería sugerir un lugar con precios término medio.

¿A dónde vamos?
- De preferencia, procuremos que la ubicación del lugar sea accesible para todos; evitemos proponer un restaurante en el extremo sur a quien vive en el norte de la ciudad, y viceversa; a menos que entre todos tomen la decisión porque se trata de un lugar único al que vale la pena hacer el viaje.
- Al decidir el tipo de comida, hay que considerar la opinión de cada uno de los que asistirán. Asimismo, tratemos de elegir algo que otros hayan mencionado.
- Hay que ser cuidadosos con la elección: si invitamos a nuestros abuelos o a nuestros papás, y ellos prefieren lo tradicional, no los llevemos a comer a un sitio de comida exótica. Tampoco llevemos a un niño a comer caracoles y, menos, a un extranjero a comer tacos de buche. ¡Se infarta!

LAS DIFERENTES COCINAS DEL MUNDO

Veamos cuáles son los tipos de comida más comunes, algunos nombres internacionales que debemos conocer y ciertas costumbres distintas a las nuestras.

En cada país suelen preparar de manera diferente las comidas de otros lugares. Por ejemplo, la comida china que se cocina en México no tiene nada que ver con la que se cocina en China, y los burritos de la cadena estadunidense Taco Bell están muy lejos de nuestros tacos.

Cocina italiana
Es una de las cocinas más populares en el mundo. Aunque la comida italiana es muy rica y variada, su especialidad son las pastas y *pizzas*.
- Para disfrutar de una buena pasta, asegúrese de pedirla *al dente*. Esto quiere decir que la pasta

Fetuccini

queda ligeramente cruda por dentro. Para un italiano no hay nada peor que una pasta demasiado cocida.

Cabello de ángel

- Los italianos no cortan el espagueti ni con el tenedor ni con el cuchillo: la manera de comerlo es pinchando unas cuantas tiras con el tenedor, levantarlas y enrollarlas en el canto del plato.

Espagueti

Hay a quienes les gusta utilizar una cuchara, sosteniéndola en la mano izquierda, y en ella apoyar el tenedor para enrollar la pasta. Sin embargo, los conocedores no lo hacen. Por

Fusilli

supuesto, evitemos succionar los espaguetis, ya que, además de salpicarnos la ropa, el ruido que se produce al hacerlo no es muy agradable que digamos.

- Si se encuentra en una de esas comidas "tensas", donde pedir una pasta larga como *fettuccini* o espaguetis es arriesgado, puede pedir una pasta corta como ravioles, *fusilli, penne* o *rigatoni*, que vienen en forma de tubitos, moñitos o cuadritos más fáciles de comer. También podrían ser las pastas rellenas: *tortellini*, ravioles, canelones, y lasaña.

Penne

Rigatoni

Farfalle

¿Sabía usted que Italia se inspiró en China y en México para crear la primera versión del espagueti? El espagueti lo inventaron en China y el jitomate es originario de México.

Gnocchi

Tortellini

Ravioles

Lasaña

Algunas sugerencias:
- La pasta *alle vongole* (con almejas) suele comerse sin queso parmesano, al igual que las demás pastas con mariscos. Se hace de este modo porque el sabor delicado de los mariscos puede ser opacado por el queso. Sin embargo, si a usted le gusta, pídalo, con confianza.
- En un restaurante resulta más práctico partir la *pizza* con cuchillo y tenedor, pues así evitaremos que los ingredientes se resbalen. Si estamos en un lugar informal, podemos comerla con la mano. De preferencia comamos la porción completa de la *pizza*, ya que no es muy estético dejar en el plato o en la caja todos los bordes. Si pensamos que así engordamos menos, creo que de entrada escogimos el plato equivocado.
- Existen otros platos, como el *carpaccio,* que se prepara con delgadas láminas de carne cruda, aceite de oliva y queso parmesano.
- El *risotto* es un plato típico italiano de arroz, cuyo grano y forma de cocinar son muy especiales. El *risotto* no se seca como el arroz mexicano, sino que se deja con una consistencia ligeramente caldosa. Para que esté bueno se debe preparar al momento y servirlo de inmediato. Así que vale la pena que lo pidamos sólo si estamos convencidos de la calidad del restaurante. ¡Es delicioso!

Cocina francesa
La comida francesa tiene una larga tradición de calidad. Es sofisticada, de sabores exquisitos y condimentados. Resulta conveniente conocer algunos de los platillos más comunes, para saber qué pedir cuando vayamos a un restaurante especializado en este tipo de cocina.

Por ejemplo: la *vichyssoise* es una sopa que se prepara con poro y papa y se sirve fría; es muy buena en la época de calor.

Los *escargots* son caracoles de tierra horneados y servidos en su concha con mantequilla, ajo y hierbas. Se comen con unas pinzas especiales que detienen el caparazón, y el caracol se saca con un tenedor muy delgado de dos dientes.

El *châteaubriand* es un filete de res que generalmente se sirve para dos personas. Según los franceses, el término "medio rojo" es ideal para apreciar el sabor de la carne.

Los franceses son especialistas en patés (pasta hecha de carne y de hígado de diferentes animales, preparada con especies) y *foie gras* (hígado de ganso o pato engordado). Hay una gran variedad de *foie gras* y patés muy buenos. Sin embargo, los precios pueden ser altísimos. Cuando el capitán se lo sugiera, con toda confianza consulte el menú para ver cuánto vale y no llevarse una sorpresa.

¿Sabía usted que hace 4,500 años los egipcios ya practicaban las técnicas para hacer *foie gras*? Ésta técnica consiste en una sobrealimentación forzada de los patos y las ocas con embudo, logrando con esto un crecimiento exagerado del hígado.

Los quesos son otra especialidad francesa. En Francia suelen comerlos antes del postre. Son quesos con carácter, de sabor y olor especial; para algunas personas no resultan agradables, mientras que para otras son su pasión.

Los más comunes son:
- *Brie*: de leche de vaca, de sabor y consistencia suave.
- *Camembert*: creado hace 200 años, de leche de vaca, olor fuerte y penetrante, suave consistencia.
- *Roquefort*: de leche de oveja, fuerte olor y sabor debido al moho azul, de sólida consistencia.
- *Chèvre*: quesos de cabra, olor y sabor moderado, consistencia suave y seca.
- *Port Salut*: queso elaborado con leche de vaca. Su corteza es blanda y delgada, viene envuelta en una fina lámina de papel anaranjado. Tiene un sabor afrutado y una textura untuosa. Este queso viene de una antigua tradición de los monjes de la abadía de Port Salut, en Francia. Se sirve en bandeja de quesos y se utiliza también para gratinar.

La variedad es infinita; descubrir el sabor de cada uno de ellos resulta una deliciosa aventura.

El ex presidente francés Charles de Gaulle, aludiendo a esta variedad de quesos, decía: "¿Cómo es posible gobernar un país que produce más de 360 quesos diferentes?"

Los quesos se comen con pan, mas no se deben untar. Se cortan con un cuchillo especial que termina una punta de dos picos para pinchar el pedazo. Una vez servido en su plato, se usa sólo el tenedor para cortarlo.

Entre los postres favoritos de la cocina francesa están las *crêpes suzette*, que son crepas con naranja, flameadas con Grand Marnier; el *crème caramel*, que es un flan; la *tarte tatin*, un famoso pastel de manzana, mantequilla y pasta de hojaldre; y la *crème brulée*, que consiste en una crema dulce con azúcar quemada, parecida a una natilla.

En ciertos restaurantes de cocina francesa ofrecen un "menú de degustación". Como su nombre lo indica, invita a probar pequeñas porciones de varios platillos. Por lo general es caro. La mayoría de las veces consta de cinco o seis platos, postre y café. Algunos, muy sofisticados, incluyen un vino especial para cada platillo.

Cocina española

La comida española es de gran tradición. Aunque no es muy ligera, se caracteriza por ser deliciosa. Cordero, chistorra, jamón serrano, paella, callos, tortilla española, son algunos de los platillos más conocidos en nuestro país.

Para disfrutarla mejor tomemos en cuenta lo siguiente:

• La paella debe servirse al momento y su preparación tarda alrededor de una hora y media. La que se ha cocido con anticipación, se seca y pierde su sabor. Cocinarla al aire libre un sábado, en compañía de amigos, es uno de los placeres de la vida. Los aromas, la expectativa, la convivencia y el hambre son los ingredientes perfectos de cualquier reunión. Sin embargo, en un restaurante no es conveniente pedirla, a menos que sea para todos, por el tiempo que tarda en cocinarse.

- La dorada a la sal es un pescado muy español, con una preparación y presentación peculiar. El pescado se presenta bajo una montaña de sal de grano caliente. Es delicioso. Aunque se cocina al horno, rodeado de sal, ésta no se disuelve y, por lo tanto, no lo sala demasiado. Se puede acompañar de alguna salsa.
- Las tapas son una especie de botana de España. A los españoles les encanta "irse de tapas" y comerlas de bar en bar. Hay tapas de tortilla de papas, quesos, mariscos, embutidos, aceitunas, espárragos, chistorra, chorizos y muchas cosas más. Se acompañan muy bien con un jerez seco como el Tío Pepe o el Fino La Ina.
- La fabada es un caldo a base de alubias, que son leguminosas parecidas al frijol. Por lo completo que es, se pide solo. Puede llevar también chorizo, carne y, en algunos casos, almejas. Es deliciosa aunque un poco pesada.
- El jabugo es el jamón serrano más fino que hay en el mercado. Se saca de un cerdo salvaje, como el jabalí, que se alimenta en las montañas sólo de bellotas, razón por la cual su sabor es delicioso y su precio es alto.
- A los espárragos verdes se les llama trigueros.

Cocina japonesa
Este tipo de comida está muy de moda. Su especialidad es el pescado crudo (*sushi*), servido solo, con arroz, en conos de alga o en infinidad de pequeños rollos, que en nuestro país hemos "mexicanizado". Si viaja a Japón no vaya a pedir un "tampico", un "california" o soya con limón, porque no los va a encontrar.

Lo que para nosotros es la comida texmex (comida mexicana a la americana), la comida japonesa cocinada en México sería para los japoneses japmex.

Algunos consejos:
- El *sushi* y el s*ashimi* (rebanadas finas o gruesas de pescado, sin guarnición) tienen un sabor muy ligero.

- Hay que considerar que la comida japonesa se come con palillos de madera, lo cual resulta muy práctico cuando se saben usar, pues toda la comida viene en pequeños trozos y no hay que cortar nada. La forma correcta de utilizar los palillos es sosteniendo un palillo bajo el pulgar y apóyelo entre el dedo cordial y el anular; éste deberá mantenerse fijo. Tome el otro entre el pulgar y el índice y hágalo que abra y cierre, a manera de pinza, para tomar los alimentos. Aunque de pronto nos dan ganas de usarlos como cuchillo y tenedor, de nada sirve y además se ve fatal. Si de plano no nos acomoda, podemos pedir cubiertos, aunque quitarían la mitad del encanto. Para comer *sushi* tomamos una pieza con los palillos y la sumergimos en el recipiente con salsa de soya. Comemos el *sushi* de un solo bocado. Si la pieza es muy grande, lo indicado es cortarla a la mitad con una mordida.

Ojo: el *wasabe* es una raíz fuerte, molida, de color verde, que se sirve en porciones pequeñas junto al *sushi*. Es de un sabor al cual hay que acostumbrarse. Al principio se le pone una cosa de nada al *sushi* o a la salsa de soya. Si se sirve demasiado, la reacción en la boca, nariz y cerebro no será muy agradable. Se siente como si se nos destapara todo por dentro.

El *sushi* se acompaña de lajas muy finas de jengibre. Esta raíz es fuerte y se utiliza para quitar el sabor entre un *sushi* y otro para poder degustar de todos los sabores. No le vaya a pasar lo que a mí; la primera vez lo confundí con salmón y me lo comí todo junto. ¡Casi me muero! Nunca había experimentado lo que es el "picor" en el cerebro. Ahora sé que tiene 400 propiedades maravillosas para la salud. Ya me acostumbré a su sabor y me encanta. Se lo recomiendo.

Las sopas son los únicos platos que se toman con una cuchara de porcelana.

Otros platillos son:
- El *tempura*: camarones y verduras capeados con huevo y fritos en aceite.
- La sopa de soya es un caldo transparente, ligero y sencillo.
- El *teppanyaki*: verduras, carne, pollo y mariscos a la plancha (esta plancha está incorporada a la mesa y la comida se cocina enfrente de los clientes, a menudo con un pequeño *show* del cocinero). Algunas veces nos ofrecen un babero antes de comer este plato, para no ensuciarnos.
- *Shabu shabu* y *sukiyaki*: láminas de carne y verduras que se meten a una cazuela con agua hirviendo o salsa *sukiyaki* (estos platillos también se preparan en la mesa y requieren de destreza en el uso de los palillos).
- *Yakitori*: son unas pequeñas brochetas de carne, pollo o verduras calientes.

El postre más conocido es el *tempura* helado. Se trata de un helado de vainilla capeado y frito, servido con mermelada o chocolate de fresa. Es un postre muy dulce y peculiar, pues por fuera está caliente y por dentro helado.

El *sake* es un licor hecho a base de arroz, que se sirve tibio. Su sabor es suave y se toma durante la comida, como el vino de uva. Parece inofensivo, pero ¡es fuerte!

Cocina china

Una cocina amplísima y con una gran variedad. Por lo general, la comida que se sirve en la mayoría de los lugares es una adaptación occidental de la que proviene de las distintas regiones de China.

También se come con palillos o cubiertos.

El propósito de ir a la comida china es reunirse y compartir entre todos los alimentos. De hecho, viene siempre servida en platones que se colocan al centro para que todos se sirvan.

La comida es rica en especias con sabores agridulces, picantes elaborados con soya, salsa de cacahuate, mandarina, ajo y otros ingredientes por el estilo.

- El pato a la pequinesa es horneado y laqueado y representa una de sus especialidades (su preparación demora más de veinte minutos). El cocinero suele rebanar el pato en lajas delgadas y formar una especie de tacos con tortillas especiales de harina, cebollín y una salsa de ciruela. Es muy rico. Los tacos se comen con los palillos. Si lo encuentra difícil, puede hacerlo con la mano.
- Los *dumplings* son semejantes a los ravioles, de pasta delgadita, rellenos de carne, verdura o mariscos. Se sirven al vapor y fritos.
- Como platos principales podemos pedir camarones, carne, verduras o pollo cocinados de muy distintas maneras.
- Cuando nos ofrezcan algo estilo Szechuan (una región del sur de China), debemos estar advertidos de que puede picar un poco.
- Vale la pena probar los *spring rolls* para empezar. Unos rollitos hechos de carne o pollo y verduras.
- Al final podremos leer nuestra fortuna dentro de una galleta; costumbre que, por cierto, nació en Estados Unidos y no en China.

Si no tenemos idea de qué pedir, preguntemos a nuestro mesero, quien con mucho gusto nos ayudará a elegir, combinar y saber qué tanto ordenar.

Si vamos con amigos o alguien experto en comida china, dejémoslo que pida por nosotros y probemos de todo. Es bueno aprender los términos poco a poco.

Cocina argentina

Es de todos conocido que en los restaurantes de tipo argentino se come muy buena carne: filetes, bife de chorizo, costillar, ternera y demás cortes.

Existen cinco grados del cocimiento de la carne: rojo, medio rojo, medio, tres cuartos y bien cocido. Según los conocedores, la buena carne no tendría que pedirse bien cocida, ya que este grado de cocimiento le quita sabor, jugo y la vuelve dura. De preferencia, pídala al punto medio rojo. Además, si se enfría puede calentarla otro poco sin que quede muy cocida.

Recuerde que en los restaurantes de cocina argentina, las porciones son enormes; a menudo alcanzan para dos o tres personas.

Ojo: si viaja a Argentina no pida crepas con cajeta, mejor pídalas con "dulce de leche". La palabra cajeta tiene un significado totalmente diferente al nuestro.

Cuando comamos un costillar argentino, tendremos que hacerlo con los dedos, lo cual no significa que con toda la mano. La servilleta es imprescindible. Hagámoslo con la mayor limpieza posible. Debemos doblarla y usarla poco a poco, e intentar no mostrar el lado sucio.

En los restaurantes argentinos se cocinan muchas cosas en parrillas sobre la mesa. Estemos conscientes de que saldrá humo y nuestra ropa absorberá los olores. Si tenemos un compromiso importante después de comer, vale la pena tomar esto en cuenta.

Mariscos y pescado

En estos alimentos la frescura es esencial. Lo mejor es comerlos en restaurantes especializados, en los cuales haya mucha clientela, ya que nos garantiza que la compra del marisco es diaria. Por lo general, tales restaurantes son informales, ricos y no caros.

Algunos consejos:
- Comer algunos pescados requiere de cierta destreza para eludir las espinas; entre ellos se halla la trucha. Si no tiene la paciencia, coma filete o pida al mesero que le limpie su pescado.
- Los ostiones y las almejas, cuando se sirven de aperitivo, en general se degustan con las manos. Se comen directamente de la concha y ésta se deposita vacía en otro plato. Evitemos hacer ruidos.
- Con los mariscos con caparazón, como el cangrejo, la langosta o el camarón, podemos utilizar las manos para quebrar y quitarles la cáscara. Si los comemos en un restaurante formal, nos darán pinzas especiales. Evitemos chuparnos los dedos. Al terminar, por lo general nos traerán un *cío* (un plato hondo con agua tibia y una rebanada de limón) para los dedos. Si no nos lo llevan, acudamos al baño a lavarnos las manos.

Estará de acuerdo conmigo en que comer una langosta en la playa con los dedos y partir las tenazas con una piedra es muy disfrutable, pero en una comida muy formal es mejor comer sólo la parte carnosa y olvidarnos de lo demás. Si no es tan formal, podemos partir las patas principales con pinzas, o bien pedirle al mesero que lo haga y comerlas con un tenedor chiquito.

Fast food o comida rápida
El concepto de comida rápida cada día es más popular. El servicio es veloz, económico y, por lo general, de buena calidad.

La versión mexicana de estos establecimientos son los lugares (no precisamente restaurantes) donde nos sirven comida corrida casera por un precio fijo.

Asimismo, son famosos los puestos de la calle, que pueden ser sabrosos y económicos. Aunque la higiene no siempre está garantizada, hay algunos locales que se reconocen por su tradición y calidad.

Las taquerías son un punto medio entre el puesto y la comida corrida. Cualquier mexicano sabe que lo aconsejable es pedir poco a poco para que los tacos no se enfríen. Si pedimos tacos al pastor, hay que asegurarnos que la carne de puerco esté bien cocida.

Algunas sugerencias
- Por consideración a los demás, en un restaurante de comida rápida escojamos lo que vamos a pedir mientras estemos en la fila; la gente que acude a estos lugares por lo general tiene prisa. Al terminar, tiremos toda la basura y dejemos limpia la mesa. Si nos sobran bolsitas o sobres de salsa catsup o mostaza, hay que devolverlos para que no se desperdicien.
- Aun en estos restaurantes los buenos modales deben prevalecer.

Alimentos difíciles... ¿cómo se debe comer esto?
A veces, cuando mejor quiere uno quedar con los demás, nos llevan a la mesa alimentos que ofrecen complicaciones para comerlos o son difíciles de manejar. Uno trata de seguir la conversación como si nada, pero lo cierto es que nos provocan una buena dosis de estrés.

¿Qué hacer con algunos de ellos?

Aves pequeñas. Trate de sacarles lo más que pueda con cuchillo y tenedor; después es correcto continuar con los dedos.

Chícharos. Perseguir los chícharos con el tenedor, o tratar de pincharlos sin que se escapen, no es cosa fácil. Si come al estilo "europeo" (tenedor del lado izquierdo y cuchillo del lado derecho todo el tiempo) suba los chícharos al tenedor con ayuda del cuchillo. Si come al estilo "americano" (cambiando el tenedor de la mano izquierda a la derecha después de cortar los alimentos) tome un pedazo de pan con la izquierda y empuje los chícharos hacia el tenedor.

Si ordenó un emparedado de tres pisos o una hamburguesa llena de salsas, jitomates, cebollas resbaladizas y usted, a "ojo de buen cubero", calcula que no le va a caber en la boca, propinarle una gran mordida no es lo ideal. Lo más probable es que se le deshaga todo; además, no son muy atractivas unas mejillas infladas de comida. Pártalo hasta que le queden porciones razonables o dele pequeñas mordidas; y trate de acercarse por lo menos unas diez servilletas.

Espárragos. Se pueden llevar a la boca con la mano (siempre y cuando no tengan salsa encima). Revise primero que estén duritos, ya que si se los sirvieron muy cocidos, al tomarlos se doblarán y el jugo podría manchar su ropa. Si los siente fibrosos, cómase sólo la mitad.

Cuando haya pedido una alcachofa, deténgala con una mano mientras con la otra desprende, una a una, las hojas. Acomode los restos uniformemente alrededor del plato. El corazón se parte con cuchillo y tenedor.

Aceitunas. Como aperitivo, se toman con los dedos. Si tienen hueso, una vez comida la pulpa llévese la mano a la boca para ponerlo delicadamente en el plato de pan.

Aunque estemos en el campo, los huesos de aceituna no se deben escupir.

Las aceitunas no se muerden, se meten enteras en la boca. Si nos las sirven en ensalada, se comen con el tenedor. Si tienen hueso, hay que ser cuidadosos al clavarlas en el tenedor, para que no terminen en el plato del vecino. Es mejor montarlas en el tenedor.

Manzanas y peras. Se seccionan en cuatro partes, cada trozo se sostiene clavado en el tenedor y se pela con el cuchillo. Después se les separa la parte del corazón y el resto se va cortando a trocitos mientras se come.

Plátanos. Se cortan los extremos con cuchillo; luego, se pasa el cuchillo por la parte interior de la curvatura y se les desprende la cáscara con los cubiertos. Una vez fuera de la cáscara, se cortan sólo con el tenedor conforme se vayan comiendo. Todo esto si se encuentra en una situación formal; si no, ya sabe cómo hacerlo.

Postres. Los pasteles, tartas o *pays* se comen con el tenedor. Los flanes, natillas y cremas sólo con cuchara. Si la comida es formal se usan ambos para comer los postres sólidos.

Sándwiches. Si se sirven calientes, se comen con cuchillo y tenedor; si son fríos, con la mano.

Cuando mejor queremos quedar, hay que comer despacio, limpiarnos la boca con frecuencia y, lo más importante, reírnos de nosotros mismos cuando algo no sale bien.

Casos indeseables... ¿qué hacer?

- Cuando por algún motivo tenga que retirar el alimento de la boca, hágalo con los dedos y colóquelo sobre el borde del plato. También puede hacerlo con el tenedor y dejarlo discretamente en la orilla del plato. Nunca, pero nunca, escupa cuando esté sentado a la mesa; ni siquiera en la servilleta.
- Si el bocado lo sorprende por lo caliente, y se quema, puede tomar agua o vino. Aquí no importa beber con alimento en la boca, se trata de una emergencia.
- Si de pronto se le cae algo de comida al mantel, con toda naturalidad recójalo con el tenedor y déjelo en el borde del plato, no se tiene que disculpar.
- Si se le cae algo de comida o bebida a la ropa, recoja lo que pueda con un cuchillo limpio. Trate de eliminar la mancha discretamente con un poco de agua. Si alguien le trata de ayudar, diga "gracias, no es nada", y no le dé importancia.
- Asimismo, si se le derrama el vino sobre el mantel, pida una disculpa sin exagerar; el mesero le cambiará el mantel. Continúe platicando como si nada.

¿Cómo comer con elegancia?

Aunque este tema lo tocamos en detalle en el primer libro de *El arte de convivir*, recordaremos lo esencial.

- Lleve sólo porciones moderadas a la boca.
- Mastique siempre con la boca cerrada, sin hacer ruidos innecesarios.
- Beba silenciosamente y, al empinar la copa o vaso, mire hacia el fondo de éste (no a su alrededor).
- La carne se corta conforme se vaya comiendo; no toda, como cuando lo hacemos con los niños.
- ¡Nunca sorba la sopa!

- Mientras mastica, deje los cubiertos descansando sobre el plato, no los mantenga en las manos como si fueran armas.
- ¡Nunca hable con alimento en la boca! Si alguien se dirige a usted mientras está comiendo, no se sienta obligado a contestar de inmediato. Termine, límpiese con la servilleta y entonces conteste.

OCASIONES DISTINTAS

La experiencia de comer fuera será más agradable si se elige el lugar adecuado según la ocasión:
–Una cena romántica.
–Primera cita (cita a ciegas).
–Comida con amigos.
–Con la familia.

Cena romántica

En este caso, un restaurante donde el ambiente sea agradable y acogedor; que esté alumbrado con velas, y en cuya atmósfera vibre una música suave, es importante.

¡Deje volar su imaginación! En la conquista y en el amor todo se vale. Si usted es hombre, cuide los más mínimos detalles. Recuerde que las mujeres somos muy sensibles a notarlos. Unas flores, un regalo, un comentario halagador, jamás estarán de más. ¡Sorprenda a su pareja! Por ejemplo, puede escribirle con anticipación una nota cariñosa y pedirle al mesero que la inserte discretamente en el menú; o, si en el lugar hay algún trío, pídale que les toquen su canción favorita.

Si usted es mujer, póngase atractiva. Vístase, péinese y maquíllese de manera que él note que se esmeró. Hágalo sentir el hombre más importante del mundo. Me recuerda esa frase de algún poema que dice: "Te amo no sólo por lo que eres, sino por lo que soy cuando estoy contigo". Sorpréndalo también con algún pequeño detalle. Sea encantadora, sonría mucho. Conviértase en una Scherezada, el personaje de *Las mil y una noches* que se esmeraba en mantener vivo el interés del rey al contarle cuentos e historias por las noches. Con esto logró no sólo que el rey le perdonara la vida, sino que se enamorara de ella. ¡Nunca dejemos de imitarla!

Algunos consejos:
- Siempre hay que reservar. Llegar a un restaurante en el cual ya nos esperan nos hace sentir el inicio de un momento especial.
- Un poco de vino ayuda a relajarnos. Sin embargo, tomar demasiado puede arruinar la noche romántica.
- En este tipo de cenas, procuremos no exagerar con las escenas de afecto y amor; incomodan a los vecinos. Hay momentos para todo.
- Procure evitar la comida preparada con mucho ajo, no es lo ideal para esta ocasión.

Una cita a ciegas...

Pocas situaciones tan tensas como una cita a ciegas. Sin que importe si se tienen 15, 35 o 50 años de edad, resulta incómodo por varias razones. Entre otras, porque sabemos que seremos evaluados y analizados con la meticulosidad de un científico. Esto pone tenso hasta al más impertérrito sosegado de la tierra. ¿De qué voy a platicar? ¿Qué me pongo? ¿Le gustaré?

Hay algunos puntos que conviene saber para que no sólo no le suden las manos, sino hasta se pueda divertir.

La razón de salir con alguien es conocerse y valorar si existe interés de continuar o no con la relación. Es preciso quitarse la idea de que la cita se concertó con el fin de buscar pareja.

¿Cuáles son las reglas a seguir? Ninguna. Simplemente hay que ser uno mismo. De esa manera, si se la pasan bien, querrán hacerlo de nuevo. ¿Por qué, entonces, el nerviosismo? Cada cita es única, y no le puedo garantizar que lo que a continuación le sugiero produzca la experiencia perfecta. Sin embargo, sí le puedo decir que las probabilidades de que así sea aumentarán.

Se dan dos tipos de citas a ciegas: una en la que un amigo o una amiga en común presenta a la pareja entre sí, y en la primera cita salen todos juntos; la otra, en la que al hombre le dan los datos de la mujer para que por su lado organice el encuentro. Esta última es mejor, ya que cuando salen acompañados por los amigos, los recién presentados se sienten observados de reojo en todo lo que hacen y dicen, lo cual le agrega tensión a la situación, de por sí incómoda.

- Cualquiera que sea el caso, le sugiero que no ponga muy altas sus expectativas si no quiere decepcionarse. Es muy probable que le hayan sobrevendido a la persona por conocer. De entrada, no se crea los términos "¡guapísimo o guapísima!", que se le aplicaría sólo a alguien como Claudia Schiffer, Tom Cruise o similares. Es mejor quedarse con la idea de que el hombre o la mujer próxima a conocer tienen simpatía, buena onda y ya.

- Sea puntual y no llegue a la defensiva, tratando de ocultar su propia ansiedad y timidez. Relájese y sea como es. Piense que es muy probable que el otro esté igual.

- Vístase con modernidad y atractivo, sin exagerar. El que una mujer salga muy provocativa, en general no gusta en esta primera cita.

- No se preocupe si pasando el punto del "hola, ¿cómo estás?", usted encuentra que el otro o la otra dice sólo tonterías. Es normal. A todos nos pasa. Puede empezar con algo así como "eres tal y como te describieron". Eso funciona bien.

- Le sugiero no ir al cine pensando que la cita será más fácil si no se hablan. Al contrario, la plática es lo que acerca a las personas.

- Si se da cuenta de que la pareja no es lo que se esperaba, o no le cae bien, de todas maneras trate de divertirse. Siempre hay algo interesante en cada persona. Además, qué tal si luego resulta que siempre sí. Nunca se sabe.

- Le sugiero ir a un restaurante que ya conozca. No es el momento de experimentar. De preferencia escoja uno romántico y donde la comida se coma con tenedor. Todo lo que se come con la mano presenta grados de dificultad innecesarios en este momento. A menos que tenga un hilo dental en la bolsa, evite comer ajo, un elote entero, sopa de cebolla, costillas de carne, pollo rostizado, palomitas y mango. No pida lo más caro del menú. En general caen mejor las personas que comen normal, a diferencia de los que son del tipo "para mí sólo una ensalada y agua por favor", o del que parece que lleva días sin comer.

- No beba alcohol con la idea de que así se va a relajar. Sucede que los nervios magnifican los efectos y el alcohol se sube más rápido. Además, provoca que la mente se nuble; sin contar que puede decir y hacer cosas que jamás haría en estado de sobriedad.

- Como regla general, no exagere en mostrar sentirse feliz; ni diga "¡sí, sí, lo que quieras!", a todo lo que su pareja diga, haga o sugiera. Ponerse de tapete en la primera cita, funciona al revés.

- Provoque que su pareja se ría y la pase muy bien. Hágala sentir importante.

- Hable, pero sin exagerar y en voz baja. Los mudos no son los mejores compañeros. Aunque tampoco le tenga miedo a los silencios. Eluda los temas densos o platicar de la historia trágica de su "ex", los problemas que tiene en su casa o lo injustos que son en el trabajo con usted. Platique de cosas amenas e interesantes. Nunca critique nada ni a nadie. Evite abusar de los recursos fáciles de conversación, como "¿conoces a...?"; después de dos conocidos, la pregunta aburre.

- Cuide sus modales, apague el celular y el localizador, sea amable con el mesero y ¡no diga groserías!

- Muéstrese inteligente, sin apabullar. Si ocupa un puesto importante, ha estudiado tres carreras y una maestría, sea sencillo al decirlo. Si es mujer, capaz que lo impresiona tanto que ¡hasta lo asusta y se le va!

- Como hombre, sea caballeroso: ábrale la puerta del coche al subir, acérquele la silla, préndale el cigarro, sírvale el vino, póngase de pie cuando ella vaya o regrese del baño, acompáñela hasta la puerta de su casa, espere a que entre; sin embargo, todavía no es momento de comprarle una rosa.

- Cuando pida la cuenta, no permita que ella la vea, y deje buena propina.

- Como mujer, agradezca cualquier atención recibida, dese su lugar y ábrale el seguro de la puerta por dentro para que él suba al coche.
- Si esa noche le es difícil dormir, escriba lo que siente. Con el tiempo, puede quemarlo, tirarlo o atesorarlo para que un día lo lean sus futuros nietos. ¡Suerte!

Con los amigos

Esta es la ocasión de experimentar nuevos lugares. Habría que salir con los amigos por lo menos una vez por semana, ya que nos relaja, divierte y enriquece. Si el restaurante sale malo, termina por ser lo de menos.

Con la familia

Como familia es importante salir a comer de vez en cuando fuera de casa. Se rompe con la rutina de lo cotidiano. El hecho de salir y vestirnos de manera diferente, crea un ambiente muy especial y la convivencia toma otros matices.

Invite a comer fuera a su pareja para poder platicar como amigos y reencontrarse. Si tienen hijos, aunque sean pequeños, invite a comer a cada uno por separado; esto los hace sentir muy importantes y la relación con ellos se fortalece.

Si usted ya tiene nietos, invítelos también de vez en cuando a un restaurante; se lo van a agradecer y le van a recordar toda la vida.

La mesa debe ser un punto de encuentro armonioso. Evitemos tratar temas conflictivos como que el niño reprobó matemáticas, el otro llegó tarde la noche anterior; o comentar a la hija que su novio no nos cae bien. Esos serán temas para la casa o a solas con cada uno.

Con los niños

Los niños no son adultos, son niños. Es imposible pedirles que se porten como nosotros, como lo vimos anteriormente. Si salimos con ellos, lo mejor es buscar un restaurante de tipo familiar donde sean bienvenidos. Llevarlos a un restaurante formal se convierte en una tortura para todos.

Estas son ocasiones en las que se deja ver la buena o mala educación del niño. Es tarea de sus papás enseñarles que hay lugares donde se puede correr y gritar libremente y otros donde no, como en un restaurante. Para ellos puede ser muy divertido, mas no para el resto de los comensales.

Conforme crecen, poco a poco los papás los podemos llevar a restaurantes más formales, para que salir a comer sea antes que nada un placer para todos.

Algo importante: no sé qué es más incómodo, el niño que se porta mal o la mamá que lo regaña con gritos y aspavientos en público. Es mejor hacerlo en privado.

Cómo vestir

La forma de vestir dependerá, claro está, del tipo de restaurante y de la hora del día.

- Nunca vaya a un lugar formal sin vestirse de manera adecuada. Así se evitará la molestia de no ser admitido o de que le tengan que prestar un saco y corbata para entrar.
- Es común que quien invita seleccione el restaurante; sin embargo, es importante informarle al invitado con anticipación, para que sepa cómo vestir.
- Por supuesto, tampoco es adecuado vestir demasiado elegante para ir a un restaurante informal. Se sentirá fuera de lugar.

En el restaurante

Al leer este capítulo se preguntará para qué sirve tanto detalle. Recordemos que la cortesía no cuesta nada y gana mucho, sobre todo cuando se comparte una mesa.

La comida es un acto en cuyo entorno se crean y fortalecen relaciones. ¡Cuántas cosas podrían decirse sobre este memorable acto que se reproduce trescientas sesenta y cinco veces al año!

Al llegar:

- Procure reservar su mesa con anticipación e informe a todos bajo qué nombre lo hizo. Si a última hora decide no ir, llame para cancelar. Se lo van a agradecer. Si va en un grupo pequeño, una mesa redonda favorece más la conversación.

- Siempre hay que llegar puntual a la cita, sobre todo el que invita. Para cualquier persona resulta incómodo esperar sola en un restaurante, además de ser una descortesía.
- Si le toca esperar, puede pedir algo de beber. Es mejor abstenerse de pedir botana, hasta que lleguen los demás. En caso de que sean varias personas las citadas a comer, la espera se realiza en el bar, tomando un aperitivo, donde se irá incorporando el resto de los invitados, hasta que llegue el último. Si uno avisa que va a llegar tarde, pasaremos a la mesa y lo esperaremos allí mientras escogemos el menú.
- No es elegante que una mujer espere sola en el vestíbulo del restaurante. Lo más adecuado es que lo haga en el bar o en la mesa.
- Media hora de espera es más que razonable. Si no recibimos noticias de la persona retrasada, podemos ordenar; o, dependiendo del caso, retirarnos del lugar. Si somos nosotros los que nos retrasamos, nos toca llamar al restaurante o al celular para avisar.
- Cuando lleguen nuestros invitados o compañeros, hay que ponernos de pie para recibir a cada uno de ellos. Si usted es mujer y una de las invitadas, lo correcto es quedarse sentada para saludar. Sólo debe levantarse si la persona que llega es mayor que usted o se encuentra embarazada.
- Cuando una o más mujeres se acercan a saludar a la mesa, todos los hombres se deben poner de pie, dejando su servilleta al lado del plato, y permanecer así hasta que ellas se sienten o se retiren. A la mujer le toca agradecer la atención y pedir que los señores se sienten.
- Los hombres deben esperar de pie a que todas las mujeres se hayan sentado, y ayudarlas a sentarse retirando y adelantando la silla.
- Un hombre acompañado de una mujer siempre debe cederle el paso a ella. Si al abandonar el restaurante quiere pedir el coche o constatar que la calle está segura, puede salir por delante. Debe decírselo para que la mujer no lo tome como falta de atención.

Saludos y el acomodo:

- Al anfitrión le toca ofrecer la silla con mejor vista a las mujeres o a sus invitados, y ser el último en tomar asiento.
- El modo en que se sienten las personas afectará el curso de la relación, ya sea frente a frente, lado a lado, o en ángulo. En una primera cita, o en una de carácter formal, lo recomendable es sentarse frente a frente: invita más a la plática tipo negocio o discusión. Si ya existe confianza, o en un ambiente romántico, pueden sentarse uno al lado del otro, aunque es la posición menos cómoda: resulta poco natural para platicar y uno de los dos puede terminar con tortícolis. La más cálida y cómoda es en ángulo.

  Cuando son varias parejas, lo mejor es alternar hombres y mujeres.

- Si al llegar al lugar se encuentra a un conocido que está comiendo, hay que saludar sólo de lejos. Si nota que está en el aperitivo, o ya en el café, puede acercarse a saludarlo de mano. Si se acerca a saludar a alguien con su invitado junto a usted, no olvide presentarlo. Si se levanta solo, sea breve para no dejar mucho tiempo a su invitado. Es descortés.
- Si nos damos cuenta de que nuestro invitado acaba de llegar y nos busca, no gritemos su nombre para orientarlo. Levantemos discretamente la mano, y si todavía no nos ve, es mejor pararse e ir a su encuentro o avisarle mediante el mesero.
- Si necesitamos pasar al tocador, lo podemos hacer al llegar al restaurante, pero de preferencia después de haber elegido el menú para no hacer esperar a todos.
- Apague su celular y su localizador. De no esperar una llamada de "vida o muerte", es una descortesía contestarlo.

El personal del restaurante:

En todo buen restaurante existen varios empleados que estarán al pendiente de sus clientes:

- El *maître*: quien recibe al cliente y le indica su mesa.
- El capitán: quien toma su orden y supervisa el servicio de la mesa.

- El *sommelier* es el encargado de los vinos, aunque hoy en día sólo se les ve en restaurantes muy formales. Sus funciones las está tomando el capitán o el mesero.
- El mesero: quien sirve la comida.
- El garrotero: es el que ayuda al mesero y se encarga de servir el agua, el pan y recoger los platos usados.

Al ordenar:
- Como aperitivo lo adecuado es pedir tequila, jerez seco, ron, whisky, una copa de vino, vodka, un martini y otras bebidas por el estilo. Los licores como el coñac, el brandy, el anís, el Baileys, el licor de menta y demás son digestivos apropiados para después de comer.
- En caso de que pidamos vino, consultemos con los demás para escoger el tipo y categoría del mismo. Si unos toman y otros no, podemos pedirlo por copa. Antes de ordenar una segunda botella, hay que asegurarnos que los demás también la desean. Como invitados, si nuestro anfitrión no ofrece ni pide vino, lo correcto es disfrutar de él en otra ocasión.
- Cuando es una mujer la que invita, resulta un buen detalle preguntar la opinión de los señores al pedir el vino. Si invita un hombre, puede hacerlo si entre ellos hay un buen conocedor.
- Cuando hay pocas cartas o menús, los hombres se los cederán a las mujeres.
- Al ordenar, hay que escoger rápido lo que vamos a comer, para no hacer esperar a los demás. Cerremos el menú para que el capitán note que estamos listos para ordenar. Permitamos que los otros sean los primeros en pedir.
- Evitemos hacerle demasiadas preguntas al mesero acerca de los alimentos, mientras todos esperan y el capitán se controla para no ahorcarnos. ¡Hay veces que hacemos auténticos interrogatorios!
- Evitemos ser muy quisquillosos al pedir la orden. Como: "Por favor me lo trae sin ajo, sin cebolla, que no pique y medio cocido, ¡ah!, y en lugar de arroz, ¿lo puede traer con papas?" (Para matar a cualquiera.)

- Por respeto, no debemos tutear a los meseros. Aunque el mesero sea muy joven, es mejor hablarle de usted, ya que él no puede tutearnos.

La servilleta

- En cuanto se siente a la mesa, coloque la servilleta sobre sus piernas.
- Evite abrirla con una sacudida violenta. Desdóblela con ambas manos.
- Nunca se la coloque dentro del cuello de la camisa, cinturón, o entre los botones de su camisa. Hay gente que lo considera elegante, quizá por esnobismo. La verdad es que, puesta de ese modo, parecerá un bebé y dará la impresión de no saber comer sin mancharse la corbata.
- Cuando usemos la servilleta evitemos limpiarnos la boca como si la talláramos con un trapo. Es mejor hacerlo con delicadeza.
- Cuando terminemos de comer no tratemos de doblar la servilleta otra vez, ni la dejemos toda arrugada. Hay que colocarla de una manera suelta del lado izquierdo del plato. En caso de que ya lo hayan retirado, podemos dejarla en medio de nuestro lugar doblada suavemente.
- Estemos pendientes cuando el anfitrión (en caso de que lo haya) coloque la servilleta sobre la mesa. Es una señal de que ya se acabó la reunión.
- En caso de que haya servilleteros, no se vuelve a colocar la servilleta dentro de ellos.

Mientras llega la comida:

Si por cualquier razón se retrasa la comida, aunque sea una hora, observemos cómo languidece poco a poco la conversación más animada, cómo se paralizan los músculos de la sonrisa y cómo todas las miradas coinciden mecánicamente en la cocina. De pronto vemos que el mesero se acerca con los platos y como por arte de magia devuelve a todos la serenidad, la alegría y el humor.

- Mientras llega el primer plato podemos comer trocitos de nuestro pan. ¡No el del vecino que nos queda a la derecha! ¡El nuestro es el de la izquierda! Si después de un buen rato de haber pellizcado y desmigajado el pan de nuestro vecino nos damos cuenta con horror de la equivocación, sugiero ofrecer mil disculpas diciendo que fue una distracción. De inmediato pidámosle al mesero que le traiga otro pan a nuestro resignado vecino.

- ¿Qué tal si somos nosotros los que encontramos nuestro pan destrozado? Si el autor no se ha dado cuenta, no digamos nada, para no evidenciarlo frente a los demás: ese día no comeremos pan. Si se da cuenta, agradezcámosle la disculpa y digámosle que no tiene la menor importancia.

- Aunque estemos muertos de hambre hay que comer el pan en trocitos, discretamente, evitando devorarlo como si no hubiéramos comido en días. Asimismo, no es correcto hacer "barquitos" en la sopa ni limpiar la salsa del plato con el pan hasta dejarlo como si estuviera ya lavado. Si la salsa está muy buena, podemos dar una pasadita o dos discretamente y ya. No es elegante, sin embargo está permitido.

Este momento no es el adecuado para tratar un tema delicado, porque como dijo Albert Einstein: "Un estómago vacío no es buen consejero político".

- Si nos llamó la atención lo que comen en la mesa de al lado, podemos preguntarle discretamente al mesero cuál es ese platillo. Evitemos señalar con el dedo, ya que la persona se sentirá muy incómoda.

- Si lo que ordenamos se está tardando, hay que ser amables al recordarle al mesero.

- Para llamar al mesero nunca hay que chiflar ni hacer ruidos como de "beso tronado". Esperemos a que se acerque o levantemos la mano para que nos vea. (Aunque hay ocasiones en que nos sentimos invisibles.)

- ¡Jamás se deben limpiar los cubiertos con la servilleta! Es una maña que, si la piensa bien, no limpia más de lo que ya están, ni aun en el caso de que estuvieran sucios.

- Cuando se trate de un *buffet*, no nos sirvamos como si fuera la última comida de nuestra vida. Es mejor servirnos varias veces.
- Cuando llegue un plato caliente a la mesa, debemos insistir para que comiencen los que ya lo tienen y no se les enfríe.
- También podemos comenzar a comer si en la mesa hay más de ocho comensales y el mesero va atendiendo persona por persona. En los demás casos esperaremos a que todos estén servidos y a que empiece a comer el anfitrión.
- Si nos sirven la sopa muy caliente, no soplemos y soplemos como en el cuento de los tres cochinitos. Lo mejor es remover discretamente el caldo con la cuchara y esperar con paciencia a que se enfríe. ¡Por supuesto que es peor sorber la sopa que soplarle!
- Hay que cuidarnos de no gritar o reírnos a carcajadas, de manera que sea molesto para los vecinos.
- Sólo en confianza podemos pedir u ofrecer una probada de otro plato. Aun así, debemos ser muy prudentes y utilizar un tenedor o una cuchara limpia.
- Si se va a compartir un entremés, es mejor utilizar los cubiertos para servirse un poco en el plato y no picar directamente con nuestro tenedor.
- Hacer bolitas de pan no es correcto.
- Es de mala educación hablar de mesa a mesa en el restaurante.
- No se debe hacer ruido al beber (es de viejito). Como tampoco colocar los labios en forma de beso, anticipándonos a tomar la bebida desde el momento de levantar el vaso (es poco atractivo).
- Evitemos ser indiscretos y hacer comentarios acerca de algún otro cliente. Provoca que toda la mesa voltee a observar a la víctima, y él de inmediato lo notará.
- Todos hemos escuchado que los codos no se ponen sobre la mesa. Hay algunas situaciones donde no sólo se permiten, sino que son necesarios, como en el caso de un restaurante ruidoso, donde la única manera de escuchar más allá de la música de fondo y poder platicar es inclinarse y recargarse sobre la mesa. Cuando no hay razón para inclinarse, tampoco hay razón para poner los codos en la mesa.

- Si nos invitan a comer y al probar algo nos desagrada, por delicadeza no lo expresemos abiertamente. Si al terminar alguien nos pregunta cómo estuvo la comida, podemos mencionar que no estuvo muy buena y de inmediato comentar algo positivo del vino, del postre o en todo caso del pan.
- Procuremos no ser de los que comen muy despacio. Recuerde que el mesero puede traer el siguiente plato hasta que todos hayan terminado el anterior. Luego hay platicadores que se tardan años en su plato, retrasando a todos.
- Al comer no hay que encerrar el plato con un brazo como si nos lo fueran a quitar.
- De encontrar algún objeto extraño en la comida, como una mosca o una corcholata (ya me ha pasado), hay que informar al mesero discretamente.
- Procure no balancearse sobre las patas traseras de la silla. Además de que es un hábito que lo hace verse mal, corre el riesgo de que el respaldo o el asiento se rompan.

Un accidente...
- Si, por accidente, un cubierto o la servilleta se le cae al suelo, avísele al mesero para que traiga un repuesto.
- Si derramamos algo sobre el mantel, lo mejor es no hacer mucho aspaviento. El mesero cambiará el mantel de inmediato.
- Si un alimento se le atora en la garganta, olvídese por completo de los modales y pida ayuda. Si a usted le toca ver a alguien a quien le sucede, levante a la persona y por detrás propínele un fuerte apretón con

los brazos, a la altura del plexo solar, para ayudar a que expulse el alimento atorado (es conveniente aprender esta técnica en una guía de primeros auxilios).

Al terminar de comer:
- Si fuma, solicite el permiso de los demás antes de prender el cigarro. Espere siempre a que todos hayan terminado de comer, o hágalo antes de que se presente la comida en la mesa. Una vez un señor que le preguntó a otro: "¿Le importa que coma mientras usted fuma?" Son situaciones incómodas que se deben evitar.
- Por supuesto, no se debe eructar como acostumbran en Asia, ni escupir algo, ni usar el palillo de dientes, ni siquiera tapándose la boca con la otra mano. Es mejor levantarse al baño.
- Hoy en día es común pedir lo que nos sobra para llevar, mas no en un restaurante formal.
- Hay que regresar la silla a su lugar cuando nos levantemos y dejemos la mesa.
- Si a la salida nos ofrecen mentas o chocolates, no es prudente tomarlos a puños, llenarnos las bolsas y decir: "Es que a mi niño le gustan mucho".
- Si nos retiramos de la mesa antes que los demás, hay que disculparnos.
- Si ya es tarde, la comida se ha prolongado, queremos retirarnos y no sabemos cómo terminar la conversación, un buen truco es dar a entender que seguramente los otros tendrán mil cosas que hacer.

La cuenta
Llegó el momento. Usted se limpia las comisuras de la boca con la servilleta mientras el mesero coloca en forma estratégica la cuenta entre usted y su invitado. ¿Ahora qué? Habría que comenzar diciendo que la regla general es quien invita, paga. Por lo menos la primera vez. Después se podrá ir negociando y correspondiendo.

Desde el momento que entramos al restaurante, damos muestras de nuestra educación. Sin embargo, nada se presta más para conocer a una persona que el momento en que llega la cuenta.

Aquí algunos detalles a cuidar para que la experiencia resulte agradable para todos:

- Si usted invita, hágaselo saber de antemano a su acompañante. Escoja el lugar de acuerdo con lo que esté dispuesto a pagar, para que no sufra si su invitado pide aperitivo y dos postres.
- Si usted es invitado por sorpresa, agradézcalo y evite esas peleas a muerte donde lo único que se logra es romper la cuenta en dos. La siguiente vez, con mucho gusto, pagará usted. De no hacerlo, le puedo asegurar que no lo volverán a invitar.
- Antes de pedir la cuenta hay que asegurarse de que ya nadie desea algo más.
- Cuando la cuenta llegue, quien paga, o el más acomedido, le dará una rápida revisada antes de saldarla.
- Si decide que usted invita, evite que cualquier acompañante vea el total a pagar. Si somos invitados, evitemos asomarnos a ver cuánto fue.
- En caso de encontrar un error en la cuenta, hay que consultarlo con el mesero o con el capitán discretamente.
- Si la cuenta se va a dividir entre los comensales, hay que calcular la propina y redondear las cifras.
- Es de mal gusto tratar de dividir la cuenta según el consumo de cada cual. La cuenta se divide por cabeza, sin que para ello importe si uno pidió camarones y el otro milanesa, o si uno tomó postre y el otro no.
- Si entre todos comparten la cuenta, o sabe que es invitado, es de mal gusto pedir los platos más caros de la carta, como langosta y similares.
- ¿Qué le parece cuando usted pide la cuenta y el otro se levanta al baño justo cuando la traen? Además, cuando regresa se hace el desentendido. Es muy comprensible si pasamos por situaciones económicas difíciles. Sólo que debemos ser muy prudentes para no ganarnos fama de "gorrones" o "conchudos".

Cuando otros pagan una o dos veces, no pasa nada; sin embargo, si llega una tercera vez tenga por seguro que será la pauta para que jamás nos vuelvan a invitar. Detalles de poca categoría como éstos pueden terminar con una amistad para siempre. No vale la pena.

- Cuando se trata de una pareja, por lo general el hombre paga, a menos que se haya establecido de otra manera. Todavía existen caballeros maravillosos.
- Si una pareja sale a comer con una amiga, ésta debe ser invitada, aunque es un gesto amable que se ofrezca a pagar también.
- Si quiere impresionar a su cita romántica, vaya antes al restaurante y hable con el capitán para darle su número de tarjeta de crédito y firmar el *voucher*. Pídale que agregue al total el porcentaje de propina que usted desee. Ese día, o el siguiente, cuando vaya a comer con su cita, todo estará ya arreglado. Elegantemente, con aire de señor de mundo, levántese y váyanse cuando deseen. A ella le impresionará el detalle de haber planeado todo con anticipación.
- Cuando colegas de trabajo salen a comer casualmente, cada quien paga su cuenta, sea hombre o mujer.
- Cuando es una mujer la que invita al restaurante y hay señores entre los invitados, será muy discreta en el momento de pagar la cuenta, para evitar que un señor se sienta obligado a hacerlo.
- En nuestro país, si el cliente o proveedor es mujer, en la mayoría de los casos todavía el hombre suele pagar. En otros países la mujer ejecutiva asume cada vez más su papel y las obligaciones que representa.
- Si vamos con una persona mayor, un abuelo o el mejor amigo de nuestro papá, hay que aceptar la invitación si es que se ofrece a pagar. Después nos toca corresponder de alguna manera.
- Si una persona está decidida a invitar la comida, puede fingir que va al baño con la intención de darle su tarjeta al mesero. La discreción se agradece.
- Si por alguna razón tenemos que abandonar el restaurante antes que los demás, debemos dejar el monto de nuestro consumo y propina a un amigo, para que pague por nosotros.

En una relación de amistad no se cuantifica lo invertido económicamente, lo que cuenta es la intención de compartir, de halagar al otro y hacerlo sentir importante. Lo pagado se olvida; la amistad, perdura.

Cuando una persona es de "cartera rápida" para pagar una cuenta, comunica lo siguiente: es espléndido y generoso; es una persona educada y sensible; y, sobre todo, tiene clase y estilo. ¿Qué más se puede pedir?

La propina

- Hay que ser generosos con la propina. Dicen que quien es avaro en este tipo de situación, muestra ser avaro en todo, principalmente en el amor.
- En nuestro país se acostumbra dejar entre un 10 y un 15 por ciento, según el servicio. En lugares económicos, procuremos dejar por lo menos un 15 por ciento, ya que a menudo el trabajo del mesero es similar al de quien trabaja en un restaurante más caro y lo que gana es mucho menor en proporción.
- En caso de pagar con tarjeta de crédito no hay que ser de esas personas que, queriendo impresionar a los demás, sacan su *American Express Platinum* agitándola como si fuera un abanico para que todo el mundo la vea. Usarla es tan sencillo como colocarla en la charola donde nos traen la nota, con el fin de que el mesero se la lleve y la devuelva para firmar. Cuando pagamos con tarjeta, los meseros agradecen que dejemos la propina en efectivo.
- En el caso extremo de que la atención haya sido verdaderamente pésima, no se sienta mal por excluir la propina. Lo que no hay que hacer es dejar tres centavos. En esos casos es mejor no dejar nada.

Siempre que salgamos con amigos a comer, habría que recordar una frase del hindú Panchatantra, que dice: "Dar, recibir, contar los secretos, preguntar, comer y convidar a comer son seis señales de amistad que tendríamos que cultivar".

BRINDO POR...*

*Aquí está la triple alianza: amistad,
libertad y vino.*

ANÓNIMO

Son muchas las ocasiones en que se acostumbra brindar. Es un rito de festejo, alegría y agradecimiento.

- Al brindar, es preferible no ser el primero en levantarse, porque algunas veces se brinda sentados. Aunque es correcto hacerlo si usted así lo desea.
- Se brinda antes de haber empezado a beber la copa. Se puede brindar chocando suavemente las copas con quienes estén a nuestro lado, o bien se puede levantar la copa a la altura de los ojos y con una mirada y un gesto expresivo expresar "salud".
- Por lo general, cuando se toma cerveza, refrescos o licores, no se brinda. Suele hacerse con vino o champán.
- Se puede brindar antes de la comida, o al final del postre, y decir unas breves palabras o con un simple "salud".

*Si la comida es el cuerpo del buen vivir, el
vino es su alma.*

CLIFTON FADIMAN

¿Con qué combinamos los vinos?

- Las entradas o aperitivos se acompañan por lo regular con vinos blancos, claretes y rosados. El jerez y el oporto también son una buena opción.
- Las sopas y cremas realzan sabores con vino blanco, y las verduras combinan bien con blancos jóvenes.
- Las carnes frías se acompañan con rosados o blancos.
- La pasta se lleva muy bien con rosados y tintos ligeros.

---

* Sobre vinos y licores ver pp. 78-82 de *El arte de convivir en la vida cotidiana.*

- Los mariscos piden ser acompañados por vinos blancos y muy secos, los espumosos también son una opción para estos platillos.
- Los pescados requieren de blancos jóvenes y semisecos. Aunque hay pescados que combinan muy bien con el tinto, como el pez espada y el atún.
- Las carnes rojas se acompañan de tintos fuertes.
- La ternera es buena compañera de los rosados.
- Las aves cocinadas con salsas suaves pueden servirse con blancos semisecos, espumosos o rosados.
- Los quesos frescos con vino blanco.
- Los quesos curados (brie, camembert, gruyere, añejo) con todo tipo de tintos.
- Los postres dulces con vinos dulces, desde un Málaga o moscateles hasta jerez.
- La fruta es deliciosa con espumosos secos.

El *sommelier*

En los restaurantes de gastronomía muy fina encontramos a un experto en vinos al que se le llama *sommelier*. Es la persona cuyo trabajo es aconsejar al cliente en función de sus gustos y los platos que vaya a comer. Se identifica por tener colgado al pecho una gruesa cadena plateada, de donde cuelga una especie de platito hondo con asa, mismo que le sirve para verter ahí un poco de vino y probarlo para asegurarse de su calidad. También pueden identificarse con un racimo de uvas doradas en la solapa.

Catar o degustar es beber con la atención puesta en las sensaciones que produce el vino. Digamos que al catar o degustar estamos saboreando. Dichas sensaciones no se reconocen de inmediato y, evidentemente, requieren de tiempo y práctica.

La diferencia entre cata y degustación es la cantidad de vinos y el oficio. Si le pagan por probar vinos, usted es un catador; si usted paga por probarlos, es un degustador.

La cata profesional es un trabajo complejo. Un experto en la materia puede llegar a catar hasta ¡veinte vinos en una sesión! Su objetivo es dar a conocer la información acerca de los vinos que más adelante degustarán los consumidores.

La degustación informal no pasa de cuatro o seis vinos que se disfrutan y se comentan en un ambiente agradable.

¿Qué significan estos términos...?

- *Acabado*: es una sensación que perdura en la boca una vez que se ha bebido el vino. Si el acabado es perfecto, no deja sabor amargo ni provoca acidez. Pocos vinos alcanzan esta característica.
- *Acidez*: se utiliza para referirse al sabor fuerte del vino. Si el grado es alto, el vino no resulta agradable al paladar.
- *Aroma*: es el conjunto de fragancias que encierra todo vino.
- *Buqué*: equivale al aroma del vino, pero se refiere a la esencia del vino, que se logra durante el proceso de envejecimiento. Es un término que no se utiliza cuando hablamos de los llamados vinos nuevos.
- *Cuerpo*: es la sensación que el vino produce en la lengua.
- *Sedimento*: es el residuo que dejan algunos vinos, generalmente los que mejoran su calidad al envejecer. En los vinos blancos toma forma de cristales y en los tintos puede adoptar la de hojuelas o una corteza en tonos cafés. El sedimento del vino dice mucho sobre su buena calidad. No debe pasar a la copa. Por eso se decanta, es decir, el mesero o el *sommelier* lo pasan a un recipiente de boca ancha, de manera que el vino respire.
- Para describir el vino y verse como todo un conocedor, lo adecuado es utilizar estas palabras.

Existe cierto protocolo cuando se descorcha y sirve el vino

1. El vino es un ser vivo que se compone de trescientos elementos equilibrados entre sí. Su mejor estado es el reposo. Así que hay que manejarlo con cuidado y nunca agitarlo.

2. La etiqueta queda a la vista al servir el vino. No se tapa con la servilleta.
3. Se debe dejar oxigenar el vino un rato antes de servirlo.
4. Es parte del protocolo que el mesero presente y deje a su alcance el corcho de la botella recién destapada, para que usted se asegure que la botella se guardó acostada y el corcho se mantuvo húmedo. Si usted es un experto, pueda comprobar si está bueno, oxidado o enmohecido. Por lo general, esto se hace sólo con los vinos de categoría. El corcho debe oler a vino, pero el vino no debe oler a corcho. Si el corcho presenta deterioro, olerá a moho o avinagrado. También es válido dejar el corcho a un lado, sin olerlo, y hacerle la seña al mesero de que lo deje reposar.
5. A la hora de catar el vino, si no se siente un conocedor, puede cederle el "honor" a otro comensal.

   Cuando el mesero le sirva un poco de vino para catarlo, con actitud de conocedor tome la copa de la base (nunca del recipiente). Esto es con el propósito de evitar que se empañe el cristal y no alteremos la temperatura del vino con el calor de la mano. Observe su color y transparencia. La verdadera edad del vino se puede ver en el color. Gire la copa dos o tres veces para que el vino se oxigene y aprecie mejor su sabor. Acerque la copa a la nariz para apreciar el aroma y recuerde: vino que huele mal, sabe mal. El vino se verá turbio si está torcido. Si es el caso, sin miedo, tranquilo, con mucha seguridad y sin sentir obligación de dar explicaciones, regréselo. El vino joven por lo general tiene un aroma afrutado, mientras que en el más maduro el aroma es a madera.

   Que una botella de vino no esté en buen estado le puede suceder hasta al restaurante más prestigiado. Sin embargo, se ha comprobado que en muchas ocasiones, cuando el vino está torcido (avinagrado), las personas, por pena o por ignorancia, no lo regresan. Que no le suceda.
6. Si todo va bien, pruebe el vino y paséelo por la boca para confirmar que está bueno y detectar sus sabores a madera, a fruta, a tabaco, etcétera.

Después, realice una seña positiva al mesero para que lo sirva al resto de la mesa. Todo este acto puede hacerse de manera muy sencilla, o muy pomposa y pedante. Dependerá de la actitud de la persona.

7. Pedir el vino de la casa puede ser una buena opción. Sin embargo, desconfiemos si tiene algunos años: puede ser que hayan comprado a buen precio una partida de vino viejo que a menudo se echa a perder. El vino se sirve por el lado derecho, sin brusquedades, y sólo se rellenan las copas cuando están vacías. Nunca hasta el tope.

8. Seamos prudentes con el consumo de alcohol. Un restaurante es un lugar público, y perder el estilo es muy molesto, tanto para su acompañante como para los ajenos.

Beber buen vino, con una buena comida, en buena compañía, es uno de los placeres más grandes de la vida.

Vino y salud

Muchos médicos han llegado a la conclusión de que el vino, siempre y cuando se consuma moderadamente, es bueno para el organismo.

- Se obtienen beneficios cardiovasculares al disminuir los índices de colesterol.
- Mantiene jóvenes las venas y las arterias, y tiene un efecto antioxidante que permite retardar el envejecimiento general del cuerpo.
- Estimula el apetito y posee fibras solubles que facilitan la digestión.
- Combate el estrés y, tomado sin excesos, relaja.

Con todas estas cualidades no podemos más que abrirle las puertas al vino y tratar de llevarlo a nuestra mesa, porque si la comida es el cuerpo del buen vivir, el vino es su alma. ¿No cree usted?

USTED ES DUEÑO DEL RESTAURANTE, O TRABAJA EN UNO

Si usted opera, trabaja o es dueño o dueña de un restaurante, es importante cuidar lo siguiente:

- La limpieza e higiene del lugar son esenciales. Esté pendiente de vidrios, alfombras y paredes limpias, plantas y flores frescas.
- La reservación debe ser sagrada. Evite hacer esperar a quien se tomó la molestia de hacerla. Quien se encargue de tomar las reservaciones debe ser muy cortés y, en caso de tener todo lleno, invitar al cliente a pasar al bar o a que regrese en otra ocasión.
- El capitán debe aprenderse los nombres o apellidos de sus clientes. Todo el personal debe hacerlos sentir importantes.
- Es fundamental no discutir cuando el cliente se queja de que su plato no está bien preparado. Mejor ofrézcale que se lo vuelvan a preparar o pregúntele si desea algo más.
- Cuando la cuenta esté equivocada, ofrezca una amplia disculpa y haga algo para borrar la mala impresión; por ejemplo: invitar un digestivo.
- Si el cliente desea su carne bien cocida, no le sugiera que es mejor un término medio. El cliente elige.
- Si la persona pide un platillo que va a tardar, recuérdeselo para que esté preparado.
- Si el mesero tira accidentalmente en el mantel agua u otro líquido, debe cambiarlo de inmediato; y si estropeó algún platillo, debe reponerlo. Si se le cae la charola completa sobre un cliente, antes de limpiar el suelo ofrezca doscientas disculpas al cliente y límpielo a él primero.
- Si le dejaron al mesero menos propina de lo esperado, no debe quejarse con el cliente; seguramente el servicio fue poco eficiente. De no haber sido así, tampoco puede reclamarle. Hay personas codas en este mundo.
- Hay que permanecer siempre alerta para lo que el cliente necesite. Si algún cliente va a fumar, enciéndale el cigarro y asegúrese que tenga un cenicero.

- Como dueño, necesita contar con los meseros necesarios y capacitados; de lo contrario, el servicio será deficiente. Lo último que se quiere es hacer sentir al cliente como "olvidado" o "invisible".
- Si a una persona se le cae un cubierto o la servilleta, hay que proporcionarle un repuesto nuevo de inmediato.
- El mesero deberá parecer siempre contento, evitar verse agobiado o enojado. La actitud de todo el restaurante deberá ser de servicio y de atención. No olvidemos que el cliente siempre tiene la razón.

Lo básico:

- Para elegir un restaurante, tomemos en cuenta con quién vamos, tipo de comida, ubicación, ambiente y precios.
- Cuando se es invitado, o se comparte la cuenta, hay que evitar pedir los platillos y las bebidas más caras del menú.
- Hay que elegir el restaurante pensando en el gusto de nuestros invitados.
- Ser puntuales y reservar es fundamental.
- Ceda los mejores lugares a sus invitados.
- No solicitemos probar otros platos.
- Si pedimos más vino, es porque todos están de acuerdo.
- Cuando la cuenta se divide, se hace en partes iguales y no por lo que cada quien consumió.
- Evítese el uso de los palillos de dientes.
- Procure apagar celulares y radiolocalizadores cuando coma.
- Si lo atendieron bien, deje el 15 por ciento de propina.

Cortesía en bares y centros nocturnos

En donde estés consigue divertirte, divertir a
los demás y hacer que los demás te diviertan.
Trata de ser dichoso, de hacer dichosos a los
demás y que los demás aumenten tu dicha.

NOEL CLARASÓ

Salir de noche con los amigos es sinónimo de diversión y festejo. Los ingredientes necesarios para pasárnosla bien son estar de buen humor, querer convivir, escoger cuidadosamente a dónde ir, no subestimar algunas precauciones y acoplarnos a los demás, en caso de que dicha salida no corresponda a nuestro "plan ideal".

¿Sabía usted que el nombre "salsa" se utilizó por primera vez en Nueva York, durante un concierto de Fania All Stars, en 1972? La exitosa popularización de este tipo de música en el ámbito mundial contribuyó a englobar diferentes ritmos cubanos, como son el guaguancó, el son montuno y la guaracha, entre otros, en un solo nombre: la salsa.

A DÓNDE IR

Es importante escoger bien el lugar al que asistiremos y tomar en cuenta la compañía y el motivo de la salida. Por ejemplo, una persona mayor se la pasaría mal si la llevamos a una bar *tecno*. Como quizá también le pasaría a un adolescente si lo llevamos a escuchar un trío.

En la ciudad nocturna existe infinidad de opciones para todo tipo de gente y circunstancia:

Bares románticos, con o sin *show*; *karaokes* (bares originarios del Japón, donde se canta con la pista musical siguiendo la letra en un video); bares con pianista, para los amantes del jazz; de moda, tradicionales bares de hoteles y de restaurantes; antros: este concepto de bar se puso de moda en los años noventa y hoy es lo más popular. En épocas anteriores, la discoteca era el plan ideal para salir de noche. Aunque siguen estando de moda en los lugares de playa.

Normalmente los antros no cuentan con pista de baile; el ambiente es muy informal, así que los asistentes bailan donde quieran, alrededor de la mesa, sobre la mesa y, ¿por qué no?, hasta debajo de la mesa. Esto lo hacen solos o acompañados.

CORTESÍA GENERAL

En bares, discotecas y centros nocturnos todos nos sentimos más desinhibidos. La cantidad de gente, la oscuridad, la música que vibra en el pecho y el alcohol cooperan en esto. El espacio vital desaparece y la cercanía de los cuerpos nos agrada. Aun en estas circunstancias entra en juego la cortesía.

Tomemos en cuenta:
- En el lugar de moda es muy probable que haya una larga espera para poder entrar.
- En general es más fácil entrar si vamos en pareja, ya que los administradores del lugar procuran mantener el equilibro entre los clientes masculinos y femeninos. Aunque en los bares de jóvenes muchas veces van grupos de amigas solas o amigos solos que entran sin problema.
- Al entrar en pareja es mejor que el hombre le abra paso a la mujer, sobre todo si el espacio está lleno de gente, y que la tome de la mano o no se adelante demasiado, para que su compañera pueda seguirlo de cerca.

- Si deseamos una buena mesa, conviene reservar; y si no lo hicimos, lo más efectivo es dar una buena propina al capitán o a la persona que nos consigue sitio.
- Es común encontrarnos conocidos en estos lugares. Cuando esto ocurra, la plática y el saludo son más informales que de costumbre, por el gran movimiento que hay. Sin embargo, es importante siempre presentar a nuestros acompañantes y no dejar sola a la pareja, o a nadie del grupo, por ir a platicar con otra persona.
- Hagamos un esfuerzo por respetar el espacio de los otros: evitemos echarles el humo en la cara, apoyarnos en el banco o en la espalda de los otros o estirar los pies de manera que alguien pueda tropezarse.
- Al pasar siempre pidamos permiso y procuremos no invadir la barra con nuestras pertenencias.

CÓMO VESTIR

No hay reglas.

Este es el momento para lucir el último grito de la moda, de vestir estrafalario, vanguardista y sexy (sin caer en lo vulgar).

Algunas personas van a los bares para conocer gente. Esto hay que hacerlo con tacto. Al intentar establecer una conversación, es prudente saber distinguir si la persona a quien nos dirigimos está dispuesta o no a socializar.

De igual manera, hay que saber negarnos de una manera firme y educada.

- Si en el bar hay un *show* u obra de teatro, hay que procurar no hacer mucho ruido mientras dura el espectáculo. Reservar lugar y acudir a tiempo, antes de que inicie la función.

¡Vamos a bailar!

Si decidimos bailar ya sea en la pista de una discoteca o alrededor de la mesa de un antro o bar cuidemos lo siguiente:

* Aunque involuntario, es común pisar o empujar a alguien. Una disculpa con un gesto sonriente se agradece.
* Se dice que el baile es la posición vertical de un deseo horizontal; hay algo de cierto en ello. Sin embargo, nunca debemos olvidar que la intimidad se demuestra solo en la horizontal.
* Si nuestro grupo se conforma de varias parejas y una persona sola, por consideración evitemos dejarla en la mesa mientras todos nos paramos a bailar, sobre todo si es mujer.
* Para quienes no les gusta bailar, es muy divertido observar a quienes sí lo hacen, o bien platicar con algún acompañante si es que el volumen de la música lo permite.
* Hay veces que no nos animamos a bailar porque no nos sentimos "muy buenos". Pensamos que al hacerlo vamos a vernos ridículos. Si nos esforzamos por olvidar el "cómo nos vemos" y sólo nos dejamos "llevar" por el ritmo de la música, descubriremos una de las mejores maneras de liberar las tensiones y el estrés. Amén de que nos divertiremos mucho y con suerte descubrimos que no somos "tan malos" para bailar.
* Unos zapatos cómodos, que no lastimen, son esenciales para poder bailar hasta que el cuerpo aguante.

¿Sabía usted que en Estados Unidos eran populares los maratones de baile en las décadas de los veinte y los treinta? El primero se llevó a cabo en el año de 1923 y duró nueve horas y media. Según el libro *El libro Guiness de los récords*, el más largo tuvo lugar en Chicago, en 1930, y su duración fue de ¡treinta semanas! El premio era de dos mil dólares.

Bar en el restaurante u hotel

Si estamos tomando una copa:
- En el bar de un restaurante formal, donde después vamos a cenar o a comer, no es correcto pasar a la mesa con ella en la mano. El mesero seguro estará atento de llevárnosla.
- Si el restaurante es casual, cada persona se lleva su copa a la mesa.
- Si un grupo de mujeres va a un bar y reciben una cortesía de otra mesa, habrá que considerar si la aceptan o no, ya que después les puede causar incomodidades.
- Una mujer que esté sola en un bar puede con toda tranquilidad rechazar con amabilidad a las personas con las que no desee hablar.

Algunas sugerencias generales:
- Es importante conocer las distintas bebidas y de preferencia no mezclarlas. Las bebidas dulces o azucaradas tienen un mayor grado de alcohol.

  Algunas de las bebidas más comunes son: *Bloody Mary* (vodka con jugo de tomate), campari con soda, mimosa de día (champán con jugo de naranja), whisky, cuba (ron y refresco de cola), daiquirí (ron blanco con jugo de limón o de fresa), desarmador (vodka con jugo de naranja), margarita (tequila con jugo de limón, licor de naranja blanco, hielo y sal), *gin tonic* y *vodka tonic*, martini (ginebra y vermouth seco), piña colada (piña, coco y ron), paloma (tequila con refresco de toronja), tequila *sunrise* (con jugo de naranja), jerez, oporto, etcétera.
- El alcohol, con moderación, nos relaja y nos anima. El exceso es malo, incomoda y por lo general causa problemas.
- Si nos toca enfrentarnos a una persona con "mal alcohol", que se pone agresiva, evitemos una confrontación; como caballero nadie dudará de su valor y elogiarán su inteligencia.
- Si esta persona insiste en molestar, es mejor acudir a los meseros o al capitán; ellos están más acostumbrados a lidiar con ellos.

- Las bebidas adulteradas podemos encontrarlas en cualquier sitio. Estamos acostumbrados a pensar que sólo se dan en lugares "turbios" y la realidad es otra.

Una vez a Pablo y a mí nos tocó, en el bar de un hotel muy prestigiado, y tanto Pablo como mi amiga al tomar la primera copa se pusieron "graves". Por supuesto, tuvimos que salirnos y buscar un médico, el cual nos confirmó que, por los síntomas, la bebida que tomaron estaba adulterada.

Por lo general es un "negocio" de los meseros, quienes mezclan o intercambian, las bebidas de botellas buenas por alcoholes de segunda categoría. El efecto que esto produce es un gran mareo, como si se estuviera demasiado alcoholizado y envenenado. Si le llegará a suceder, lo mejor es retirarse y, al día siguiente, escribir una carta o llamar al gerente del local y alertarlo acerca de la situación, para evitar que continúe.

LA CUENTA

- En los bares y centros nocturnos es prudente revisar muy bien la cuenta para asegurarnos que anoten sólo las bebidas que se consumieron.
- En mesas muy grandes es mejor abrir varias cuentas entre todos, para mayor control. Además resulta muy práctico para los que se quieren ir antes.
- En el caso de las mujeres es muy importante que sepamos cuándo los demás están dispuestos a pagarnos la cuenta. Si somos la "amiga de la amiga" que invitaron, hay que ofrecer pagar algo; los gorrones, nunca caen bien.

Puntos a recordar:

- Hay a nuestro alcance una gran variedad de planes nocturnos, busquemos la mejor opción, dependiendo de con quién vamos y del ambiente que deseamos.
- Tengamos siempre presente la seguridad: ir a lugares seguros y por rutas con suficiente circulación. El auto debe ser estacionado cerca, o por medio del *valet parking*.
- Evitemos cualquier situación desagradable, con los trabajadores del lugar y con los otros clientes.
- Revisemos bien la cuenta.
- Moderemos nuestro consumo de bebidas, procurando no subirnos al coche con un conductor en estado de ebriedad.

El deporte

La parte más sana de nuestro cuerpo es la que más se ejercita.

SÉNECA

Hacer ejercicio es un placer. Si usted lo practica sabrá a qué me refiero. De no ser así, lo invito a que lo descubra.

Cuando comenzamos a hacer ejercicio es como si tomáramos una medicina amarga: cuesta mucho trabajo, duelen los músculos y el cuerpo se siente un poco extraño. Mas si, a pesar de todo, sostenemos nuestra voluntad con firmeza, a los pocos días empezamos a advertir sus beneficios, lo que nos motiva a continuar hasta que el ejercicio realmente llega a convertirse en un saludable vicio.

Sus beneficios:
- Al hacer ejercicio nos sentimos con mucho ánimo, fuertes, alertas y saludables.
- Practicarlo es la mejor medicina contra la enfermedad más común de nuestro tiempo: el estrés. Además, estimula la producción de una serie de sustancias cerebrales que nos hacen sentir que tenemos el control de nuestra vida.
- Después de ejercitarnos, nuestra percepción de los problemas mejora y pareciera que se reducen a la mitad.
- Nuestro temperamento y voluntad se fortalecen, además de que, gracias a los deportes, pasamos ratos muy agradables con nuestros familiares y amigos.
- Dormimos mejor.
- Nos ayuda a bajar de peso y a mantener el cuerpo en forma.
- Previene enfermedades.
- Mejora nuestra postura corporal.

Juan Jacobo Rousseau decía: "Cuanto más débil es el cuerpo, más ordena. Cuanto más fuerte, más obedece". Qué razón tiene.

El buen deportista

Las reglas que regulan los deportes que se llevan a cabo en el gimnasio, en la cancha de tenis, en la montaña, en la pista de equitación, en el campo de golf, en la alberca o en las pendientes de esquí, están directamente ligadas a nuestra seguridad.

- Antes de realizar cualquier tipo de deporte, es importante que calentemos los músculos.
- Hidratarnos constantemente es muy necesario para mejorar el rendimiento.
- Sobra decir que la honestidad en el juego es básica.
- Hay que vestir apropiadamente para cada situación, con ropa limpia y práctica.
- Ejerzamos la humildad y sencillez si acaso perdemos, y con mayor razón si ganamos.
- Sea cual sea la situación, seamos siempre corteses con nuestro rival.
- Si jugamos en equipo, apoyemos y respetemos a los compañeros.

Nuestra recompensa se encuentra en el esfuerzo y no en el resultado. Un esfuerzo total es una victoria completa.

MAHATMA GANDHI

El ejercicio como deporte

Correr
Si hay cerca de su casa un bosque o un parque para correr antes de realizar sus tareas cotidianas, habrá experimentado el gran placer que significa salir temprano y sentirse vivo al ver el amanecer y respirar el aire de las seis o siete de la mañana.

Correr es muy conveniente porque:

- Es muy económico, fortalece el sistema cardiovascular, ayuda a quemar calorías, eleva nuestra condición física y reduce el estrés.
- Las piernas se fortalecen y moldean.
- Lo único que necesita como equipo son unos *pants* o *shorts* y camiseta, un buen par de tenis especiales y un reloj para medir el tiempo.
- Correr escuchando música con audífonos intensifica la experiencia.
- Se trata de un ejercicio que se puede realizar en cualquier sitio y no requiere de un horario fijo.
- Es más recomendable correr en un parque o en una zona arbolada. Si tenemos que hacerlo en avenidas, vayamos en sentido opuesto al tráfico y de preferencia no usemos audífonos, para estar alertas.
- Evitemos correr en zonas solitarias o muy contaminadas.

Observaciones

- Es recomendable ir lo más cómodos que se pueda. La ropa del día anterior, o las prendas arrugadas, se ven mal. Aunque sea de madrugada, intentemos vernos presentables: una peinada es esencial, y las mujeres debemos salir sin maquillaje y sin accesorios (me ha tocado ver mujeres que dan más la idea de buscar novio que de hacer ejercicio).
- Después de usar los tenis por espacio de un año, aunque por fuera aparenten estar en buen estado, por dentro el soporte de la suela se vence. Es necesario cambiarlos.
- Nunca está de más llevar con nosotros una identificación.
- No es higiénico ni educado ni deportivo ni agraciado escupir mientras se corre. ¡Es más, es espantoso! No hay nada peor que encontrar recuerdos de otros corredores en el camino, o escuchar cuando los dejan.

Algunas técnicas

- Es importante administrar la energía de acuerdo con la distancia que recorreremos y nuestra edad. En una carrera de 400 metros, el corredor puede ir a su máxima velocidad durante los primeros 200, bajar la velocidad en los subsecuentes 150 y finalizar el trecho restante con un cierre espectacular. Otros prefieren aplicarse en los 200 o 300 metros a la máxima velocidad y aminorar el paso durante el resto. Cuando un corredor aminora la marcha, lo hace para conservar la energía que utilizará en el momento del cierre de la carrera.

- Entre las carreras de fondo más importantes, se encuentran las de campo traviesa o *cross* y el maratón. Las de campo traviesa se realizan en escenarios naturales, por lo general accidentados. Debido a la variedad de condiciones en que se lleva a cabo este tipo de competencia, es difícil homologar marcas.
- El escenario de los maratones se sitúa, en cambio, sobre pavimento y en circuitos urbanos. En este tipo de carrera el corredor procura mantener un paso firme y sostenido para hacer el recorrido en el menor tiempo posible.

La distancia de un maratón es de 42.195 kilómetros. Desde la década de los setenta es muy popular y se celebra en ciudades tan importantes como Boston, Nueva York, Chicago, México, Londres, Roma, París, Seúl y Madrid, entre otras. Se trata de un deporte que requiere entrenamiento a lo largo de varios meses. Quienes compiten en él y logran terminar la carrera completa, aseguran que la sensación de triunfo al llegar a la meta corona todos los esfuerzos. Como decía Truman Capote: "La disciplina es la parte más importante del éxito".

El gimnasio

Cada vez se impone más la moda de asistir a los gimnasios. Se trata de espacios muy cómodos, porque ofrecen varias opciones para hacer ejercicio, un amplísimo horario y las cuotas cada día son más accesibles. Por lo general encontraremos uno cerca de la oficina, la escuela o la casa.

- En el gimnasio la mayoría de los ejercicios se practican de manera colectiva, por lo que la educación y la prudencia son muy importantes.

Observaciones

- Debemos evitar hacer ruidos y sobreactuaciones de esfuerzo o cansancio que sean innecesarias.
- Si contamos las repeticiones del ejercicio, hay que hacerlo en voz baja.
- Evitemos ser como esos señores muy fuertes que usan camiseta sin manga, se gritan unos a otros de extremo a extremo del salón, o chotean y se cuentan chistes en voz alta para hacerse notar.
- Lleguemos puntuales a las sesiones con el entrenador.
- Cancelemos las citas con un mínimo de 24 horas de anticipación.
- El entrenador es un terapista físico, no emocional; así que no le contemos nuestra vida entera.
- En los vestidores procuremos ser discretos: si alguien se está bañando o cambiando, es muy incómodo que otro se le quede viendo.
- Aunque poseamos un cuerpo como el de *miss* universo o Supermán, no es motivo para pasearnos desnudos por el vestidor arrastrando la toalla con un dedo.
- En el área de *lockers* o casilleros no ocupemos toda la banca con nuestras pertenencias como si estuviera colocada ahí sólo para nosotros.
- Es aconsejable usar siempre chanclas de hule por cuestiones de higiene.
- Cuando terminemos de realizar nuestra rutina en un aparato, hay que levantarnos de inmediato para que otras personas hagan uso de él.
- No es propio "adueñarse" de un aparato y quedarse descansando o platicando en él, sobre todo si alguien desea utilizarlo. Al concluir nuestro ejercicio, hay que limpiarlo: es horrible encontrarlo todo pegajoso o con gotas de sudor.
- Si hay reservaciones de los equipos, hay que respetarlas e iniciar y terminar nuestra práctica a tiempo.
- Si el instructor se encuentra lejos y alguien le pide a usted que le ayude con algún aparato o que le enseñe cómo hacer un ejercicio, hágalo de buena gana: cuando usted iniciaba seguramente también necesitó consejo o ayuda.

Aerobics, Tai-chi, Kick-boxing o yoga

- Generalmente, en todos los gimnasios se imparten distintas clases, como complemento al ejercicio en los aparatos. Al tomarlas, debemos ser puntuales para integrarnos al grupo cuando la clase comienza. De no ser así, respetemos el lugar de los demás: es horrible que la persona que llega tarde se coloque frente al espejo, o se meta justo en medio de dos personas que ya están acomodadas en su espacio. Lo prudente es irse hasta atrás.
- Al final de clase regresemos el equipo al clóset: *step*, pesas, colchón, guantes de box.
- Despidámonos del instructor con un "gracias".

Lo necesario:

Mujeres:

- Mallas deportivas (cortas o largas) con un *top* o bien un leotardo y mallas, *pants* y camiseta. Sostén especial para deporte, cachucha o banda para la cabeza (si lo desea), calcetas y tenis adecuados.
- Al gimnasio se va sin maquillaje y con el pelo recogido. Sin accesorios. No es momento de lucir muy arreglada, se ve fuera de lugar. Tampoco hay que usar atuendos muy escotados o provocativos, la verdad se ven ridículos y distraen a los demás, aunque en ocasiones claramente se ve que ése es el propósito. Es recomendable llevar una toalla pequeña para secar el sudor y otra para limpiar los aparatos (en caso de que el club no la proporcione). También una maleta práctica con todo lo necesario para darse un baño y arreglarse.

Hombres:

- Camiseta, *shorts*, *pants*, sudadera, calcetas, tenis y una maleta con lo necesario para el baño. Además, la toalla pequeña para limpiar los aparatos.
- Recuerde que, dentro del gimnasio, los lentes oscuros no lucen bien.
- Los *shorts* muy cortitos y entallados se ven poco masculinos.

Aunque vayamos a las cinco de la mañana, hagamos lo posible por quitarnos la cara de almohada y peinarnos.

Natación

¿Sabía usted que la natación fue un deporte muy apreciado en las antiguas civilizaciones de Roma y Grecia, sobre todo porque se estableció como un método de entrenamiento para los guerreros?

La sensación de terminar estimulado y relajado al mismo tiempo sólo la da la natación. Es un placer inigualable.

La natación activa la circulación de la sangre y nos relaja por completo. Se trata de un deporte en el que ejercitamos todos los músculos del cuerpo, especialmente los de la espalda.

La mayoría de los clubes tienen alberca, y algunos gimnasios la incluyen en sus instalaciones.

Observaciones:

- Lleve toalla (en caso de que el establecimiento no la proporcione) y sandalias.
- Utilice siempre la regadera antes de entrar a la alberca, si no quiere ser odiado por todos.
- Procure usar *goggles* y gorra. También puede colocarse tapones para los oídos o pinzas para la nariz, en caso de que los necesite.
- Evite nadar solo, por seguridad.
- De ser posible, trabaje con un entrenador para fortalecerse, corregir errores, emprender retos y mejorar su condición física: si nadamos sin un entrenador que nos dirija y presione, haremos menos ejercicio y avanzaremos menos en nuestro acondicionamiento.
- Permanezca en la línea o carril seleccionado.
- Si tiene que compartir el carril, hágalo de buena gana y tenga cuidado de no golpear al compañero al cruzarse con él.
- Cuando se practica la natación como deporte, el traje de baño debe ser especial: para las mujeres, de una sola pieza y muy práctico (no necesariamente coqueto); para los hombres, traje de licra pegado al cuerpo y corto (sin exagerar).

Patinar

El patinaje sobre ruedas es muy popular y resulta un extraordinario ejercicio para las piernas. Al aprenderlo, es inevitable terminar con el cuerpo morado de las caídas; sin embargo, una vez que se domina proporciona una sensación de libertad deliciosa.

Por seguridad, es necesario usar:
- Casco.
- Rodilleras.
- Coderas.
- Muñequeras.

Observaciones:
- Es importante patinar en lugares seguros: parques, centros deportivos, explanadas, pistas en las que rentan los patines por hora y calles con poco tránsito de coches.
- Si salimos a una avenida, hay que tener más cuidado y respetar las señales de tránsito.
- Llevar audífonos para oír música puede ser tan agradable como peligroso.

Patinaje sobre hielo

Hace muchos años, los esquimales inventaron el patinaje sobre hielo. Para trasladarse más rápido de un lugar a otro, cortaban las costillas de algunos animales y las ataban a los zapatos. Después introdujeron las cuchillas de hierro. Hoy es un deporte muy completo y variado que puede ser tan artístico como el ballet, tan veloz como las carreras o tan rudo como el hockey.

Observaciones:
- Hay que patinar en el sentido marcado sobre la pista.
- Para evitar colisiones, peguémonos a la derecha y avisemos cuando vayamos a rebasar.
- Evitemos los aventones y los cerrones a los demás patinadores.
- Recordemos que no se permite comer o beber mientras se patina.

- Si no contamos con mucha experiencia, lo mejor es sostenernos de la barra y contratar un instructor.
- Acudamos a patinar con ropa cómoda que nos proteja del frío.
- Es conveniente llevar guantes.
- Si alguien se cae cerca de nosotros, ofrezcamos nuestra ayuda para levantarlo.
- Informemos a los niños acerca de los peligros de las cuchillas.
- Si deseamos practicar piruetas, hagámoslo en el centro de la pista.

El deporte no sólo construye carácter, lo revela.

MICHAEL LIP

Tenis

El tenis fue inventado en 1873 por el comandante británico Walter Clopton Wingfield. Aunque él reclama haber diseñado el juego, al que llamó *sphairistiké* (del griego "jugando con bola"), basándose en un antiguo juego griego, muchos piensan que en realidad adoptó los principios del *jeu de pomme, squash* y badminton para jugar en exteriores. Los primeros jugadores prefirieron llamar al juego de Wingfield "tenis sobre césped" o, simplemente, tenis.

Actualmente el tenis es unos de los deportes más populares. Lo podemos jugar desde niños hasta una edad avanzada.

Observaciones:
- Hay que presentarnos a jugar puntuales, perfectamente vestidos, limpios y con la ropa y los tenis apropiados.
- Entre los jugadores debe reinar la máxima educación. El tradicional apretón de manos por encima de la red simboliza juego limpio.
- Esperemos con paciencia nuestro turno para jugar.
- Preguntemos al contrincante si está listo antes de enviarle un servicio.
- Regresemos las bolas.

- Cuando juguemos con amigos procuremos no hacer correr demasiado a nuestro contrincante, sobre todo si jugamos mejor o él es de mayor edad que nosotros.
- Debemos perder con clase y ser modestos si ganamos. No hagamos alarde del triunfo, ni nos desanimemos cuando nos toque perder. Los insultos y berrinches, acompañados de aventar la raqueta, dejan mucho que desear.
- Cuando seamos espectadores, procuremos no distraer a los jugadores con gritos o señas.
- Si nos ha tocado el mejor lado de la cancha, con el sol a favor, debemos sugerir que al iniciar el siguiente partido el contrincante quede en el mejor sitio.
- En los torneos profesionales es preciso guardar silencio. No es correcto animar a nuestro jugador favorito con gritos, gestos o chiflidos. Sin embargo, sí podemos demostrarle con aplausos nuestro entusiasmo por una buena jugada.

La ropa adecuada

En el tenis la ropa blanca es tradicional, de ahí que se le llame "el deporte blanco". Hay una razón para ello: los colores oscuros absorben el calor, mientras que el blanco tiende a evitarlo. No obstante, el color de la ropa de tenis se ha ido modificando; ahora los jugadores prefieren un mayor y más variado colorido.

- Los hombres visten *shorts* y playera, calcetas blancas y tenis con suela antiderrapante.
- Las mujeres visten una falda especial, de tablas (aunque el color ya no necesariamente tiene que ser blanco), playera, calcetas deportivas y los tenis con suela de goma antiderrapante.

  Algunas personas acostumbran usar una cachucha con visera, o sólo la visera. Las bandas para la cabeza ayudan a absorber el sudor de la frente.
- Utilizar filtro solar es indispensable si no queremos terminar con la cara arrugada antes de tiempo.

El juego

- Los golpes básicos del tenis son el de derecha y el revés. En el de derecha, la pelota se golpea del lado de la mano con que se sujeta la raqueta. El golpe de revés, por cierto más difícil de ejecutar, se realiza estirando hacia el lado contrario del cuerpo el brazo que porta la raqueta y girando a la posición de preparado.

Otros golpes de tenis son "el globo", una devolución alta y lenta por detrás del oponente; el *smash*, devolución potente y muchas veces incontestable a un globo del contrincante. La "dejada", una devolución suave y con efecto de retroceso que se realiza justo por encima de la red. En el golpe "liftado", se le da a la pelota un efecto tal, que al botar se acelera. El golpe "cortado" provoca que, cuando la bola bota, se arrastre y pierda altura. La "volea" es cuando se le da a la pelota antes de que toque el piso. Por último, la "media volea" es un golpe devuelto de botepronto.

La puntuación
- La secuencia es de cuatro puntos designados como 15, 30 40 y juego; la ausencia de puntos se conoce con el término "nada" *(love)*. Un empate se llama igualdad *(deuce)*. Gana el jugador que consiga dos puntos consecutivos. A la situación en que sólo necesita un punto para la victoria, le llaman tener la ventaja. Durante un partido se dice primero la puntuación del jugador que tiene el servicio (el saque).
- Durante un set se intercambia el lado de la cancha después de los juegos impares, sea en partidos individuales o dobles.
- Seis juegos ganan un set normal. Para ganar el juego se debe tener una ventaja de al menos dos puntos, y para ganar el set se necesita una ventaja de dos o más juegos.
- Cuando ambos contrincantes ganan seis juegos, se recurre a un sistema de desempate llamado muerte súbita *(tie-break)*.
- En los partidos de grandes campeonatos participan quince jueces: un juez de silla que se encarga de cantar las jugadas, ayudado por un asistente o ayudante de cancha; un juez de red, dos jueces para las faltas de pie y diez jueces de línea.

El badminton

Para este deporte los jugadores requieren reflejos rápidos y constantes cambios de velocidad.

Se cree que el badminton se inventó en Gloucestershire (Inglaterra) alrededor de 1867.

Un juego muy similar se practicó también en China hace más de dos mil años.

El badminton ganó popularidad rápidamente, y en la Gran Bretaña se fundó la Asociación de badminton en 1893. Este deporte también ha cobrado importancia en Dinamarca, Japón, China, Corea del Sur, Indonesia, Malasia, Australia y Nueva Zelanda. Un gran número de hombres y mujeres campeones en este deporte son originarios del Lejano Oriente.

Observaciones

- Al igual que en el tenis, los jugadores por lo regular se presentan de color blanco, con tenis, y no necesariamente llevan pantalones cortos.

  Si asistimos a un partido entre profesionales, guardemos respetuoso silencio. Para no distraer a los contrincantes, aplaudamos sólo cuando el momento lo amerite.

La marcación

- El tanteo, o marcación, es distinto al del tenis. En individuales, el jugador que inicia lo hace desde la zona de saque de la derecha y sirve a la zona de saque de la derecha de la parte opuesta. Si quien saca gana el peloteo, se anota un punto. El siguiente saque se realiza de la parte izquierda a la parte izquierda opuesta. Es un proceso alternativo. Sólo el que saca puede anotarse puntos, pero si pierde el peloteo, el contrincante adquiere el derecho a sacar.
- Al igual que en el tenis, los puntos se ganan cuando un jugador no devuelve el gallito o lo envía fuera de la cancha.
- Normalmente 15 puntos ganan el juego, siempre y cuando haya cuando menos dos puntos de diferencia a favor del ganador. La victoria en dos juegos gana el partido.

- Las reglas para los campeonatos establecen tanteos decisivos y técnicas de desempate diferentes para partidos masculinos, femeninos y de dobles.

El pádel

El pádel es un deporte creado por el mexicano Enrique Corcuera. Se practica en una cancha rodeada en su perímetro por cristal templado y malla, ocupando una superficie total de 200 metros cuadrados (20 metros por 10).

Observaciones:
- Como en todos los deportes, un buen jugador no es el que domina la técnica, sino el que sabe respetar las reglas, se muestra humilde cuando triunfa y pierde con dignidad.
- En cuanto a la forma de vestir, aplican las mismas normas que en el tenis.

Características
- Se juega siempre en la modalidad de dobles y se requiere de una paleta o raqueta. El juego se disputa a dos de tres sets, y el conteo y la pelota son los mismos que se utilizan en el tenis.
- Es un deporte sencillo y posee dos ventajas que facilitan enormemente su práctica: la primera es que la paleta o raqueta es de mango corto, lo que permite un mayor control en comparación con otros deportes; la otra es que los jugadores pueden auxiliarse de los rebotes de la pelota en las paredes. Con esto se quiere decir que chicos y grandes, sin importar el nivel técnico que posean, pueden divertirse en una cancha de pádel.
- Los países en los que actualmente se practica el pádel son: Argentina, que por cierto es la campeona del mundo; Australia, Brasil, Canadá, Chile, Guatemala, España, Estados Unidos, Francia, Inglaterra, Italia, México, Paraguay, Perú y Uruguay.

El golf

El golf siempre ha estado de moda; sin embargo, últimamente ha cobrado un auge especial. Ha dejado de ser el deporte de la gente mayor o de los muy ricos. Hoy en día hay infinidad de campos, tanto en clubes como en hoteles en todo del mundo. El golf es divertido, preciso y se juega rodeado de unos paisajes preciosos. Es también una excelente forma de conocer nuevas amistades y fortalecer las antiguas.

Cómo vestir:
- Cada campo de golf tiene sus propios estándares, sin embargo usted siempre estará bien vestido con un pantalón largo y playera tipo polo. En climas fríos, es práctico llevar un suéter ligero o chaleco.
- Los pantalones de mezclilla no se permiten en la mayoría de los campos de golf.
- Las mujeres usan falda no muy corta, bermudas o pantalón largo con playeras o camisas estilo polo que pueden ser de manga larga o corta. Si usa camisa sin manga, procure que tenga cuello.
- Los zapatos de golf son indispensables.
- Muchos golfistas llevan sombreros, gorras o viseras para protegerse del sol.
- El guante de piel en la mano izquierda sirve para tener un mejor agarre del bastón. En ocasiones las mujeres usan también guante en la mano derecha para proteger la piel del sol.

Un poco de historia
Algunos historiadores dicen que el golf se originó en los países bajos (palabra holandesa, *kolf,* que significa palo); sin embargo, los romanos ya practicaban un juego en el que usaban un palo curvo y una bola hecha de plumas. El golf, tal y como lo conocemos en la actualidad, fue inventado por los escoceses entre los siglos xiv y xv. Se cuenta que los pastores, mientras cuidaban al rebaño, organizaban competencias para ver quien tiraba más lejos una piedrita con su bastón de palo. De ahí el instru-

mento se fue sofisticando hasta quedar en el bastón que utilizamos hoy en día.

Entre aficionados el golf requiere de un alto nivel de integridad personal, ya que cada jugador lleva su propio marcador; se basa por tanto en una gran confianza y honestidad. Por eso es muy importante conocer sus reglas y tradiciones.

En qué consiste

- El golf es un constante desafío a la destreza de todo jugador. Se practica al aire libre, exige elasticidad muscular, coordinación, agudo sentido de la distancia, paciencia y control del carácter. Llegar a dominarlo por completo no es tarea fácil.
- Un recorrido de golf se compone de 18 secciones llamadas "hoyos". El recorrido total habitualmente cuenta con una distancia de entre 5 mil 900 a 6 mil 400 metros, aunque de hoyo a hoyo puede variar la longitud. El punto de salida de cada hoyo es conocido como *tee*; aquí es donde comienza el juego, en un área plana de pasto segado. Cada jugador intenta golpear la bola hacia el *fairway*, o parte principal del recorrido; aquí el pasto o hierba se ha cortado de manera que la bola pueda tener una buena superficie para el juego. A ambos lados del *fairway* se sitúa el *rough*, terreno cubierto de hierbas o árboles y en el que algunas veces hay zonas de tierra o lodo, por lo que los jugadores deberán hacer gala de su habilidad para realizar sus golpes. Si no hay obstáculos naturales en el campo, se construyen de manera artificial.

Existen también los *bunkers*, o trampas de arena fina, lomas, terraplenes u obstáculos de agua. Al final del *fairway* se encuentra el *green*, un área de hierba segada muy fina y corta que circunda el agujero, cuya superficie se ha diseñado de manera tal que facilite la entrada de la pelota.

Los golpes y palos de golf

- El *putt* es un golpe especial que se usa en el *green*. Están también el *drive*, que es un golpe largo ejecutado desde el *tee* hacia el *fairway*; y el *approach*, o golpe de aproximación al *green*. Todos son golpes de gran precisión. Los tiros de distintas longitudes se realizan con diferentes palos, dependiendo de la distancia a cubrir y del *lie*, o posición de reposo de la pelota.

Un juego estándar se lleva a cabo con 14 palos, que es el máximo que se permite en un torneo. Los palos se dividen en dos tipos principales: los llamados maderas, con cabezas antiguamente de madera y ahora de metales sofisticados; y los llamados fierros, que tienen la cabeza de acero forjado y por lo regular son cromados. Las varillas de los dos tipos normalmente son de metal, fibra de vidrio, grafito o materiales similares. En la actualidad cada palo se designa por un número, sólo el llamado *putter* conserva su nombre.

Además de los fierros numerados, existen los especiales: el *sand wedge* y el *pitching wedge*, que se usan en golpes cortos para elevar mucho la pelota y limitar su rodada cuando llegue al suelo.

Los palos tienen varias utilidades, según la distancia, altura o colocación precisa de la pelota o para sacarla de la trampa.

Tipos de competencia
- Son dos las formas básicas: *match play* o juego por hoyos, y *medal play* o juego por golpes, también conocido como *stroke play*.

Hoy en día el *medal play* es la forma más popular en los grandes torneos: el ganador de la competencia es el jugador o equipo que realiza el total de hoyos de que consta la prueba en el menor número de golpes. En esta modalidad los empates se resuelven en desempates (*play-off*).

Términos
- *Par.* se aplica al número de golpes en los que se espera que un jugador experto complete un hoyo en particular. El par de un hoyo individual varia desde tres golpes para un hoyo de menos de 228 metros, hasta cinco golpes para un hoyo de más de 428 metros.

- *Par de campo*: es la suma del par de todos los hoyos.
- *Hoyo en uno*: cuando se impulsa la pelota desde el *tee* y entra en el agujero designado de un solo golpe. Esto se da en un hoyo de par tres y se necesita mucha suerte y habilidad.
- *Birdie*: el resultado de "uno bajo par", o embocar la bola en un golpe menos que el par del hoyo.
- *Eagle*: dos golpes bajo par, que puede ser realizando un tres en un par cinco o un dos en un par cuatro.
- *Albatros* o doble *eagle*: tres golpes menos del par.
- *Bogey*: un golpe sobre par.
- Doble *bogey o zopilote*: dos golpes sobre par.
- Para la primera jugada no hay orden de precedencia, a menos que le sea dada a un invitado o entre los jugadores decidan quién va. Después, el que vence en el primer tiro es quien juega primero.
- El sistema de *handicap* (dar ventaja) permite participar a jugadores de distintos niveles.
- Un *foursome* (cuatro jugadores) debe terminar de jugar 18 hoyos en un lapso de entre tres y media y cuatro horas. Un *twosome* (dos jugadores), en menos tiempo.
- Después de un buen partido, algunos jugadores acostumbran reunirse en el bar del club y los perdedores pagan las bebidas. Por lo general a este lugar se le llama hoyo 19.

Las reglas del juego
1. Cuando un jugador "afina" su tiro, o se prepara para lanzarlo, necesita mucha concentración y silencio. Hay que evitar distraerlo, manteniéndonos alejados de su campo de acción.
2. Una vez iniciado el juego, debe tirar primero el que quedó más lejos del *green*.
3. Antes de abandonar una trampa de arena, el jugador cubre con el rastrillo todas las huellas que haya dejado.
4. Durante el recorrido los jugadores procuran que los pedazos de pasto que se hayan arrancado queden en su lugar y se nivelen. Esto con el fin de que cualquier daño causado al campo por la pelota o por el jugador se arregle de inmediato.

5. Los jugadores y los *caddies* (ayudantes de los jugadores) hacen lo posible para que al poner las bolas o banderines en el *green* no dañen la superficie o deformen el hoyo. Todos cuidan el campo y jamás olvidan basura.

En muchos países ya no existen los *caddies*, por lo que se han creado campos que se recorren en *carts* (carritos de golf). Las reglas para manejarlos son de sentido común:
- Conducir despacio y con cuidado.
- Llevar brazos y piernas dentro del carrito.
- Respetar el cupo para dos personas y dos bolsas.
- Seguir el sentido del campo.
- Estacionar el carrito fuera de la zona de tiro.
- Poner el freno de mano.

6. Los jugadores salen del *green* tan pronto como terminan de jugar en ese hoyo.

7. Están siempre pendientes del momento en que les toca tirar y no hacen esperar a los demás.

8. Hay que tener mucho cuidado al tirar. Cuando uno ve que la pelota va a impactarse contra alguien, debe gritar "*fore*" lo más fuerte que pueda.

9. Es importante llevar bolas extras y todo el equipo necesario.

10. Llegar a tiempo o cancelar con anticipación.

11. Evitar dar excusas cuando se juega mal y no burlarse de los demás. Cuidar el lenguaje.

12. El honor de un jugador de golf exige pagar de inmediato las apuestas.

13. Cuando nos invitan a jugar golf a otro club, ofrezcamos pagar nuestro *green fee* (cuota), el *caddy* y la renta del *cart*. Si nuestro anfitrión insiste en hacerlo, agradezcamos con amabilidad para luego corresponder.

El deporte delega en el cuerpo algunas de las virtudes más fuertes del alma: la energía, la audacia, la paciencia.

JEAN GIRAUDOUX

Deportes de aventura

De alguna manera, no sólo los héroes se lanzan en paracaídas, recorren los rápidos de un río en una balsa o escalan los picos más altos del mundo.

Un buen entrenamiento y los equipos cada vez más sofisticados han acercado el deporte de aventura a la mayoría de los mortales.

Estos deportes son divertidos, saludables y la mayoría de las veces incluyen una deliciosa convivencia y cercanía con la naturaleza.

Asimismo, implican serios riesgos. Por esta razón, nunca hay que sentirnos demasiado confiados al llevarlos a cabo, sino utilizar siempre el equipo adecuado y jamás saltarnos una norma de seguridad. Desde luego, es esencial practicarlos con expertos y guías profesionales.

Observaciones:
En este tipo de deportes es cuando el compañerismo, la cortesía y la prudencia son más requeridos.

Siempre hay que estar al pendiente de ayudar a los compañeros en lo necesario, compartir el agua y lo que traigamos de comida así como brújulas, cuerdas, etcétera.

Treking y hicking (caminata en montañas)
Las excursiones nos ofrecen una buena oportunidad de hacer nuevos amigos y conocer lugares maravillosos. En este tipo de actividades, la actitud es básica; debe ser de compañerismo, ayuda, positivismo y entusiasmo.

En general, hay que procurar no llamar la atención de los demás mostrándonos demasiado chistosos y humoristas, como tampoco ser demasiado secos y pesados.

• Si tenemos muchos conocimientos científicos, culturales o anecdóticos de los lugares que visitamos, hay que exponerlos con sencillez, evitando la petulancia.

• Si llevamos niños a la excursión, enseñémosles a que compartan el espíritu de la aventura y mantengan el mismo paso que los adultos; no dejemos que sean causa de molestia para otros.

- En las excursiones, como en el deporte, se evidencia la calidad de las personas. Cuidemos de ceder el mejor lugar a las señoras o a las personas de mayor edad. Seamos amenos en nuestra conversación y evitemos preguntas inoportunas.
- Nuestros zapatos tienen que ser especiales. Existen muchos modelos en el mercado y vale la pena invertir en unos de buena calidad. Es muy importante usarlos varias veces antes de una caminata larga. Los zapatos deben ajustarse perfectamente y sentirse cómodos con los calcetines gruesos que se usan para escalar.
- Al salir de excursión no olvidemos llevar agua, lentes oscuros, bastón para rutas muy empinadas, gorra, protector solar y repelente de moscos.
- Nunca está de más llevar consigo una identificación.
- Es mucho mejor seguir una ruta planeada y nunca olvidar el mapa de la región.
- Muy importante: llevemos siempre un pequeño botiquín de primeros auxilios, una cuerda y un celular para cualquier emergencia.
- Respetemos el ritmo de todos los demás. Procuremos no rezagarnos ni dejar a alguien atrás.
- Si nos encontramos a otras personas en el camino, siempre saludémoslas de manera cortés y amigable.
- Vigilemos la presencia de los insectos ponzoñosos y las víboras. Es conveniente vestir con camisa de manga larga, pantalones anchos y cómodos.

Alpinismo y *rappel*

Estos deportes de alto riesgo requieren de una gran condición física, entrenamiento, conocimiento del lugar que se va a escalar, dominio del equipo y la presencia de expertos que nos auxilien en su práctica.

Equipo:
- Zapatos especiales.

- Ropa cómoda, amplia. No usar pantalones de mezclilla o muy ajustados.
- Cuerdas de diferentes tamaños, según la roca que escalemos.
- Arnés.
- Dos mosquetones para alpinismo.
- Equipo de primeros auxilios.
- Equipo especial, según las dificultades particulares de las rocas y montañas.

Seguridad:
- Procuremos instalar un sistema para detener una posible caída.
- Aseguremos el sistema, comprobando dos veces su soporte antes de ejercerlo.
- Guardemos orden y disciplina.
- Concentrémonos, hagamos uso de toda nuestra fuerza física y mental.
- Antes de practicar estos deportes, comprobemos que nos encontramos en plenas facultades.
- Trabajemos en equipo.

Kayac

Este deporte acuático se practica en un kayac o piragua pequeña que termina en punta por los dos extremos. Se utiliza un remo con una pala en cada extremo.

Hay expertos que se lanzan a los ríos y aficionados que disfrutan paseos en lagos o en el mar, donde maniobrar el kayac es fácil y muy agradable. Las regatas de velocidad en aguas tranquilas se disputan en línea recta sobre distancias de 500 y mil metros y sobre un circuito de 10 mil metros.

Las competencias de *slalom* se llevan a cabo en pistas trazadas sobre rápidos de ríos, sobre una distancia máxima de 600 metros a través de series de 25 puertas suspendidas sobre el agua.

Las competencias en aguas bravas se realizan entre obstáculos naturales y artificiales, la pista tiene al menos tres kilómetros.

Su historia

Los americanos nativos fueron los primeros en construir piraguas como las conocemos hoy; eran embarcaciones de corteza de abedul que fijaban a una estructura de madera. Los kayacs fueron perfeccionados por los inuit de Groenlandia. En los juegos olímpicos de Berlín, en 1936, se incluyó el piragüismo o kayac y permanece desde entonces en el programa.

Europa es el foro fuerte de este deporte, con campeones de Alemania, Suecia, Noruega, Hungría, la anterior Yugoslavia, la antigua Unión Soviética, Francia e Italia.

Observaciones

- Los profesionales conocen perfectamente los sitios donde pueden practicar; los novatos generalmente lo hacemos en algún club u hotel que tiene esta actividad como un atractivo más.
- En el mar hay que utilizar chaleco salvavidas, no traspasar los límites para navegar y, por supuesto, saber nadar.
- Es muy importante protegerse de los rayos solares.
- Procuremos practicar este deporte a una hora adecuada, cuando no sople mucho aire y evitando hacerlo de noche.
- Es necesario revisar que el kayac, los remos y el chaleco estén en buenas condiciones.
- En cuanto a la vestimenta, la mayoría de las personas usa traje de baño, una playera para protegerse del sol, zapatos especiales para el agua, lentes y gorra.
- El kayac es para niños, jóvenes y adultos. Acompañe a sus hijos en sus primeras travesías. Asegúrese de que conozcan lo básico.

Navegar en kayac es toda una experiencia. La mezcla de brisa con silencio y suavidad provoca momentos inolvidables. Es fácil y seguro. La próxima vez que vea uno, dé un paseo, se va a enamorar.

Con orden y tiempo se encuentra el secreto
de hacerlo todo y de hacerlo bien.

PITÁGORAS

Yates y veleros

La palabra yate es un diminutivo de la palabra holandesa *jachts-chiff*, que quiere decir barco de caza.

Los viajes en yate y velero son un auténtico privilegio. El sol, el mar, la convivencia, los atardeceres, las playas y la brisa crean atmósferas inolvidables. Si algún día tenemos la suerte de pasar unos días en uno de ellos, habría que recordar que:

- El espacio en un yate o velero, por más grande que sea, es restringido. Así que no es conveniente llevar maletas grandes a bordo. Son mejores las maletas suaves que se pueden doblar y acomodar con mayor facilidad en el camarote.
- Cuando los tripulantes maniobren, hay que estar atentos para no estorbar.
- Respetemos las áreas de no fumar.
- Cuidemos mucho el agua, es limitada.
- Llevemos medicinas básicas: analgésicos, antibióticos, botiquín de primeros auxilios y algo para el mareo.
- Las relaciones con la tripulación deben ser cordiales.
- Evitemos calzar zapatos de suela dura, ya que podríamos rayar la cubierta. Como invitados, adaptémonos a las costumbres de los anfitriones. Seamos entusiastas.
- Verifiquemos que el equipo de seguridad funcione.

La ropa
- Va a depender de la formalidad de los anfitriones, de los lugares en que se detenga el yate, así como del programa establecido para el viaje y el clima.
- Como regla general, vistamos con elegancia casual, tan sencillo y cómodo como podamos, y consideremos que es posible que nos encontremos con distintos climas.
- Pantalones, *shorts*, camisetas, suéteres ligeros, trajes de baño y cubiertas, un rompevientos, sombreros, gorras y viseras deben estar en nuestro equipaje.
- Es importante conocer el itinerario para saber si debemos llevar ropa un poco más formal.
- Los mejores zapatos son los llamados *topsiders* y los tenis. Los de suela de piel se resbalan. Los tacones no se permiten.

- En caso de haber sido invitados a un yate o velero, siempre llevemos algún detalle para agradecer la hospitalidad de nuestros anfitriones. Y, a nuestro regreso, enviemos unas flores, una canasta de fruta o lo que consideremos prudente.

La vida no exige que seamos los mejores, sino sólo que hagamos nuestro mejor esfuerzo.

ANÓNIMO

Esquiar en la nieve

Esquiar en la nieve es un auténtico placer que se puede aprender a cualquier edad. Claro, mientras más joven, mejor. Los niños empiezan jugando y, cuando menos se dan cuenta, esquían como si hubieran nacido con los esquís integrados.

Esquiar es emocionante y divertido. Reta y recompensa.

Simplemente estar en la montaña ya es una delicia. Las vistas son espectaculares y las sensaciones del viento y la velocidad otorgan libertad.

Para esquiar se necesita una buena condición física y mucha coordinación.

En este deporte las reglas de seguridad son indispensables porque la maravillosa montaña, como todo elemento natural, tiene sus encantos y peligros.

La ropa

- Se necesita ropa especial que nos mantenga calientes, resista el agua y el viento y nos permita movernos.
- Es buena idea usar varias capas de ropa ya que, con el ejercicio y los tiempos de descanso, la temperatura del cuerpo cambia radicalmente.
- Indispensable llevar:
    Ropa interior de lana o algodón, de manga larga y tipo mallón.
    Una playera de cuello de tortuga y manga larga.
    Pantalones especiales.
    Suéter de lana en invierno.

Chamarra.

Calcetines térmicos.

Guantes.

Unos *pants* o ropa cómoda para cuando se termine de esquiar.

Accesorios:

- Los *goggles* son muy útiles cuando nieva, el día está nublado, hay mucho viento o llueve.

  Si brilla el sol, se pueden usar lentes oscuros con terminado de espejo, si su forma permite cortar el viento para que no dé en los ojos.

- Indispensable usar bloqueador de alta protección en la cara, aunque el día esté nublado.

- La vaselina o crema para los labios también resulta esencial, ya que se resecan mucho a causa del frío.

Equipo

Los esquís, las botas y los *poles* (bastones) se rentan en los centros de esquí. Por lo general sólo los que viven cerca del área para esquiar, o los que viajan con mucha frecuencia a ella, tienen su propio equipo.

- Los esquís varían de tamaño de acuerdo con la edad, sexo, peso, estatura y habilidad de cada persona. Por lo tanto este equipo no se puede prestar.

- La curva en las puntas es para no clavarse en la nieve.

- Las botas suelen ser de suela plana y forman parte muy importante del equipo: muy duras por fuera, muy cómodas por dentro, sostienen perfectamente el pie y, sobre todo, el tobillo. Es esencial fijarse en que queden perfectamente ajustadas, porque si no están cómodas pueden arruinarnos el día.

- Los bastones o *poles* se utilizan para mantener el equilibrio y facilitar el movimiento. Están fabricados de tubo ligero, de metal o fibra, y tienen puños y correas para facilitar el agarre, así como un pequeño disco en la punta para su apoyo en la nieve.

¿Sabía usted que los primeros esquís de los que se tienen pruebas se hallaron en pantanos suecos y finlandeses? Su antigüedad se calcula en unos cuatro o cinco mil años, y consisten en armazones alargados y curvados, cubiertos de pieles.

Código del esquiador
Todo esquiador debe comportarse de tal forma que no ponga a otro en peligro.

- El esquiador debe adaptar su velocidad y modo de conducirse a su capacidad personal, así como a las condiciones del clima y del terreno.
- El esquiador que se encuentre más arriba está obligado a prever una dirección que no afecte la seguridad de los esquiadores de abajo.
- Durante el descenso se puede rebasar por la derecha o la izquierda, pero siempre con suficiente distancia de por medio.
- El esquiador que entra en una pista tiene que asegurarse de que puede realizar su descenso sin peligro propio o ajeno. Lo mismo cuando va a detenerse.
- Debe evitar detenerse innecesariamente, en especial en pasos estrechos y de poca visibilidad. En caso de caer, es preciso incorporarse lo antes posible para no obstruir el paso.

Detalles que ayudan:
1. Formarse para subir a los teleféricos, góndolas o sillas.
2. Ayudar a los niños.
3. Ofrecer irse con alguien para agilizar las filas.
4. Evitar separar grupos y parejas.
5. Al llegar a la cima, quitarse cuanto antes de la bajada para no causar acccidentes.
6. Al finalizar el día o en el momento de hacer un alto para comer, dejar los esquís en el lugar apropiado, verticalmente y con los bastones integrados.
7. Para disfrutar del esquí, los principiantes deben tomar lecciones antes de iniciar. Ser puntuales en las clases e integrarse a un grupo de su nivel.

8. Los esquiadores expertos respetarán a los principiantes sin asustarlos con movimientos rudos al pasar cerca de ellos.
9. Aunque sea usted un profesional del esquí, se aconseja no esquiar solo.
10. Jamás esquiar en áreas marcadas como inaccesibles.
11. Las pistas en Estados Unidos y Canadá se marcan con colores de acuerdo con su dificultad: las verdes son para principiantes, las azules para intermedios, las negras para muy buenos y doble negro o diamante sólo para expertos.

    En Europa, las pistas marcadas en rojo equivalen a las negras norteamericanas, y las negras a las doble negro.

    Es muy importante conocer la montaña y estudiar en los mapas por dónde queremos bajar. Toparnos de pronto con una pista superior a nuestro nivel como única alternativa no resulta muy agradable.
12. Si a su paso ve a un esquiador que necesita ayuda, puede quitarle los esquís y avisar a la "patrulla" mientras alguien se queda con él. No es conveniente moverlo.

El esquí como deporte moderno empezó a practicarse a mediados del siglo xix en Noruega y se extendió a Escandinavia. Las primeras carreras de esquí se llevaron a cabo en Noruega en 1850 y 1860.

En la competencia de descenso alpino se pueden alcanzar velocidades superiores a los 140 kilómetros por hora.

Snowboard

Está muy de moda practicar este deporte que consiste en bajar la montaña en una patineta de nieve. A los jóvenes les encanta por divertido, arriesgado y porque el equipo es ligero y fácil de mover. Se necesitan botas especiales que son más sencillas que las de esquiar, guantes, *goggles* y se recomienda el casco.

CAMPISMO

Acampar es una forma muy divertida, agradable y económica de pasar las vacaciones. La sensación de aventura, de salirse por completo de lo cotidiano, es lo que le otorga su encanto a este deporte.

En agencias de viajes especializadas y oficinas de turismo le pueden guiar para elegir el mejor lugar de acuerdo con los días que planea acampar, ya sea con amigos o familia, dependiendo de su presupuesto.

Es conveniente:
- Acampar sólo en lugares autorizados y seguros. Es más bonito si el lugar está cerca de un lago o un río.
- Mantener el lugar que ocupamos limpio y depositar la basura siempre en el lugar adecuado. De no existir un basurero cerca, debemos traernos la basura en una bolsa grande para tirarla en donde encontremos uno.
- Recoger madera seca y guardarla en un lugar seguro, por si llueve.
- Ser cortés con los vecinos de tienda y ayudarlos en lo posible.
- Prender la fogata lejos de la tienda de campaña y, al terminar de usarla, apagarla por completo.
- Planear con anticipación las cantidades de comida y agua que necesitaremos.
- Llevar un equipo de primeros auxilios.
- Si vamos de excursión al campo y en el mismo lugar hay otras personas, no encendamos el radio o la grabadora. Uno de los encantos que tiene salir de la ciudad es escuchar y disfrutar de la naturaleza.
- Si acaso queremos escuchar un partido de futbol, o lo que sea, lo correcto es llevar audífonos para no interrumpir la paz del lugar.

- Enseñar a los niños a respetar la naturaleza, árboles, plantas y, si acaso vemos por ahí algún pequeño animal, como una ardilla o un conejo, evitar molestarlo.
- En los campamentos el espíritu de compañerismo es primordial. Cooperemos de buena gana siempre para armar y desarmar la tienda, recoger leña, cocinar, en fin, para todo lo que se requiera. Los niños pueden hacer pequeñas tareas. Es importante integrarlos y enseñarles todas las medidas de seguridad.

El vestuario

Para este tipo de actividad lo más conveniente es vestir la ropa más cómoda que podamos y unos buenos zapatos o tenis para montaña. No debemos olvidar una chamarra y una "manga" para protegernos de la lluvia. Siempre tomemos en cuenta la temporada del año en la que viajamos y el clima del lugar.

El equipo

Tienda de campaña, bolsas de dormir, cuchillo de monte o navaja, herramientas diversas para montaña, si vamos a escalar; linternas, cerillos, botiquín de primeros auxilios, agua, radio, pilas, un buen equipo de cocina y, por supuesto, alimentos.

Por último, la regla de oro de los que acampan: no dejar huella de su presencia.

En la playa

Como las playas son de todos, es importante mostrar algunas consideraciones con los demás.

- Por supuesto, llevemos un traje de baño normal, no uno que sea motivo de que a todos los vecinos les de tortícolis.
- Si decidimos jugar algún juego de pelota en la arena, hay que tener cuidado de no molestar a nadie.
- Al levantarnos y sacudir la toalla, evitemos que le caiga arena a todos alrededor.
- Si cambiamos al niño de pañal o llevamos cualquier cosa de comida o bebida, jamás dejemos huella alguna de haber estado ahí. No hay peor cosa que ver una hermosa playa sucia.

- Si llevamos grabadora, seamos prudentes con el volumen, ya que no todos comparten nuestros gustos musicales.
- Si caminamos cerca de personas que están acostadas o dormidas tengamos cuidado de no gritar cerca de ellos y no salpicarlos de arena.
- Obedezcamos la señalización que pone el hotel, como banderas de colores que nos marcan el grado de tranquilidad del mar. Por lo general quieren decir...

Blanca: tranquilo.

Amarillo: medio tranquilo.

Roja: turbulento.

Negra: peligroso.

Viajes

Viajar es sentirse poeta, escribir una carta es
querer abrazar.
Viajar es volverse mundano, es conocer otra
gente, es volver a empezar.
Empezar extendiendo la mano, aprendiendo
del fuerte, es sentir soledad.

GABRIEL GAMAR

Viajar es uno de los más grandes placeres de la vida. Conocer, descubrir, convivir, probar, divertirse, son sólo algunos de los verbos que entran en el infinito mundo fuera de casa.

Cada vez es más común viajar, y lo hacemos de diversas formas: en *tour*, en privado, por avión, por tren, por carretera, en barco... Lo importante es disfrutarlo al máximo y vivir una experiencia inolvidable, con una actitud siempre abierta a lo inesperado.

No es necesario ir lejos, bastan unos días con la pareja, la familia o los amigos. Platicar, conocernos más, acercarnos: reencontrarnos. Días sin horarios, sin reglas: días nuestros.

Los enamorados del viaje pasan por alto inconvenientes como los idiomas, las comidas raras, los vuelos sobrevendidos y las carreteras congestionadas por un fin de semana largo. Saben que la recompensa es tan grande, que... ¡todo vale la pena!

En este capítulo hablaremos de los viajes de placer y, muy pronto, en otro libro, de los viajes de negocios.

TIPOS DE VIAJES

Hay muchos tipos de viajes: de placer, culturales, de aventura, deportivos, gastronómicos, a la playa, a la nieve, a la montaña, a las grandes ciudades o a los mares.

Para disfrutarlos, bastan unos cuantos conocimientos, ciertos planes, espíritu de aventura y muchas ganas de pasarla bien.

> *Muchos son los beneficios de viajar: la frescura que reporta al espíritu ver y oír cosas maravillosas, la delicia de contemplar nuevas ciudades, el encuentro con nuevos amigos y aprender finas maneras.*
>
> MULISH-UD-DIN SAADI (1184-1291)

TIPOS DE HOTELES Y PRESUPUESTO

Los hoteles se clasifican en varias categorías, de la más sencilla a la más elegante. La clasificación depende de la calidad de las habitaciones, las instalaciones en general; el servicio, personalizado o no; la localización y el costo.

Hoteles de cinco estrellas (★★★★★)

Hoteles categoría especial o gran turismo. Son los hoteles de lujo. Calificados con cinco estrellas.

En esta categoría se encuentran los hoteles de algunas cadenas de prestigio internacional, como Hyatt, Sheraton, Westin, Marriott, Fiesta Americana y Camino Real. También están calificados como hoteles de lujo los *boutique hotels*, que pueden ser independientes o pertenecer a cadenas exclusivas, como Relais Chateaux, Small Luxury Hotels, Summit Hotels, entre otras.

- Los hoteles gran turismo, o categoría especial, deben contar con instalaciones de primera, habitaciones de lujo, servicio de comida las 24 horas y ofrecer un servicio de primerísima calidad.
- Podemos elegir un hotel grande de este tipo, estilo americano; o, si lo preferimos, los hoteles *boutique*, que son más pequeños y privados. Hay gente que se siente muy cómoda en los grandes porque cuentan con mayores instalaciones y más alternativas de restaurantes, bares, gimnasio, alberca y demás. Por el contrario, hay quienes deciden renunciar a esos lujos y cambiarlos por una habitación sofisticada en cuanto

a decoración y buen gusto. Un agente de viajes competente nos podrá hacer recomendaciones.

- Los hoteles de lujo ofrecen algunos extras, como batas de baño, artículos de tocador, minibares dotados de productos de alta calidad, cajas de seguridad, televisión con todos los servicios, películas, nintendo y fruta de bienvenida.

Cuentan con un conserje que se encarga de hacer reservaciones para las actividades que los huéspedes requieran: teatro, conciertos, restaurantes, etcétera. Suelen ser expertos por sus conocimientos del lugar y magos en cuanto a conseguir entradas hasta para los eventos más codiciados.

Hoteles de cuatro estrellas (★★★★)
Conocidos también como hoteles de primera.

Los hoteles cuatro estrellas son una excelente alternativa para viajar.

- Son menos lujosos y sin embargo cuentan con todas las comodidades. Su precio varía, principalmente de acuerdo con su localización: a mejor localización, mayor costo.
- Ofrecen gran parte de los servicios de los hoteles de lujo, pero con menos *glamour*. Sus habitaciones son cómodas, amplias y, por supuesto, tienen baño privado. Pueden pertenecer a cadenas internacionales, como Holiday Inn, o nacionales, como Misión y Calinda, entre otras.

En Europa encontrará que las habitaciones pueden ser chicas.

Hoteles de tres estrellas (★★★)
Hoteles comerciales o ejecutivos.

Como su nombre lo indica, fueron creados para los hombres de negocios. Son eficientes y cómodos, con menos detalles de lujo. Se esmeran en ofrecer servicios de fax, internet, salas de juntas, servicios secretariales, salas de conferencias y todo lo que los viajeros de negocios puedan necesitar. Dentro de ellos también hay categorías.

Hoteles de una y dos estrellas

Los hoteles de dos y una estrellas ofrecen menos servicios y sus espacios son restringidos. Algunos también están bien ubicados y son muy prácticos.

Los más económicos son los albergues, considerados de una estrella. En ellos es casi seguro no contar con baño privado. Si nuestro presupuesto es limitado, podemos hacernos a la idea de que ahí es donde pasamos la menor parte del tiempo, y gozarla igual.

Moteles

Generalmente están ubicados en las carreteras. El término "motel" viene de las palabras motor y hotel juntas. Resultan cómodos y generalmente más económicos que los hoteles, aunque en la actualidad se han sofisticado y ya existen moteles de lujo.

Al llegar a un motel, hay que estacionarse frente a recepción, llevar a cabo el papeleo de registro y después manejar hasta el cuarto.

Le pedirán una tarjeta de crédito por si realiza gastos extras.

Se acostumbra hacer salidas exprés o *express check out*, en cuyo caso debe usted dejar las llaves en el cuarto.

Bed and Breakfasts (B&B)

Son unos hoteles pequeños, originalmente ingleses, que solían ser casas en las grandes ciudades. Pueden ser tan sencillos o tan sofisticados como usted se imagine.

Puede encontrar en ellos desde el dueño más elegante, al cual le gusta convivir con los huéspedes, hasta un empleado que se dedica sólo a su trabajo.

La mayoría de estos pequeños hoteles ofrecen cuartos distintos, con muebles diferentes. Ofrecen lo que su nombre indica: *bed*, es decir, cama; y *breakfast*, desayuno. No cuentan con restaurante. La gente puede hacer uso de la sala, el comedor y, muchas veces, de los jardines. Generalmente hay en ellos cierta variedad de libros y revistas que los huéspedes pueden leer. Son muy semejantes a una casa llena de invitados. Los huéspedes se saludan unos a otros con cordialidad y conviven en la mesa.

Una vez Pablo y yo estuvimos en uno de estos hoteles y le incomodaba la idea de que la señora nos hiciera el desayuno y el marido sirviera los platos y cargara las maletas.

Al dueño de un *B&B* no se le dan propinas, aunque sí a los meseros, cuando los haya.

Muchos de estos hoteles poseen una magia especial. Algunos resultan baratos y, a veces, el baño se comparte. Otros son caros y sofisticados.

El desayuno está incluido en el precio del cuarto.

Los más clásicos se ubican en casas estilo victoriano. Tienen entre seis y diez cuartos, cuando mucho.

En algunos *B&B* se ofrece té durante la tarde, como cortesía de la casa.

A los huéspedes se les da una llave para su cuarto y otra que corresponde a la entrada principal, ya que no cuentan con servicio de botones ni de conserje. En ellos cada quien carga sus maletas.

La vida es un libro del que, quien no ha visto más que su patria, no ha leído más que una página.

FILIPPO PANANTI

RESERVACIONES

Es mucho más seguro viajar con reservación. Sobre todo cuando vamos a hoteles pequeños. De este modo, las tarifas resultan más económicas que si llegamos a ellos sin reservación.

El cuarto lo apartan siempre y cuando el pago se garantice con una tarjeta de crédito o se pague por adelantado. De cualquier manera, al registrarse se le pide al huésped una tarjeta para los gastos extra.

Los servicios
• En los hoteles de lujo siempre hay un maletero que lleva el equipaje al cuarto, instala a los huéspedes y les muestra cómo funcionan las cosas.

- En hoteles de menor categoría muchas veces uno mismo debe lleva sus cosas; y en Europa en los pequeños hoteles, aunque sean elegantes, puede que nos toque cargar nuestras maletas.
- Si al llegar a nuestro cuarto, éste nos desagrada, pidamos a la recepción que nos lo cambien. Hay que hacerlo con calma, de una manera razonable, y explicar por qué deseamos cambiarnos. Si el hotel está lleno, siempre queda la alternativa de irnos a otro hotel.
- Si necesita cobijas, otra almohada o algún artículo que le haga falta en el cuarto, llame al ama de llaves; en inglés se dice *housekeeper.*

Nunca está de más leer la información del hotel con las extensiones de los teléfonos, los servicios que ofrece, los horarios del servicio a cuartos o *room service* y demás.

- Algunos hoteles, principalmente los de lujo y los de negocios, ofrecen servicio en el cuarto las 24 horas del día. Para el desayuno, podemos colgar la tarjeta en la puerta de la habitación o pedirlo en cuanto despertemos.

Nos traerán la mesa con todo. En muchos hoteles incluyen el periódico. Si la nota no dice que la propina está incluida, hay que dársela al mesero. Cuando ya está incluido un porcentaje, de todas maneras el mesero espera algo, aunque sea simbólico.

Cuando terminemos, de preferencia hay que llamar a "servicio a cuartos" para que retiren la mesa y no se quede afuera en el pasillo por mucho tiempo, ya que los restos de comida son siempre desagradables.

- Los cargos por lavandería y teléfono en los hoteles son altos. Si podemos evitarlos, mejor.

La seguridad

Hay algunos detalles de seguridad que es importante cuidar.

Es mejor dejar el efectivo, alguna joya o valores en la caja de seguridad, sea en la recepción o en el cuarto, si la tiene.

Dependiendo del hotel:

- Antes de abrir la puerta, utilice la cadena de seguridad.

324

- En las noches es conveniente cerrar con seguro la puerta.
- Las albercas generalmente no tienen salvavidas. Así que es importante vigilar a los niños cuando naden.

Instalaciones
- El uso de instalaciones como vapor, sauna, gimnasio y demás, conllevan las mismas reglas de cortesía de siempre: limpieza y orden.
- Vistamos ropa cómoda y fácil de guardar (en el caso de que haya *lockers*).
- Siempre llevemos algún tipo de sandalia que se pueda mojar (los demás nos lo van a agradecer).
- Entremos a la regadera antes de nadar.
- Por supuesto, dejemos impecables los aparatos del gimnasio.

Restaurantes en los hoteles
En los hoteles con restaurantes elegantes y famosos es necesario reservar. Ser huéspedes no nos garantiza una mesa.

Un buen huésped:
- Deja el cuarto impecable.
- Es prudente y habla en voz baja en los pasillos si llega a las tres de la mañana.
- Evita que los niños hagan escándalo por los pasillos o en el cuarto.
- Modera el volumen del radio y la televisión.
- Fuma sólo donde está permitido.
- Cuida la electricidad y el agua. Apaga las luces al salir del cuarto.
- Trata el mobiliario y los blancos como si fueran suyos.
- Es respetuoso con todo el personal.
- Ofrece propinas adecuadas (leer apartado sobre propinas).
- No se lleva adornos, ceniceros o toallas como recuerdo.

La salida:
El día anterior a nuestra salida, confirmemos la hora en que debemos abandonar el cuarto. Por lo general es alrededor de

mediodía. Si nuestro vuelo sale mucho más tarde, podemos pedir que nos permitan permanecer unas horas más. Si no lo permiten, dejemos encargado el equipaje con el capitán de botones.

Algunos hoteles acostumbran deslizar la cuenta por debajo de la puerta.

En la mayoría de los hoteles se paga en la caja.

Paquetes especiales

Hoy en día son comunes los VTP (viaje todo pagado) tanto en México como fuera del país. Las líneas aéreas incluyen hoteles y traslados. La misma idea se ha llevado a cabo para viajes por Estados Unidos, Canadá y Europa.

Clubes vacacionales

El concepto del club vacacional es muy práctico y conveniente. Garantiza las vacaciones por muchos años y congela su precio. Según la categoría del club, será la categoría de los hoteles y servicios que ofrece. Un buen club vacacional es una excelente alternativa para viajar en familia, con amigos, en pareja y demás.

Asegúrese de que el club sea de calidad y ofrezca un producto flexible que le dé libertad. El inventario de hoteles o villas que pueda ofrecer el club es otro punto esencial a considerar.

Hoteles todo incluido

Está muy de moda este tipo de alojamientos que llegaron a México hace ya algunos años con el famoso Club Med.

En estos hoteles uno paga desde antes la habitación, las comidas, bebidas, actividades deportivas y excursiones.

Dentro de los "todo incluido" hay varias categorías.

Muchas familias encuentran estos sitios muy cómodos, pues los niños piden lo que quieren por todo el hotel, no hay que sacar la cartera para nada, el presupuesto no se altera, lo que garantiza no regresar a la casa y encontrarse con el susto de una tarjeta muy cargada.

Estos hoteles también ofrecen por las noches espectáculos, que pueden llegar a ser muy divertidos.

Hoteles flotantes: cruceros

Viajar en crucero es muy divertido. Para muchas personas es la forma más cómoda de viajar, ya que, al mismo tiempo que se viaja con calma y se visitan lugares interesantes, no hay que cambiarse de alojamiento, lo cual significa no tener que empacar y desempacar constantemente.

Normalmente los cruceros ofrecen espectáculos, casino, buena comida (casi siempre), alberca, pista para correr o caminar, *boutiques*, cine y discoteca. Incluso existe alguno que cuenta con una roca para escalar y una pista de hielo.

Los recorridos más conocidos son a través de las aguas del Caribe, por las islas griegas, el Mediterráneo, Alaska, regiones de Sudamérica y Asia.

Para la gente mayor, los cruceros son una excelente forma de viajar. Por lo general, mientras más caro el crucero, la gente será de más edad. Es directamente proporcional.

Unos pueden ser muy elegantes y otros más relajados.

Algunas personas gustan de los cruceros muy grandes, que llegan a hospedar hasta dos mil pasajeros. Otros prefieren barcos más pequeños.

Es conveniente saber que:

- En los cruceros todas las noches entregan en el camarote una hoja con la información del día siguiente: horarios de restaurantes, tiendas, casino, llegadas a puertos, clima, ropa requerida, horarios de salidas, cómo debemos vestir tanto para el puerto como para la noche, las películas y, a veces, noticias de tierra firme.
- Hay dos turnos para cenar o *sittings*. El primero, alrededor de las seis de la tarde; el segundo, posteriormente. Muchas veces en la reservación podemos indicar qué horario preferimos y en qué tipo de mesa deseamos sentarnos. O, al llegar a la cena, nos dirigimos al *maître*, quien nos asignará la mesa que será para todo el crucero. Como huéspedes podemos elegir el horario de nuestra preferencia.

Si viajamos solos, podemos pedir sentarnos en una mesa de ocho personas para tener opciones a la hora de la charla. Si vamos en pareja y no deseamos sentarnos con más gente, la sugerencia es insistir; cuesta trabajo mas podemos lograr nuestro propósito. Si nos desagrada la mesa donde nos sentaron, seamos corteses con los comensales ese día, y después hablemos con el capitán.

Por lo general hay varios comedores con distintos horarios y se puede comer y beber prácticamente todo el día. Hay comida desde las seis de la mañana hasta un *buffet* de medianoche, y *pizzas* a las dos de la mañana.

En los puertos, a todos los pasajeros se les entrega una tarjeta de identificación para saber si salieron del barco y si ya retornaron. Hay que ser puntuales para no hacer esperar a todos los viajeros.

La documentación del crucero llega con suficiente anticipación.

Estos documentos traen mucha información y su número y localización de cabina. Por este medio nos informarán de los requerimientos de vacunas, visas y ropa que deberemos llevar al barco, así como una descripción de todas las excursiones con su costo adicional.

- Para los que reservan con anticipación hay muchos descuentos. Además, hay que estar pendientes de las tarifas aéreas especiales que ofrecen los cruceros. Generalmente convienen.
- Junto con nuestra documentación, nos llegarán las tarjetas de identificación para el equipaje. Debemos colocarlas en las maletas antes de embarcar, incluyendo nuestro número de camarote. Al llegar al puerto dejaremos las maletas en un solo lugar y la tripulación las conducirá a los camarotes.
- Los cruceros incluyen comida y hospedaje, mas no bebida ni gastos extras como excursiones, lavandería y llamadas telefónicas. Al llegar al barco se le pide a los pasajeros registrar una tarjeta de crédito en la recepción o *pursers office*.
- Los barcos tienen secciones de fumar y no fumar, hay que respetarlas. En muchos cruceros no se permiten ni el puro ni la pipa.

- Durante los primeros días del crucero es obligatorio participar en un ensayo de evacuación del barco. Todos los pasajeros se ponen sus salvavidas y se dirigen a la cubierta indicada en la puerta de su camarote. Hay que integrarse a este simulacro para evitarnos la vergüenza de que vayan por nosotros al camarote o nos llamen por el altavoz.
- Los fotógrafos nos seguirán por todas partes. Es muy divertido ver cómo salieron las fotos. Generalmente las ponen en una pared por las tardes.
- Si vamos a viajar con niños, es recomendable escoger un crucero con actividades para ellos.
- Si deseamos fijar citas para tratamientos faciales, masajes o peinados, es mejor hacerlo con anticipación, especialmente en las noches elegantes.
- Durante el día debemos vestir de manera casual: ropa deportiva, pantalones de algodón y prendas por el estilo. Sin embargo, el comedor siempre implica cierta formalidad, dependiendo del tipo de crucero.
- Las noches son otra historia: en la información del crucero se especifica qué actividades son de etiqueta, formales o casuales, según la ocasión.
- En los cruceros es posible llevar a cabo pequeñas fiestas privadas en algún salón.
- Al capitán se le llama *mister captain*. Si nos invita a cenar a su mesa, debemos considerarlo un honor. Hay que ordenar hasta que él llegue.
- La posibilidad de marearse es muy baja; sin embargo, siempre habrá algún medicamento a nuestra disposición, por si lo necesitamos.
- Participar en actividades como torneos de ping pong, fiesta de disfraces, proyección de películas, pláticas y conciertos, enriquece la experiencia.
- En la mayoría de los barcos hay un *sommelier* que nos recomendará el vino. Si no nos terminamos la botella, nos la guardará para la siguiente comida o cena. Es muy cómodo, y siempre se aprende algo de ellos.

- Viajar en barco es ideal para la familia porque a bordo existe mucha convivencia (nadie puede tirarse al mar) y además hay seguridad. Nuestros hijos van a la discoteca con la tranquilidad, para nosotros, de que no pueden ni perderse ni chocar.
- Los lunamieleros son asiduos pasajeros en los cruceros. Tienen que reservar sus cabinas con la mayor anticipación posible, porque muchas son de camas dobles y no se pueden juntar.
- Las excursiones en los puertos muchas veces se llevan a cabo en autobuses, con guías que hablan distintos idiomas, aunque no está garantizado que se expresen en español. También se pueden pedir excursiones privadas, para grupos de dos a ocho personas.

Si quieres ser mejor que nosotros, querido amigo, ¡viaja!

JOHANN W. GOETHE

TEMPORADAS

Como todos sabemos, la temporada alta por lo general comprende Navidad, año nuevo, semana santa y verano. En estas fechas todo es más caro y está más lleno.

En las temporadas media y baja los precios son mucho más accesibles y hay infinidad de promociones que valen la pena.

PREPARATIVOS PARA EL VIAJE:

- Planeemos la mayor parte: sobre todo las reservaciones.
- Procuremos informarnos acerca del clima, para saber qué ropa empacar.
- Hagamos una lista de lo que debemos llevar, en cuanto a ropa, medicinas y accesorios.
- Compremos guías, mapas, rollos de fotografías y cintas de video.

Una recomendación sobre guías: las guías *Michelin*, tanto las verdes, que son de los lugares, como las rojas, que incluyen hoteles y restaurantes, resultan excelentes. Para cualquier sitio es un honor ser nombrado y recomendado por quienes las escriben.

Las guías *Fodors* también son muy buenas.

Una guía completa mejora mucho nuestro viaje, y yo diría que es realmente indispensable.

- Podemos buscar en internet toda la información relativa al lugar al que vamos, incluyendo restaurantes, bares de moda, discotecas, eventos culturales, conciertos y demás, para reservar los boletos desde México.
- Llevemos buenos libros.
- Conviene comprar cheques de viajero en dólares, que se pueden cambiar en cualquier sitio por moneda local. Es más seguro que cargar dinero en efectivo.
- Incluyamos en nuestra bolsa una calculadora pequeña o unas tablas con el cambio de moneda de los países que visitaremos.
- Incluyamos siempre una pluma en la bolsa.
- Es preciso llegar dos horas antes de la hora fijada para nuestro vuelo. Hay muchos vuelos sobrevendidos.
- Es aconsejable organizar los viajes de conexión con dos horas entre vuelo y vuelo para evitar perder uno por retraso.

¿VIAJAR EN GRUPO?

Ventajas:
1. Se corren menos riesgos al llevar todo arreglado: horarios, lugares, hoteles, etcétera.
2. Se conoce a mucha gente y posibles amigos.
3. Cuando se viaja a un lugar donde las costumbres, la comida y el idioma son muy diferentes al nuestro, es muy cómodo viajar en grupo.

Desventajas:

1. No se cuenta con la libertad de decidir a dónde y a qué horas ir a cierto lugar.
2. Si el grupo por alguna razón no le cae bien (cosa difícil), ya se quedó con él hasta el final.
3. El ritmo del viaje puede ser más lento debido al número de personas.

EL AGENTE DE VIAJES

Un buen agente de viajes que tiene suficiente experiencia y ha viajado mucho, vale su peso en oro. Puede ahorrarnos tiempo, dinero y esfuerzo; además, organizarnos maravillas: recomendarnos restaurantes, lugares, museos, tiendas, espectáculos, rincones secretos y otras sutilezas por el estilo.

Un buen agente de viajes puede conseguirnos lugar en el avión, un cuarto en un hotel que está lleno para todos los demás, las mejores tarifas en coches y aviones.

Hay que asegurarnos de estar en el mismo canal que el agente de viajes. Expresarle con exactitud nuestro presupuesto, el ritmo del viaje y nuestros objetivos.

Nota:
A las agencias de viajes por lo general se les paga de inmediato, ya que no pueden extender crédito.

Aunque los viajes están al alcance de la mano en internet, en cuestión de aerolíneas, hoteles, trenes, coches y excursiones hay veces en que no se puede suplir la creatividad ni el trato personal y cuidadoso de un buen agente de viajes, quien conoce ya los gustos, posibilidades y tipo de experiencias que nos gusta tener. Vale la pena.

DOCUMENTOS BÁSICOS

- Para salir del país, todos sabemos que se necesita un pasaporte válido por lo menos por seis meses.

- Antes de sacar el pasaporte, vale la pena preguntar por teléfono todos los requisitos. Estas disposiciones cambian constantemente. Recordemos que la licencia de manejo no cuenta como documento oficial. Sólo con la credencial de elector se puede sacar el pasaporte.
- Es bueno tener copias del pasaporte en la casa y llevarlas al viaje, no está de más tal precaución en caso de que lo pierda.

Visas

Si un amigo nuestro hubiera leído esto antes de viajar a Hungría sin visa, se hubiera ahorrado mucho tiempo perdido y sinsabores así que cuando viajemos tomemos en cuenta que:

- Hay muchos países que piden visa para entrar: Estados Unidos, Brasil, Kenia, Turquía, Egipto, Hungría, Australia y Nueva Zelanda, entre otros.
- Las visas no siempre se sacan el mismo día. Por lo general tardan de tres a ocho días hábiles en expedirse.
- Hay países que piden que el visitante esté vacunado contra el cólera, la fiebre amarilla, la hepatitis A y el tétanos, entre otras. Por nuestra seguridad, es indispensable que nos pongamos las vacunas y no olvidemos llevar el comprobante de salubridad para entrar a dichos países.
- Cuando los niños van de campamento, deben estar al corriente con sus vacunas.

Seguros

- Muchos viajes no son reembolsables. En esos casos se ofrece un seguro de cancelación que ampara enfermedad o fallecimiento del pasajero y familiares muy cercanos. Este seguro es caro; sin embargo vale la pena, ya que en la vida no tenemos nada garantizado.
- Las tarjetas de crédito incluyen seguros de equipaje y accidentes en la mayoría de los casos.

¿QUÉ LLEVAR?

De una buena maleta con todo lo necesario, depende en parte el éxito del viaje.

Lo que lleva el viajero experimentado:

- Despertador de viaje.
- Una maleta extra que se doble y quepa dentro de su maleta.
- Bolsa o cinturón para ocultar el dinero.
- Libros.
- Suficientes rollos de fotografías y cintas de video.
- Lista de restaurantes.
- Visera, sombrero, cachucha.
- Repelente de moscos (en caso de que vaya al campo).
- Un rompevientos.
- Un suéter, un traje de baño y una mascada (vaya a donde vaya uno nunca sabe).
- Un paraguas pequeño (en época de lluvias).
- Gabardina.
- Dos maletas medianas en lugar de una muy pesada.
- Un par extra de lentes o lentes de contacto.
- Lentes para sol y filtro solar.
- Una tarjeta con su tipo de sangre, alergias y demás.
- Una secadora de pelo con convertidor eléctrico (aunque en la mayoría de los hoteles ya la proporcionan).
- Hilos y aguja.
- Todo el equipaje identificado por fuera con tarjetas y un listón para distinguirlo fácilmente.

Un botiquín:

Es importante llevar las medicinas que se necesiten en la bolsa o maleta de mano y no en el equipaje que vamos a documentar, ya que puede ocasionarnos algún problema.

En la mayoría de los países es muy difícil conseguir medicamentos sin receta. Así que al viajar llevemos lo que cada quien necesita y algunos artículos de protección.

Un viajero experto tiene un botiquín ya hecho con:

1. Versiones compactas de analgésicos. (Es muy importante no sacar las medicinas de sus cajas, porque podemos equivocarnos con las fechas y tomar una ya vencida.)
2. Curitas (siempre de viaje sale alguna ampolla).
3. Ungüento antiséptico.
4. Antihistamínico para alergias menores.
5. Tabletas para el mareo (en caso de que se embarque).
6. Crema protectora para labios, especialmente para climas fríos.
7. Toallas húmedas para limpiar las manos.
8. Si viaja en avión y padece gripa o sinusitis, un descongestionante.
9. Digestivos y antidiarreicos.
10. Un antibiótico de amplio espectro.
11. Navaja multiusos. (Siempre se ocupan en algo.)

Lo que se lleva y no de ropa en los viajes:

Sí	*No*
Ropa que sí combine con varias prendas.	Demasiados colores y texturas.
Ropa que no necesite plancharse.	Telas que se arruguen demasiado, cuando no tenemos al alcance ningún servicio de lavandería.
Un saco que combine con la mayoría de la ropa que se lleve.	Algo que sólo vamos a usar una vez.
Una mascada, un chal.	Llevar sólo unos zapatos. Hay que alternar, por higiene y por el bien de los pies.
Zapatos cómodos.	

Laptop

• Aunque llevemos la *laptop* con nosotros, es conveniente que la maletita tenga nuestros datos.
• Si sólo la usamos en el cuarto del hotel, podemos quitar la batería y el *cdrom*, así pesará menos.

- Hay que llevar extensiones largas para poder conectar la *laptop* en el hotel o en la sala de conferencias; llevemos también conexión telefónica.

Cómo empacar

Saber empacar es tan importante como saber qué vamos a hacer al llegar a nuestro destino. En un viaje resulta esencial estar cómodos y bien presentados.

El secreto para un buen equipaje consiste en saber combinar la ropa. Un buen tip es elegir tres colores, de preferencia dos de ellos en tono neutro, y formar nuestro guardarropa itinerante alrededor de ellos.

- Armonizar con el ambiente. En el campo, usar colores neutros y evitar tonos muy encendidos, que serían más apropiados para la playa. Al campo se llevan botas para caminar, por lo que es conveniente evitar zapatos de tacón o mocasines, así como visera de plástico, blusas de seda, tonos fuertes en el maquillaje o playeras con motivos náuticos (no tienen nada que ver con el ambiente).
- En la playa siempre se ven bien prendas en tonos alegres o suaves de arena y mar, sombreros de paja, pareos y telas como lino y algodón.
- Viajar ligero siempre será más cómodo. Sin embargo, hay que planear muy bien la maleta para empacar las menos prendas posibles con el máximo de combinaciones entre sí.
- Para que no se arrugue la ropa es útil acomodar, entre capa y capa, papel de china como separador.
- Dejar los vestidos en ganchos cubiertos con la bolsa de la tintorería. Eso vuelve más fácil el trabajo de sacarlos y colgarlos.
- Empacar siempre primero los pantalones con la cintura hacia el centro de la maleta.
- Abrochar todos los botones de las blusas y empacarlas extendidas, con las mangas dobladas sobre el cuerpo de la prenda.
- Lo ideal es empacar los sacos hasta arriba.

- Dejar el camisón o la piyama también hasta arriba, junto con las pantuflas. (Si viaja con su esposo, sorpréndalo con un camisón nuevo.)
- Empacar la ropa interior en bolsas de tela especiales.
- Llevar una bolsa para ropa sucia o utilizar las de plástico del hotel. Algunas personas incluyen en su equipaje de viajes largos una maleta flexible en la que colocan lo que ya no volverán a utilizar.
- Poner los cinturones alrededor de la maleta.
- Usar una bolsa de cosméticos y cremas para proteger los productos y la ropa, por si algo se rompe.
- Enrollar los calcetines y la ropa interior en las pequeñas bolsas laterales o meterlos dentro de los zapatos a manera de horma.
- Envolver los artículos frágiles entre los calcetines y colocarlos hacia el centro de la maleta.
- Poner artículos pequeños dentro de los zapatos.
- Guardar los zapatos en bolsas de plástico para mantener la ropa limpia.
- Evitar dejar cosas puntiagudas o cortantes hasta arriba de la maleta, porque la pueden romper.
- Jamás meter cámaras, computadoras y objetos de valor en la maleta que se documenta. En dos ocasiones me ha tocado comprobar que no llegan… con todo y candado en la maleta.

Los viajes enseñan la tolerancia.

BENJAMIN DISRAELI

EL *JET LAG*

¿Qué es exactamente el *jet lag?* Este término se utiliza para describir esa rara sensación que se siente después de una largo viaje, especialmente cuando se han cruzado varios meridianos de tiempo.

Los síntomas varían según la persona. Van desde cansancio, fatiga, pérdida de concentración, dolor de cabeza, trastornos digestivos, mareos, ansiedad, insomnio, hasta inflamación de articulaciones, sensación de catarro, dolor de oídos, somnolencia.

Para reducir el *jet lag*:

1. Tomar vitamina C.
2. Evitar las bebidas alcohólicas.
3. Tomar mucho líquido. Lo ideal es un vaso por cada hora de vuelo.
4. Dirigir el aire a otro lado para que no dé directamente a la cara o al cuerpo, ya que el enfriamiento puede causar que los músculos se tensen y, posteriormente, aparezcan el dolor y la poca movilidad.
5. Cambiar de posición y sentarse cómodamente con la espalda recta y el asiento inclinado o vertical.
6. Hacer ejercicios como rotar los tobillos y estirar la espalda. Si sufre de algún problema en el cuello, lo mejor es utilizar un collarín.
7. Rodar una pelota con el pie descalzo, mientras se está sentado en el avión, hace que las articulaciones descansen.
8. Dar vueltas por el avión para estirar las piernas.
9. Colocar una almohada a la altura de la espalda baja; si no alcanzamos almohada entonces podemos enrollar un suéter y ponerlo en el asiento, pegado al respaldo. Esto funciona como palanca y descansa la espalda.
10. Evitar, si se puede, los asientos que no se reclinan, como los que están en las salidas de emergencia o hasta atrás del avión.
11. En viajes largos es conveniente pedir pasillo, para poder levantarnos a caminar sin molestar al de junto cuando queramos pasar.

    Ojo: los primeros asientos de clase turista cuentan con mayor espacio para las piernas.
12. Dormir una buena siesta. El descanso y una correcta planeación del viaje disminuirán el estrés.
13. Procurar tener la mayor oscuridad durante el vuelo, ya que está comprobado que ésta incide sobre nuestro reloj interno.
14. Utilizar ropa confortable que no obstruya la circulación sanguínea. Es muy incómodo llevar prendas que nos aprieten.
15. Evitemos comer todo lo que nos ofrecen en el avión. Entre menos, mejor. La altitud y la falta de movimiento afectan la digestión.

16. Intentar estar despierto por lo menos una hora antes de llegar al destino.
17. Poner el reloj a la hora del destino desde el despegue.
18. Al llegar, darse un baño tibio de tina para descansar.
19. Es conveniente tener una rutina corta de ejercicios a realizar todos los días, aunque se esté de viaje de vacaciones. Esto da flexibilidad y, a la larga, salud y bienestar.

Un hoy vale por dos mañanas.

FRANCIS QUARLES

PLANEAR ACTIVIDADES

Al llegar a una ciudad que desconocemos, lo primero que hay que hacer es solicitar en el hotel un plano de la ciudad para ubicarnos y poder salir a caminar.

En la mayoría de las ciudades existe una guía local que se publica por semana. En ella se inscriben los horarios, teléfonos y direcciones de todos los museos; los recorridos turísticos, las compañías de excursiones y los *tours*, restaurantes, bares, centros nocturnos, actividades para niños, galerías y toda la información requerida por el turista.

Lo importante es saber que esas revistas están a nuestro alcance con el conserje, o en los puestos de periódicos, y que serán de gran ayuda para nuestro viaje.

Renta de autos
- Es mejor reservar el coche con anticipación, especialmente durante puentes y vacaciones de temporada alta. Hay muchas cadenas para reservar los coches. Siempre es bueno preguntar por los paquetes, sobre todo en fin de semana.
- Hay que tener cuando menos 25 años para poder rentar un coche, licencia vigente y tarjeta de crédito.
- El contrato que se firma incluye el costo diario, el kilometraje o millaje, la hora de recogerlo y dejarlo y el sitio donde se va a dejar, cuánta gasolina trae y los seguros adquiridos.

- Las tarjetas de crédito ya protegen con muchos seguros, es aconsejable conocerlos para no pagar doble.
- Si alguna otra persona que nos acompaña va a manejar, debemos poner su nombre en el contrato.
- En la mayoría de los aeropuertos, las arrendadoras están justo afuera de donde se recoge el equipaje. De lo contrario, pasan camiones con el logotipo de las compañías que trasladan a los clientes a su estacionamiento.
- Cuando le entregan la llave en el aeropuerto y usted tiene que ir a buscar el coche en el estacionamiento del mismo lugar, le indicarán en qué piso está y le darán un boleto pagado para sacarlo o le dirán qué botón tocar para que se levante la barra.
- Antes de llevarnos el coche, hay que revisar que esté en buenas condiciones. Si tiene llanta de refacción, gato, luces. Verificar los frenos y el claxon. Anotar el kilometraje y escribir en el contrato si tiene algún golpe. Preguntemos si hay que entregarlo con el tanque lleno de gasolina o vacío.
- El cargo de *drop off* hay que pagarlo cuando el coche lo recogemos en un lugar y lo dejamos en otro. Este cargo varía y puede llegar a ser alto, sobre todo cuando se trata de un traslado de un país a otro. Hay que preguntar el precio con anticipación.
- Es esencial solicitar mapas de la ciudad y de todos los lugares que vamos a visitar. Asimismo, pedir indicaciones precisas. Quienes se dedican a rentar autos están muy acostumbrados a explicar y a ayudar a sus clientes. Así que no le dé pena.
- Al regresar el coche, si la oficina está cerrada basta con dejarlo donde lo recogimos y echar las llaves con el contrato en un buzón que estará bien indicado. Es importante quedarnos con una copia del contrato para comprobar que todo esté en orden cuando nos llegue el cobro a la tarjeta.
- El coche debemos devolverlo perfectamente limpio (esto no significa que tengamos que ir a lavarlo, sólo sacar toda la basura y revisar que no olvidamos nada).

Rentar un coche y descubrir lugares por nuestra cuenta es una verdadera delicia. Perdernos y explorar nuevos lugares es parte de la diversión. Hay que tomar en cuenta que en muchas ciudades importantes del mundo el estacionamiento es muy caro. Los hoteles cobran alrededor de 12 dólares por noche y algunas veces no tienen estacionamiento.

Puede ser conveniente llegar a las grandes ciudades y entregar el coche para moverse en ellas en taxis, metro o autobuses.

Metro y autobuses

Para movernos en el transporte público hay que llevar cambio preparado. En algunos lugares nunca nos aceptarán un billete. Antes de dejar el hotel, preguntémosle al conserje el costo aproximado, para tenerlo listo.

Es fácil entender cómo funcionan los transportes públicos en la mayoría de las ciudades del mundo.

Un buen mapa siempre será de gran utilidad, y si se nos olvida, en el metro y en las paradas de camiones generalmente hay señalización.

En caso de perdernos, lo cual es muy común, preguntemos sin pena. Por lo general la gente es muy amable.

Si vamos a tomar taxis, revisemos el taxímetro y de cualquier manera investiguemos con anticipación cuánto debe costar el trayecto que vamos a hacer.

Ahora que, al viajar, debemos estar dispuestos a que de vez en cuando nos vean la cara de turistas y tomarlo con filosofía. Ni modo.

Otras opciones

Viajar en bicicleta es lo más maravilloso que hay si usted es más o menos deportista. Hay varias compañías que ya lo ofrecen en muchos países del mundo y se encargan de llevar nuestras maletas de un hotel a otro. Una *van* se dedica a peinar la ruta para ofrecer ayuda, agua, fruta o aventón. La compañía proporciona la bicicleta, el casco, los mapas, el guía, etcétera. ¡Vale la pena!

Otra manera de transportarnos dentro de la ciudad es rentando una moto.

En las revistas de las ciudades informan dónde, cómo y cuánto valen.

En muchas ciudades de Europa el domingo es el día de los ciclistas y cierran las calles, a los coches. Puede ser muy divertido recorrerlas así.

Algunas observaciones:

1. Si viajamos en grupo, podemos reservar entradas a los museos por internet o teléfono. Resulta mucho más cómodo y se ahorra tiempo. Principalmente durante el verano, cuando se hacen largas filas a la entrada de estos establecimientos.

2. Es conveniente aprendernos las frases indispensables para darnos a entender aunque sea un poco.

3. Llevemos un diccionario pequeño para comprender los menús. Es horrible tener que comer lo que el dedo al azar escoge, sin entender nada.

4. Dar las gracias y saludar en el idioma del lugar siempre cae bien.

5. Es práctico tomarnos unos minutos para conocer las monedas y billetes cuando viajemos a otros países, para no hacernos bolas.

6. Tomemos fotos y videos. Sin embargo, debemos procurar no ver todos los paisajes a través del lente de nuestras cámaras.

7. Conozcamos los horarios de comida en cada lugar para evitar que lleguemos a un lugar muertos de hambre y descubramos que ya cerraron la cocina.

8. Siempre es un buen detalle mandar postales a los amigos y familiares, aunque a veces lleguemos antes que ellas.

9. Llenemos las formas de migración en el avión. No esperemos llegar a la ventanilla y correr el riesgo de que nos regresen. Si tenemos dudas, los sobrecargos nos pueden ayudar.

10. Llevemos los *e-mails* de las personas que nos interesan. En todos los hoteles ofrecen el servicio de internet.

11. Las mujeres: llevemos en la bolsa algo de maquillaje para retocarnos, sobre todo en vuelos largos, carreteras o trenes

de muchas horas. Un cepillo de pelo y uno de dientes a la mano serán de gran utilidad.

12. Viajemos con pocos bultos y maletas, especialmente dentro de trenes y autobuses. Las paradas en las estaciones por lo general son breves.

13. Cambiemos algo de dinero en el aeropuerto y una cantidad mayor en las casas de cambio de las ciudades, porque cotizan mejor. También evitemos cambiar en los hoteles, porque generalmente la comisión que cargan es más alta.

14. Compremos una tarjeta de teléfono: en los hoteles las llamadas son más caras.

15. Llevemos siempre una tarjeta con el teléfono, la dirección y el nombre del hotel, para enseñarla al taxi o pedir informes, principalmente en países que hablan idiomas incomprensibles para nosotros.

16. No olvidemos respetar las costumbres de otros países: por ejemplo, entrar cubiertos de hombros y piernas a las mezquitas, entrar sin zapatos a los templos, no enseñar las suelas a los orientales, y cosas por el estilo. ("A donde fueres, haz lo que vieres".)

17. En el hotel, procuremos no consumir nada del minibar después de haber pagado la cuenta. Simplemente no es ético.

18. En los viajes a parques de diversiones, como Disneylandia, Epcot, Universal Studios, debemos ir vestidos de manera casual, mas bien presentados. De ser posible, llevemos tenis, ya que en ellos se camina mucho. Una cachucha o sombrero es esencial.

LAS PROPINAS EN LOS VIAJES

- En los cruceros, el tema de las propinas está muy organizado. Piden tres dólares para el camarero, tres para el mesero de todas las noches, dos para el *maître*, uno para el *sommelier*, uno para el del bar y demás. Todo se pone en un sobre al final del crucero y ellos se lo dividen.

Los viejos lobos de mar, es decir, los que ya han tomado muchos cruceros, a pesar de que saben que no se puede dar propina sino hasta que acaba el viaje, al principio de la travesía dan unos dólares al que va a hacer su cuarto y a su mesero con tal de obtener de ellos trato especial. No es necesario.

En hoteles de lujo y primera clase:
Hay ocasiones en que en el extranjero no sabemos cuánto darle a las personas que nos proporcionan un servicio. A continuación le presento algunas normas que se aplican en todo el mundo. Se lo presento en dólares, porque comúnmente se utiliza esta moneda o su equivalente.

Si el gerente o alguien de la oficina nos lleva a nuestro cuarto, no se le da propina.

Un dólar al portero que consigue el taxi.

Un mínimo de un dólar por maleta pequeña y dos si es grande o pesada.

Dos dólares cuando un *bell boy* lleva algo al cuarto.

Dos dólares para el del *valet parking*.

Entre cinco y veinte dólares al despedirse del conserje que da un buen servicio. Esto, por supuesto, depende de la cantidad de servicios que nos proporcionó.

Un compañero alegre sirve en viaje
casi de vehículo.

PUBLIO SIRO

UN BUEN COMPAÑERO DE VIAJE

¿Quieres conocer a Inés? Viaja con ella un mes.
Que razón tiene este viejo dicho.

En un viaje la convivencia se da prácticamente las 24 horas del día en una gran diversidad de situaciones que nos divierten, emocionan o igual ponen a prueba al más templado.

El compañero ideal

- El compañero ideal es aquel que comparte nuestros gustos o disfruta las mismas actividades, como puede ser el arte, el deporte, la aventura o simplemente comer bien.
- Un buen compañero de viaje toma las opiniones de los demás, es entusiasta, flexible, abierto y divertido. Es tolerante, relajado y tiene un gran sentido del humor.
- Un buen compañero para viajar es asertivo: sabe decir de un modo amable e inteligente lo que quiere y por qué. Es capaz de ceder.
- Un buen compañero de viaje entiende y a veces promueve un: "Nos vemos al rato", "de aquí yo me voy a…. y tú a…", "tengo este plan con unos amigos de este lugar… nos vemos en el hotel". En pocas palabras, maneja tranquilamente la libertad.
- Es puntual y tiene listo su equipaje, el cual es compacto y práctico.
- Cuando va en coche, apoya al conductor en encontrar las direcciones y no le da instrucciones de manejo.
- Cede el mejor lugar a otros en forma equitativa.
- Conserva el buen humor y las palabras amables para todo.
- Es prudente en todo: tono de voz, frecuencia con la que habla, forma de comer, etcétera.
- Respeta el espacio vital de otros incluso con el humo de cigarro, si es que fuma.

La cuestión del dinero

Cuentas claras, amistades largas… y más en los viajes.

Este renglón siempre es delicado por lo que hay que manejarlo con pinzas. Cuando se viaja en grupo, es muy importante nombrar un administrador y entregarle una cantidad convenida para los gastos de todos, es decir, hacer un fondo común. Este dinero se utilizará en gastos parejos para todos: taxis, boletos de teatro, gasolina, entradas a museos y comidas. En el caso de que en un restaurante alguien prefiera tener la libertad de beber más o pedir algún platillo más caro, es conveniente pedir que cada quien pague su cuenta.

Amigos de amigos...

Si un amigo nos recomienda buscar a sus amigos en otro país, aprovechemos la oportunidad. Nos enseñarán mejor la ciudad y, en caso de que se necesite algo, tendremos a quien acudir. De las cosas más enriquecedoras al viajar, una es conocer los lugares con los que ahí viven.

Viajes con gente que conocemos poco

No siempre podemos elegir con quién viajar. A veces los compromisos de trabajo o las aficiones a determinado deporte, estudio o *hobbie* nos llevan a viajar con personas que prácticamente no conocemos.

En estos casos aplican todas las recomendaciones anteriores y algunas más:

- Si se puede, es conveniente organizar una salida a cenar, o a tomar un café, para platicar antes del viaje y abordar el tema. Así sabremos algo de los otros y ellos nos conocerán, lo que ayudará a evitarnos sorpresas o crearnos falsas expectativas.
- Es probable que tengamos que conciliar más y ser un poco más pacientes. Aunque no esté garantizado, de los viajes con desconocidos pueden surgir maravillosas amistades.
- Vayamos con la mejor disposición.

Viajar en pareja

Cada pareja tiene su estilo y su forma de viajar.

Es un privilegio poder salir solos, así que tratemos de ser lo más interesantes, entusiastas y agradables que podamos para que siga siendo un placer estar juntos.

Busquemos dar una sorpresa, un detalle, un regalo.

Asombremos a nuestra pareja con algo nuevo de ropa, un accesorio divertido, un buen libro, una reservación en algún lugar inesperado, etcétera.

Sobre todo tratemos de consentirnos mucho.

Viajar solo

Cada vez más gente lo hace. Algunos por razones de trabajo, otros porque necesitan tiempo para ellos mismos, y algunos más porque de plano no tienen con quién ir y desean realizar el viaje.

Muchas personas se integran a un grupo que comparte algo que les gusta: amantes de la montaña, las bicicletas, la comida, el vino, el buceo, el golf, la meditación, el cine, la ópera... y ahí encuentran buenos amigos.

Los cruceros son una excelente opción cuando se viaja solo.

- Conocer gente es parte importante de los viajes, pues resulta divertido e interesante. El que viaja solo está más abierto a lo inesperado.
- El que viaja solo es dueño de su tiempo, así que él decide qué hacer y a dónde ir.
- Puede comer donde quiera. Todo mundo está acostumbrado a ver hombres y mujeres solos en los restaurantes. Si lo prefiere, un buen libro o una revista son excelentes acompañantes.
- Muchos hoteles tienen una tarifa más baja por habitación sencilla; sin embargo, en la mayoría de los cruceros hay que pagar un suplemento considerable.

Viajar en familia

Pocas cosas unen tanto a una familia como los viajes. Amén de que crean recuerdos permanentes en la memoria y son muy educativos.

Ver el mundo a través de los ojos de nuestros hijos, para quienes somos papás es un privilegio.

En estos viajes los adultos debemos ser sensibles al decidir qué planes hacer para que todos los disfrutemos.

- Si vamos con niños chicos es importante planear momentos de descanso durante el día. Les hace falta y, además, por alguna extraña razón les fascina ir al cuarto del hotel.
- Asimismo, les da mucha ilusión que un día les lleven la cena al cuarto.
- Es importante dejarlos tomar decisiones acerca de qué hacer y a dónde ir.
- Es conveniente decir qué y cuánto se puede tomar del minibar.

- Hay que enseñarles cuanto antes a empacar.
- Tengamos cuidado con la televisión. A cualquier hora del día hay canales pornográficos que pueden marcar a un niño de por vida.
- Los niños deben saber que el nintendo del hotel se renta, y las películas también.
- Hay que enseñarles a no hacer ruido, respetar el sueño de los demás y poner el volumen del radio y la televisión en un nivel prudente.
- En la mayoría de los hoteles se aceptan dos niños menores de 12 años en la habitación de sus padres sin costo adicional.
- Si usted prefiere tener dos cuartos y los niños son pequeños, lo mejor es pedir habitaciones comunicadas, o cuando menos muy cercanas.
- Hay que platicar con los niños acerca de las actividades que planeamos realizar. Esto reduce su ansiedad, sus inquietudes, y los hará más consecuentes. Y con suerte hasta se portarán mejor, ya que a todos nos gusta saber cómo será nuestro día.
- Seamos prudentes con las visitas interminables a los museos. ¡Se aburren!
- Hay que motivar a los niños para que dejen su cuarto limpio y ordenado y cuiden la electricidad y el agua.
- En los viajes los niños aprenden virtudes como la tolerancia, entienden que ni ellos ni sus papás mandan en todo y hay que adaptarse al mundo.
- Aproveche los momentos tranquilos para platicarles acerca del lugar que visitan.
- Trate de crear momentos inolvidables. Sea divertido, diferente a cuando están en la casa. Aproveche la oportunidad de poder jugar.
- Es muy práctico enseñarles a llenar las formas de migración y aduanas en cuanto puedan hacerlo. Que conozcan sus boletos, que aprendan a ver mapas.
- Los *buffets* son muy atractivos para los niños. Es comprensible que se sirvan de más y desperdicien. Hay que hacerlos conscientes.

- Uno de mis hijos siempre le salía muy económico al hotel, ya que llenaba su plato sólo de los adornos de los platillos. Por supuesto, de comida no comía nada.
- Existen descuentos especiales para niños en aviones, trenes, entradas a muchos parques, museos y espectáculos. Vale la pena preguntar.
- A los niños les encanta participar. Es bueno asignar tareas a cada uno. También les gusta mucho llevar una bolsa con sus tesoros para jugar. En este caso lo único importante es limitarles el tamaño.
- Cuando viaje con un bebé, es bueno llevarle un juguete novedoso y otro que le sea familiar para que no desconozca.

Por cierto, si vamos a viajar en avión, hay que tener cuidado de que los niños no metan pistolas de juguete en nuestros equipajes de mano, porque se arma un lío enorme en las máquinas de rayos X y además no le permiten subirla, lo cual puede terminar en un drama familiar. Si no pueden viajar sin su pistola preferida, es mejor que la echen en la maleta, y aun ahí hay riesgo de que la abran y la saquen.

- Cuando volamos con un bebé, es muy sano darle leche o agua durante el despegue y durante el aterrizaje, para aliviar la presión en sus oídos.

El diario

Una amiga mía hizo un viaje largo con sus hijos y tuvieron que faltar una semana al colegio. Cuando ella fue a pedir permiso a la escuela, la maestra dijo que le parecía maravilloso que pudieran irse, y que sólo les iba a dejar una tarea a los niños: escribir un diario. Desde esa ocasión, esos niños siempre piden un pequeño cuaderno para anotar lo que ven, lo que sienten y lo que descubren en los viajes. Me parece que es un muy buen hábito y es fácil hacerlo durante las esperas en los aeropuertos, durante los trayectos en el tren y hasta en la habitación, durante la noche, antes de dormir.

Además, es un recuerdo sensacional para todos.

Cuando los niños viajan solos

Es muy probable que, por alguna razón, un día uno de nuestros hijos viaje solo. Por ejemplo a campamentos, a torneos deportivos, a cursos de idiomas, a visitar algún familiar, a casa de un amigo.

¿Qué es lo mejor que podemos darles?

Información, para que se sientan seguros.

Hablar con ellos hasta del último detalle. Enseñarlos a guardar su dinero y sus documentos en un lugar específico. Comentarles los riesgos que pueden encontrar en su camino y decirles cómo evitarlos con precauciones sencillas y prácticas.

- Los niños viajan "en custodia", sobre todo en aviones. Es muy seguro. Los sobrecargos se encargan de ellos hasta que los entregan a la persona indicada por los papás.
- En algunos trenes y autobuses se ofrece el mismo servicio. No está de más preguntar.
- Es conveniente que lleven algo para leer, o dibujar en el trayecto.

LAS COMPRAS

Cuando vamos de viaje todo se nos antoja, sin embargo hay que tener en mente que en los viajes no se trata de ir sólo a comprar. (Pablo no me cree que esté escribiendo esto.)

Sin embargo, sin ser una de ellas, sé que hay personas que se pierden los atractivos de los lugares porque en lo único que piensan es en las tiendas. ¡No vale la pena!

Antes de emocionarnos por comprar algún objeto étnico o un cuadro grande que nos parezca ¡baratísimo!, pensemos bien cómo nos lo pueden mandar, y si no sale más caro el envío que lo comprado.

- Si decidimos llevarlo nosotros mismos, ponderemos las molestias que puede darnos durante el resto del viaje. En algún viaje Pablo y yo decidimos comprar unos tapetes los cuales, empacados, no sé porqué olían a rayos y ¡pesaban horrores! Los odiamos el resto del viaje.

- Hay que ser prudentes con lo que firmamos. Todos conocemos nuestro límite, y regresar a la casa con la cartera llena de pagarés puede ser una pesadilla. Recordemos que estos vienen en el asiento detrás de nosotros. No tardan nada en llegar.
- Nota: las tarjetas de crédito ponen el cargo en moneda local. Es muy práctico anotar el tipo de cambio para revisar las cuentas al regresar.

Hasta cuando está justificada, la felicidad es un privilegio.

EDMOND THIAUDIERE

AL REGRESAR

Regresar es el último gran placer de los viajes. Revelar las fotos, ver el video, enseñarlos a nuestros familiares y amigos es, como dirían los anuncios, "volver a vivir".

Dicen que hay una oración del viajero en la que su primer punto es:

"Dios mío, que por favor mis amigos y familiares quieran escuchar mis historias y ver todas mis fotos."

Siempre habrá alguien dispuesto a oírnos y a compartir nuestras aventuras. De cualquier manera, intentemos no abrumar a la gente y saber cómo, cuándo y a quién platicarle lo que vivimos.

Conclusión

$\mathscr{Y}$, finalmente, ¿qué es el arte de convivir sino la magia de respetarnos y conducirnos de modo que cada cual quede satisfecho consigo mismo y con el otro?

Como vimos a lo largo de todo el libro, esto se consigue mediante pequeños sacrificios, logrando resistirnos a ese primer impulso natural de autocomplacencia.

Bien dice Confucio que la naturaleza de los hombres siempre es la misma; lo que les diferencia son sus hábitos. Si retomamos la fábula del Viento y el Sol, podemos darnos cuenta que en nosotros habita la posibilidad de ser ese viento orgulloso y arrasador; o bien la posibilidad de ser suaves y envolventes al dominar nuestros instintos.

La cortesía es fruto de una entrega auténtica, de estar atentos a la llamada del otro. Al incorporarla en nuestra vida, cada uno hará posible que nuestro mundo se torne más humano, más habitable y más acogedor.

Bibliografía

ANTONIO DE ARMENTEROS, *Enciclopedia de educación y mundología*, De Gassó, Barcelona, 1959.

LETITIA BALDRIGE, *Complete Guide to The New Manners for the '90s*, Rawson, Nueva York, 1990.

ANA MARÍA CALERA, *Enciclopedia Everest para el hogar. Cortesía y trato social*, Everest, León, 1980.

DALE CARNEGIE, *Cómo ganar amigos*, Sudamericana, Buenos Aires, 1967.

ANDRÉ COMPTON-SPONVILLE, *El pequeño tratado de las grandes virtudes*, Madrid, 1970.

NATHALIE DEVALLS, *La etiqueta, hoy*, Acervo, Barcelona, 1995.

JOSEFINA FONT, *Todo lo que usted necesita saber sobre convivencia y buenas maneras para comportarse en público*, Inforbook's, Barcelona, 1985.

PILAR GARCÍA BAILÓN, *Urbanidad, personalidad, buenos modales*, Época, México, 1977.

SAMIR M. LAÂBI, *Citas y frases célebres*, Libsa, Madrid, 2000.

CAMILO LÓPEZ, *El libro del saber estar*, Nobel, Barcelona, 1990.

SARA MASÓ, *Normas sociales*, Bruguera, Barcelona, 1972.

PEGGY POST, *Emily Post's Etiquette*, Harper Collins, Nueva York, 1997.

SELECCIONES DEL READER'S DIGEST, *Sin temor a equivocarse*, México, 1978.

MONTSE SOLÉ, *Saber ser, saber estar*, Planeta, Barcelona, 1999.

CARMEN SOTO DIEZ, *Las buenas maneras*, Palabra, Madrid, 1995.

NANCY TUCKERMAN Y NANCY DUNNAN, *The Amy Vanderbilt Complete Book of Etiquette*, Doubleday, Nueva York, 1995.

AMY VANDERBILT, *Nuevo libro completo de etiqueta*, Diana, México, 1975.

GABY VARGAS, *El arte de convivir en la vida cotidiana*, Planeta, México, 2000.

Índice analítico

Índice